T0246647

VIVIR CON
AUDACIA

VIVIR CON AUDACIA

3 pasos para convertir la ansiedad en tu superpoder

DRA. LUANA MARQUES

Traducción de Eric Levit Mora

HarperCollins *Español*

VIVIR CON AUDACIA. Copyright © 2023 de Luana Marques. Todos los derechos
reservados. Impreso en los Estados Unidos de América. Ninguna sección de este
libro podrá ser utilizada ni reproducida bajo ningún concepto sin autorización
previa y por escrito, salvo citas breves para artículos y reseñas en revistas.
Para más información, póngase en contacto con HarperCollins Publishers,
195 Broadway, New York, NY 10007.

Los libros de HarperCollins Español pueden ser adquiridos con fines
educativos, empresariales o promocionales. Para más información,
envíe un correo electrónico a SPsales@harpercollins.com.

Título original: *Bold Move*

Publicado en inglés por HarperOne en los Estados Unidos de América en 2023

Copyright de la traducción de HarperCollins / Eric Levit Mora

PRIMERA EDICIÓN EN ESPAÑOL

Traducción: Eric Levit Mora

Diseño de Rafael Fowler
Imagen del cerebro © Blamb/Shutterstock
Persona caminando © Ian Lesogor/Shutterstock
Persona pensando © Leremy/Shutterstock
Persona con los brazos arriba © T and Z/Shutterstock
Botones © Kindlena/Shutterstock

Este libro ha sido debidamente catalogado en la Biblioteca
del Congreso de los Estados Unidos.

ISBN 978-0-06-329458-5

23 24 25 26 27 LBC 5 4 3 2 1

A mis amores, David y Diego.

Son mi ancla en las turbulentas aguas de la vida.

Contenido

Introducción

Es de una tremenda ironía que, precisamente yo, esté escribiendo un libro sobre la audacia, quizá de una ironía que solo yo sepa apreciar. Cuando les conté a mis amigos que iba a escribir un libro con recursos para ayudar a las personas a vivir con audacia, se emocionaron y exclamaron: «Debes escribir ese libro porque te define». La ironía es que, a pesar de que la mayoría de mis amigos más íntimos y colegas me definirían como «Audaz», con A mayúscula, cuando me he enfrentado a un desafío importante, a menudo me he sentido (y sigo sintiéndome) asustada, ansiosa y vulnerable.

Como adulta, sé que estos miedos son, en parte, producto de mi infancia en Brasil, donde invertía gran parte de mi energía emocional en tratar de mantener unidos a mis padres, haciendo cuanto podía para minimizar sus peleas, zanjar sus discusiones y conservar la ilusión de que el mundo —mi mundo— estaba a salvo. Sin embargo, me sentí fracasar estrepitosamente: mi padre nos abandonó cuando tenía diez años y aquello supuso el fin de cualquier presunción de estabilidad y seguridad que tuviera. En retrospectiva, que mi padre se marchara fue una bendición, pero nunca he conocido a ninguna niña de diez años que se diga alegremente: «Sí, mis papás están divorciados, mi mamá tiene que trabajar todo el tiempo para alimentarnos y, por mucho que se esfuerce, a veces tenemos que compartir una papa para cenar».

Así que, de jovencita, mi discurso interior era: «No soy suficiente». No con estas palabras exactas, pero, cuando como adulta y terapeuta me retrotraigo a aquella época de mi vida, sé que esa vendría a ser la traducción psicológica. Hice todo lo que pude para demostrar que era suficiente. *¿Debería lavar los platos? ¿Esforzarme más en los estudios? ¿Proteger a mi hermana? ¿Cuidar de mi mamá?* Los pensamientos y las emociones de ansiedad nunca se acallaban. Por mucho que me esforzara, a menudo me sentía tan abrumada que me comía mis sentimientos en forma de una gran caja de galletas, lo que, al final, me hacía sentir como un fracaso.

Lo que es peor: cuando mi mamá me descubría con dichas galletas, siempre me ponía a dieta, confirmando que, efectivamente, no era suficiente. Era un círculo vicioso. Ahora entiendo que le preocupaba mi salud, igual que me preocupa la salud de mi propio hijo. Pero, diablos, ¡duele que alguien te demuestre su amor quitándote las galletas! Por aquel entonces, me sentía herida y confusa. ¿Por qué me quitaba lo único que me hacía sentir bien? Pero, como siempre ocurre, tanto mi mamá como yo solo hacíamos lo mejor que podíamos con los recursos que teníamos. Por desgracia, nuestras herramientas compartidas eran muy rudimentarias. Por fortuna para ti, los recursos que estoy a punto de compartir son más sofisticados y han sido probados por cientos de estudios científicos y por las lecciones que he aprendido a lo largo de décadas de trabajo.

Sospecho que mis amigos me consideran audaz porque me sobrepuse a la pobreza, a la adversidad y al trauma para llegar a ser lo que soy ahora: una profesora asociada de Psicología en la Escuela de Medicina de la Universidad de Harvard (HMS, por sus siglas en inglés) y directora del Programa de Psiquiatría Comunitaria para la Investigación en la Implementación y Divulgación de Tratamientos Científicamente Probados (PRIDE) en el laboratorio de investigación del Hospital General de Massachusetts (MGH) en Boston. Quizá mi camino haya sido audaz, pero lo que mis amigos no ven es que, incluso ahora, sigo sintiendo que no soy suficiente. Entonces, ¿cómo lo hice para pasar de la abyecta pobreza a Harvard y a ser una autora publicada?

Le atribuyo el mérito de esta narrativa aparentemente milagrosa a tres factores: mi mamá, mi abuela y la ciencia. Mi mamá es una luchadora y, todavía ahora, sigue esforzándose por superar cualquier desafío al que se enfrente. Como madre soltera, luchó contra viento y marea para poner comida sobre la mesa y ofrecernos la oportunidad de un futuro mejor. Suyo es el mérito de enseñarme que, sienta lo que sienta, el único camino hacia adelante es a través de mis emociones. Me enseñó que podía hacer cosas difíciles independientemente de cómo me sintiera. Luego, durante el posgrado, aprendí que esta clase de conducta —ir a través y no alrededor de— es la base de un concepto llamado *regulación emocional*[1], que enseña que experimentar las emociones es mejor que evitarlas.

La mujer a la que llegué a considerar mi abuela apareció en mi vida a los doce años, cuando mi madre empezó a salir con mi padrastro. Durante mi adolescencia, me obligó a salir de mi zona de confort para asegurar que mis miedos no me impidieran perseguir mis sueños. La mayoría de las lecciones que me enseñó mi abuela pueden resumirse en dos conceptos generales: 1) Afronta, no evites (ver la tercera parte de este libro) y 2) Sé el agua, no la roca (ver la Conclusión).

Equipada con las lecciones de mi juventud, llegué a los Estados Unidos en busca del sueño americano; primero, como estudiante de intercambio y, después, para cursar mi educación superior. Tras sacarme el doctorado, me volqué en lo que se conoce como terapia cognitivo-conductual (TCC), el tratamiento de referencia para tratar problemas de salud mental[2]. Leí cada protocolo terapéutico, estudié cómo aplicar los métodos en sesiones individuales y de grupo, investigué tratamientos para múltiples trastornos y diversos perfiles y tuve como mentores a los mejores expertos en salud mental del mundo. Mis inicios en HMS/MGH tuvieron un valor increíble y me ayudaron a sintetizar la ciencia que ahora comparto contigo. Pero no bastaron.

Solo cuando aterricé en el mundo real y trabajé con comunidades diversas aprendí de verdad a sintetizar lo que hace falta para volverse audaz. Una cosa es hablar de TCC tras los muros de mi torre de marfil (léase, Harvard) y otra muy distinta es enseñársela a alguien que se enfrenta a la deportación, al encarcelamiento, a la pobreza, a criar a un hijo en soledad o a otra multitud de situaciones reales. Y también es otra cosa aplicar estos conceptos a la poderosa ejecutiva de la alta gerencia cuyo matrimonio está a punto de terminar mientras lidera a su equipo durante una transición importante. Cuando mi forma de trabajar evolucionó para afrontar estos desafíos, por fin logré integrar la sabiduría de mi madre y mi abuela con ciencia basada en evidencias y convertirlas en una metodología que sirve siempre para todo el mundo en lugar de a veces para unos cuantos.

Vivir con audacia es un conjunto de técnicas científicamente probadas e infundidas con lecciones de mi propia vida, que he diseñado para ayudar a cualquiera a superar obstáculos y a vivir la mejor versión de su vida. Las tres técnicas que contiene este libro —*Rectifica, Afronta* y *Alinea*— te preparan para tomar decisiones audaces cuando de verdad importa. Sin embargo, el camino hacia la audacia no está libre de baches. Al fin y al cabo, ser audaz no significa vivir sin miedo o prudencia, sino afrontar los desafíos sin dejarse paralizar por la evitación psicológica, el verdadero enemigo al que casi todos nos enfrentamos. Te invito a que me acompañes en el camino hacia la audacia para vivir «cómodamente incómodos». Me siento honrada por estar donde estoy ahora y espero sinceramente que, cuando termines este libro, descubras tu propia receta de la audacia.

PRIMERA PARTE

Lo que nos mantiene atascados

Capítulo uno

La ansiedad es dolorosa, pero no es lo que nos mantiene atascados

Ser humano es difícil. A veces parece que no podemos siquiera recuperar el aliento sin que nos asalte una nueva complicación que atender: plazos imposibles en el trabajo, facturas inesperadas, un hijo pasándola mal en la escuela, una crisis de salud en la familia, las discusiones de siempre con nuestras parejas... Todas estas cosas pueden hacer que solo queramos anestesiarnos al término de una dura jornada. Cada quien tiene su forma favorita de desconectar. Pero ¿dirías que sientes satisfacción con tu vida? ¿Estás viviendo la mejor y más auténtica versión de tu vida? ¿Recuerdas siquiera cuáles son tus sueños? ¿O la idea de vivir con audacia y plenitud te suena imposible, y quizá incluso agotadora, agobiante y abrumadora?

En momentos de mucha ansiedad, a menudo nos sentimos atascados. Nos quedamos atascados en relaciones dañinas y en trabajos que nos absorben. Algunas mañanas nos quedamos atascados en la cama, tratando de encontrar un motivo para levantarnos. Y algunas noches nos quedamos atascados en casa, engullendo series de televisión o mirando nuestros teléfonos en lugar de salir al mundo. Todos tenemos momentos en que nos sentimos atascados y estos, a menudo, se sienten como patinar sobre una fina capa de hielo que podría romperse bajo la más ligera presión para arrojarnos a aguas heladas de una profundidad inconcebible.

En esos momentos, ser audaz —vivir la mejor y más auténtica versión de tu vida— puede parecer un sueño inverosímil. ¿Quién tiene el tiempo o la energía para ello? Quizá creamos que la audacia es un rasgo de la personalidad reservado a los jóvenes —que no tienen montones de estrés o de responsabilidades— o a aquellos aventajados con menos problemas y más plata para quemar. Pero no a nosotros. O escuchamos la palabra «audaz» y pensamos en gente como Martin Luther King Jr., en directores de empresas o en atletas profesionales; en individuos cuyas influencia, valentía y confianza no tenemos. Pero ¿y si la audacia no estuviese reservada solo a unos pocos afortunados con privilegios, talentos o personalidades determinadas? ¿Y si todos pudiéramos ser audaces?

Vivir con audacia: 3 pasos para convertir la ansiedad en tu superpoder te ayudará a liberarte y te ofrecerá la posibilidad de emprender el camino hacia lo que de verdad te importa —tus propias decisiones audaces—, a pesar de la incomodidad y los obstáculos. En momentos de estrés y ansiedad, puedes confiar en la ayuda de las tres técnicas que presento en este libro para enfrentarte a lo que te esté impidiendo tener la vida que quieres: tu vida audaz. Una en la que estás enteramente presente y te muestras tal como eres.

Si has agarrado este libro con el interés de volverte audaz, pero enfrentando con cansancio los desafíos de la vida, no estás solo. Ahí es precisamente donde me encontraba yo antes de aprender las técnicas que estoy a punto de compartir contigo.

Al haberme criado en Governador Valadares, Brasil, en una familia donde el caos era la única constante, a menudo sentí que no tenía escapatoria. Mis padres eran y son personas increíbles, pero nos tuvieron a mi hermana y a mí cuando eran muy jóvenes, sin muchos recursos y con pocas herramientas para gestionarse emocionalmente tanto a sí mismos como a dos niñas. La falta de estabilidad económica, combinada con el consumo de drogas y de alcohol, a menudo desembocaba en hirientes discusiones a gritos y, a veces, en peleas bastante violentas entre ellos. Como la hija mayor, hice lo que pude por proteger a mi hermana, lo que muchas veces me aterraba. Siempre que percibía un peligro, incluso cuando este en realidad no estaba presente, me invadía una ansiedad tal que sentía el impulso de hacer cualquier cosa para sentirme mejor. De niña, mi mecanismo de afrontamiento fue, literalmente, tragarme mis emociones. Siempre que la vida me parecía demasiado, devoraba una caja de galletas tras otra. Pero a veces la comida no bastaba y mi ansiedad se manifestaba físicamente. En más de una ocasión, tuvimos que correr al hospital por culpa de terribles «ataques de asma». Ahora, como adulta y psicóloga, me he dado cuenta de que los ataques eran de pánico, no de asma. Pero, por aquel entonces, carecía del vocabulario para expresar mi miedo y lo único que sentía era que no podía respirar. Así que, si alguien me hubiese dicho a los diez años que algún día ayudaría a otros a ser audaces, me habría reído.

Nuestras vidas se complicaron todavía más cuando mi padre nos abandonó. El dinero escaseaba y no teníamos una red de apoyo. No me malinterpretes, no éramos la familia más pobre del país, pero mi mamá se veía obligada a encontrar constantemente formas de reinventarse para poner comida sobre la mesa. Imagínate: una madre joven, cuya situación ya era precaria de por sí, al separarse se vio de golpe a cargo de alimentar, vestir y educar sola a dos niñas. Pasó de vender perchas y escobas a confeccionar uniformes industriales; en general, hacía lo que fuera necesario para que no nos faltara de comer. Podría haberse dejado vencer por el estrés y la ansiedad, y quedarse paralizada, pero sabía que esa no era una opción. Así que dio un paso al frente. Y luego otro. Y otro. En aquellos tiempos, a diferencia de mi mamá, todo cuanto yo quería era estar frente a la televisión y evadirme porque la vida me parecía demasiado difícil.

Sin embargo, al ver a mi mamá seguir adelante a pesar de todo, empecé a entender qué supone afrontar la incomodidad, aceptar su presencia y convertirla en tu mejor amiga en lugar de dejarte paralizar por ella. No ocurrió de la noche a la mañana, pero las técnicas que aprendí durante mi infancia permitieron que yo, una niña tímida, en una situación económicamente desfavorable en Sudamérica, me doctorara en Psicología Clínica y consiguiera un empleo en la Escuela de Medicina de la Universidad de Harvard y en el Hospital General de Massachussets, donde todavía trabajo.

Aunque mi historia pueda parecer una versión muy específica del viaje del héroe, no ha estado libre de altibajos. En cada encrucijada, me he preguntado: «¿Puedo seguir adelante? ¿Puedo escoger ser audaz en lugar de quedarme atascada en el miedo?». Supongo que tú también te habrás encontrado en situaciones parecidas, momentos en que tu cerebro te exige esconderte debajo de las cobijas y, sin embargo, la vida te pide que sigas adelante. Sin importar cuáles sean tus circunstancias, este libro ha sido escrito con la intención de ayudarte a avanzar hacia la vida que deseas.

A algunos les preocupará cómo pagar las facturas; otros estarán lidiando con las dolencias de un ser querido o con cómo ayudar a un hijo con problemas en la escuela. Habrá quien se esté planteando cambiar de carrera o jubilarse, y quien se enfrente al final de una relación importante y trate de aprender a reinventarse tras ella. Quizá alguien acaba de aterrizar en un nuevo país en busca de una vida mejor y otra persona solo puede soñar con semejante oportunidad. Los desafíos —grandes o pequeños, evidentes o sutiles— pueden hacernos sentir cansados, asustados, solos, tristes, ansiosos, abrumados y, en general, atascados. Si algo de lo que he dicho resuena contigo, quizá te estés preguntando lo mismo que muchos de mis pacientes: *¿Cómo me libro* *de mi ansiedad? ¿Por qué estoy tan atascado o atascada? ¿Cómo salgo de esto? ¿Por qué no desaparece esta tristeza? ¿De verdad es posible volverse una persona audaz?*

Oiga, doctora, haga que mi ansiedad desaparezca, por favor

Esto fue lo que me pidió Jake, director de una compañía que figura en la lista Fortune 500, en nuestra primera sesión. De habértelo cruzado por la calle, jamás se te hubiera pasado por la cabeza que creció con muy poco; solo habrías visto a un elegante, elocuente y atractivo ejecutivo con modales impecables, un traje de Armani bien planchado y un aura de confianza perceptible a un kilómetro de distancia. En resumen, cualquiera pensaría que Jake estaba arrasando. No obstante, ahí estaba, en mi oficina describiendo su ansiedad incapacitante. Siempre había sido una persona algo ansiosa, pero últimamente esta se había vuelto insoportable. Sentado frente a mí, se inclinó hacia adelante y, con el mismo tono que una pensaría que utilizaba para dar una orden a un empleado, me dijo:

—Doctora Luana, me han dicho que es usted la mejor, así que debe hacer desaparecer mi ansiedad. No puedo pensar con claridad y tengo que arreglar esto para poder concentrarme en el plan estratégico del año que viene.

Empezamos con algo sencillo:

—¿Cómo se siente su ansiedad? —le pregunté.

—¡A punto de explotar!

—¿Explotar? ¿De veras?

—¡Sí! ¡Explotar! —Su tono me sorprendió, marcaba un fuerte contraste con su pulida imagen. Continuó—: Me sorprende no haber reventado todavía. Tengo el corazón desbocado, me siento mareado, me cuesta concentrarme, el mundo se me cae encima... todo a la vez. Como si fuese a sufrir un infarto. Pero me he chequeado el corazón mil veces y no le pasa nada.

—¿Y cómo lidia con estos momentos de estar a punto de reventar? —le pregunté.

—Hago lo que sea necesario para sentirme mejor. En el trabajo, cancelo reuniones o hago que la directora de operaciones se ocupe de ellas; le digo a la gente que tengo otra reunión importante con un inversor.

Jake se mostraba avergonzado y encogido. Toda su merecida confianza había desaparecido sin dejar rastro. En un tono más bajo, me dijo:

—Miento, pero es que no sé qué otra cosa decir en esos momentos. Cuando llego a casa, estoy tan agotado por la ansiedad que he dejado de hacer ejercicio. Trato de no beberme una copa de vino, pero la verdad es que nunca aguanto hasta más tarde de las ocho y, tras la segunda, me siento mucho mejor. Entonces, me paso horas frente a la computadora, trabajando. —Hizo una pausa—. Bueno, más bien intento convencerme de ello. En realidad, solo miro la computadora, distraído, y bebo para ahogar mi ansiedad. Después, termino por quedarme dormido y me despierto todavía más ansioso que la noche anterior. ¡No puedo soportarlo! Se lo digo en serio, tiene que deshacerse de esta ansiedad. ¡No puedo más!

Jake entendía —correctamente— que estaba al límite, pero malinterpretaba el motivo. Creía que, si pudiera hacer desaparecer su ansiedad como por arte de magia, volvería a estar bien y podría trabajar sin ningún problema. Hasta cierto punto, tenía razón: un exceso de emociones desagradables (ansiedad, miedo, tristeza) nos paraliza y nos atasca. Pero ¿estaría mejor Jake si toda esa ansiedad desapareciera? Quizá sería capaz de concentrarse más en el trabajo, pero ¿estaría lo bastante preocupado por la seguridad de su esposa para recordar el chequeo de los frenos de su carro? ¿O tendría la motivación para trabajar horas extra y preparar una importante presentación de negocios? Probablemente no. Las emociones desagradables son como los receptores del dolor, que están diseñados para alertarnos de cosas que podrían ser dañinas o peligrosas, como tocar un fogón caliente. Sin ellos, nos quemaríamos. Así que, aunque nos duela, la ansiedad en sí misma puede ser adaptativa y avisarnos de algo importante.

No te dejes engañar por la fiebre: busca la infección

Jake no está solo. De hecho, todas las personas que he conocido a lo largo de mi carrera quieren dejar de sentirse atascadas y vivir una vida más plena, sana y audaz. Sin embargo, he observado que, cuando tratan de liberarse, mis pacientes buscan en los lugares equivocados (igual que yo antes de aprender las técnicas de este libro). Suelen querer que me deshaga de su ansiedad, estrés, *burnout*, tristeza, miedo o desesperación. Sin embargo, aunque estas emociones duelen, muy a menudo solo son el síntoma, y no la causa principal, de nuestras dificultades.

Dicho de otra forma: imagina que has desarrollado una fiebre alta y, para tratarla, tomas paracetamol. ¿Te bajará la fiebre? Es muy probable. Pero ¿por cuánto tiempo? Eso dependerá de contra qué esté luchando tu cuerpo. Si tienes un resfriado leve, te será útil y te encontrarás bien en pocos días. Sin embargo, si tienes una infección bacteriana, un paracetamol te bajará la fiebre, pero no curará la infección. En su lugar, lo que probablemente te haga falta sea otro tipo de medicación, como un antibiótico. El paracetamol solo tratará el síntoma (la fiebre) en lugar del problema subyacente (la infección).

Así que, cuando Jake me dijo: «Doctora Luana, me han dicho que es usted la mejor en esto, así que debe hacer desaparecer mi ansiedad», entendí que tenía una fiebre alta en forma de ansiedad, pero, gracias mis años de investigación y de trabajo clínico, también supe que era probable que su ansiedad fuera un síntoma de la infección.

La ansiedad solo es una de las fiebres que aquejan a mis pacientes. A menudo, también escucho cosas como:

- «Si consiguiera reducir el estrés, alcanzaría el éxito».

- «Lo que me está matando es el *burnout*. Solo tengo que lograr organizarme y me sentiré mejor».

- «Mi jefe es el problema. Si me escuchara, no estaría así de atascado».

- «Soy incapaz de hacer nada productivo cuando llego a casa. Solo quiero mirar la televisión o estar con el celular».

- «Si mi marido no se hubiese pasado la vida en la oficina, nuestro matrimonio no habría terminado».

- «Mis compras por internet están fuera de control, pero no consigo parar. Me da miedo ver el extracto de mi tarjeta de crédito».

Estrés, *burnout*, falta de concentración, problemas maritales, preocupaciones financieras... Estas son experiencias reales y dolorosas, pero ¿qué provoca estos problemas?

La pregunta es: ¿cuál es la causa de nuestra infección? Mi vida, mi trabajo clínico y mis investigaciones me han enseñado que existe un denominador común que tiende a atascarnos a todos. Es a lo que yo llamo *evitación psicológica*.

Nuestro enemigo tiene nombre: te presento a la evitación psicológica

La evitación psicológica es cualquier respuesta a una amenaza percibida que proporciona un alivio emocional inmediato pero que acarrea consecuencias negativas a largo plazo. Para hacerlo más simple, en el libro me referiré a este concepto como «evitación» (agárrate: te vas a encontrar mucho con este término en las siguientes páginas). Dicho llanamente, la evitación nos proporciona un alivio rápido, aunque temporal, para la incomodidad, pero nos mantiene atascados a largo plazo. Imagina que tenemos un termómetro interno que mide nuestra incomodidad, en tiempo real, de cero (relajados, tranquilos y serenos) a cien (con la sensación de estar a punto de explotar de ansiedad, miedo o estrés). Cuanto más sube la temperatura, más queremos bajarla, más queremos evitar. Al fin y al cabo, ¿quién quiere sentir incomodidad?

A lo largo de mi carrera, he observado que a mis pacientes les cuesta entender que la evitación es nuestra infección figurada, pues a menudo la incomodidad en sí misma (léase, ansiedad, estrés, tristeza o *burnout*) parece ser el problema principal. Si la incomodidad desapareciera, la vida de inmediato sería mejor. Es algo aparentemente sencillo. No obstante, el problema no es la incomodidad en sí, sino cómo respondemos a ella.

La evitación psicológica tiene un coste real a largo plazo porque siempre te quitará la oportunidad de vivir una vida audaz y te impedirá alcanzar tus objetivos. En cuanto empiezas a evitar, te ves obligado a seguir haciéndolo sin parar para alejar una incomodidad que, como un villano de película, no deja de perseguirte. Al evitar, le estamos enseñando a nuestros cerebros que la única forma de lidiar con situaciones complicadas es huir de ellas, en lugar de afrontarlas, lo que, a su vez, refuerza nuestra necesidad de evitar. Todos nos hemos sentido incómodos alguna vez y con seguridad volveremos a hacerlo. Siempre que evites, te sentirás un poquito mejor, pero ¡no es lo mismo sentirte mejor que estarlo!

En el caso de Jake, lo que lo tenía atascado era lo que hacía cuando se sentía ansioso, no la ansiedad en sí misma. En cuanto empezaban las palpitaciones, trataba de librarse de su ansiedad evitando (léase, cancelando reuniones o tomándose una copa de vino). Cada vez que evitaba, sentía cierto alivio. Su ritmo cardiaco volvía a la normalidad y podía seguir con su día.

Las acciones de Jake tienen sentido. ¿Quién quiere ir por la vida como si estuviese sufriendo un infarto? Pero estaba atascado en un círculo vicioso de evitación... y esta es poderosa porque, por definición, ¡funciona! Te hace sentir mejor muy deprisa. En cierto sentido, la evitación es como una droga porque, en cuanto la pruebas y sientes sus efectos, es muy fácil engancharte.

Sin embargo, para cuando conocí a Jake, se encontraba en un verdadero *impasse* por el que se resentían varias áreas de su vida. En el trabajo, la directora de operaciones estaba frustrada porque él nunca estaba, no se involucraba, parecía haber perdido el interés y, lo peor, estaba teniendo que hacer su trabajo. En casa, su esposa empezaba a preocuparse por cuánto bebía, el poco ejercicio que hacía y lo que se había desentendido de sus hijos. Le instó a pedir ayuda porque, si no, lo dejaría. La madre de Jake también estaba enojada: al no entender su evitación, asumía que no asistía a las reuniones familiares porque priorizaba su trabajo, lo que la ponía furiosa. Con el tiempo, como le pasó a Jake, la infección de la evitación termina por contaminar todas las áreas de nuestras vidas.

Las formas creativas en las que evitamos: la incomodidad que generan las citas

Salir con gente puede dar algo de miedo (seamos sinceros, a todos nos ha asustado alguna vez) y por eso es un área de nuestras vidas donde la evitación aparece a menudo. En mi caso, las citas me resultaban dolorosas porque las relacionaba con mi temor a «no ser suficiente». Así que, ¿qué hacía? Efectivamente: evitaba. Durante un tiempo, me limité a no salir con nadie, pero mis amigos terminaron por intervenir y me crearon un perfil en una conocida página de citas. Aunque tenían buenas intenciones, mi evitación fue más lista que ellos y me limité a no abrir nunca la aplicación. ¿Por qué iba a abrirla para descubrir lo que ya sabía? Nadie querría salir conmigo. A corto plazo, no abrir la aplicación me hizo sentir mejor, pero, tras meses de evitación, me quedó claro que aquella conducta no iba a ayudarme si alguna vez pretendía formar una familia (algo que deseaba desesperadamente). Por fortuna, tengo muchos amigos psicólogos muy inteligentes que me animaron a superar mi evitación (utilizando los recursos que compartiré contigo en este libro) y, al final, conocí al que ahora es mi marido, David.

Aunque mi táctica para evitar las relaciones puede haber sido de las más obvias, he trabajado con muchos pacientes que tenían formas mucho más sutiles de minimizar la incomodidad en su vida amorosa. Por ejemplo, Juan temía que nadie fuera a quererlo nunca de verdad, así que, para minimizar su incomodidad, hizo lo contrario a mí: en lugar de evitar conocer a gente, tuvo miles de citas. Espera un momento, ¿cómo puede ser eso evitación? ¡Buena pregunta! Juan quiso saber lo mismo cuando empezamos a trabajar juntos. Entonces, diseccionemos los patrones de las citas de Juan para entender si sus métodos eran o no evitativos.

A Juan le gustaba conocer a gente nueva, así que planeaba citas con muchas mujeres interesantes. Como se divertía en ellas, organizaba varias seguidas, a veces incluso dos la misma noche. Una consecuencia de su apretada agenda era que a menudo no tenía tiempo de tener una segunda cita hasta semanas después de la primera, para cuando, a menudo, la mujer ya había pasado a otra cosa. Básicamente, Juan solo iba a —muchísimas— primeras citas. Sí, salía con gente, pero le aterraba tanto el rechazo que solo veía una vez a cada mujer. Tras la cita, se sentía temporalmente mejor, pero su miedo a que nadie fuera a quererlo no tardaba en regresar y, con tal de sentirse mejor, tenía otra cita para tratar de ignorarlo. Aunque esta táctica de evitación le sirvió durante la veintena, para cuando lo conocí, poco después de cumplir los treinta, todavía no había tenido ninguna relación duradera, a pesar de ser algo que de verdad ansiaba. Se encontraba atascado en el fango de la evitación.

Viviane acababa de salir del clóset y me dijo que le desconcertaba el haber tenido muchas citas con otras mujeres sin que ninguna hubiera llevado a nada. Cuando le pregunté por estas citas, me confesó avergonzada que solo salía con mujeres que no le parecían atractivas. Al principio no lo entendí. ¿No es acaso la atracción parte del enamoramiento? Sí, me confirmó, pero le aterraba no parecerles atractiva a las mujeres con las que se veía, así que, en lugar de poner a prueba sus miedos, saboteaba adrede cualquier oportunidad de que sus citas llevaran a algo más. En su cabeza, verse solo con mujeres por las que no se sentía atraída la protegería del dolor. A pesar de que esto reducía (momentáneamente) la incomodidad de su vida amorosa, el resultado inevitable de su táctica evitativa era una relación que no la satisfacía o que no hubiese relación en absoluto.

Juan, Viviane y yo estábamos atascados en la evitación, cada uno respondiendo a su manera a la incomodidad en las relaciones. Aunque el qué era distinto para cada uno, el por qué era el mismo. Todos tratábamos de minimizar nuestra ansiedad. Y todos pagábamos el precio: por culpa de la evitación, ninguno tenía la relación que quería.

Lo que para ti es evitación, no tiene por qué serlo para otro

Si estás tratando de ubicar la evitación en tu vida, quizá te preguntes si borrar tu perfil en una aplicación de citas o llenar tu agenda con ellas es evitación. Y quizá lo sea, pero también puede no serlo. Por ejemplo, Mira, una buena amiga mía, es joven y se está centrando en su carrera. Le gusta salir con gente y a menudo tiene citas increíbles. De hecho, hace poco se fue a México con alguien a quien había conocido hacía pocas semanas y la pasó genial. Pero Mira es muy clara con los hombres que conoce: su carrera va por delante y es en lo que quiere centrarse. Mira no está evitando conocer a gente o estar en una relación seria; sencillamente, ha decidido priorizar su profesión. A menudo me dice que eso cambiará cuando cumpla los treinta y, aunque el tiempo lo verá, al menos por el momento, me parece claro que no hay ninguna consecuencia a largo plazo asociada a cómo está gestionando su vida amorosa.

Deja que te cuente otro ejemplo, de algo que a menudo ocurre en mi propia casa, para ilustrar cómo una misma acción puede constituir evitación para algunos, pero no para otros. Como ya sabes, desde joven he lidiado con el estrés, la ansiedad y el miedo —especialmente en momentos de alta intensidad— comiendo galletas. Comerme una galleta me hace sentir un poco mejor. Así que, cuando me estreso, ¿qué quiero hacer? Eso es, comer galletas. Si alguna vez has comido por ansiedad, sabes a qué me refiero: tienes un pico de ansiedad, empiezas a sentirte angustiado y ciertas comidas vienen al rescate.

Pero no te preocupes si te estás comiendo una galleta mientras lees esto. Comerte una galleta no siempre es una forma de evitación psicológica, como le gusta decir a mi marido, David. Si pudiera, David se comería una galleta a cada hora en punto, porque le encanta el dulce. Siempre está dispuesto a comerse el postre de nuestro hijo tras terminarse el suyo y, sin embargo, nunca baja a la cocina en busca de una galleta cuando está ansioso o asustado. Para David, las galletas no son una forma de alivio para su incomodidad, sino simplemente algo de lo que disfruta.

Así que yo me como una galleta para sentirme mejor rápido, pero David lo hace solo porque le gusta. Sin embargo, que yo coma en busca de alivio emocional no basta para definir mi conducta como evitación. Esta ecuación tiene una segunda parte esencial: ¿Cuál es el precio (la consecuencia a largo plazo) de esta conducta? Para que algo sea considerado evitación, necesariamente debe ir asociado a un coste a largo plazo, a algo que te mantenga atascado. En mi caso, comerme una galleta para anestesiar mi ansiedad cuando era niña, y ahora como adulta, me ha acarreado una eterna batalla contra la obesidad; de hecho, escribo este libro con veinte kilos de sobrepeso. Este nunca ha sido el caso de David, quien a menudo debe esforzarse por no bajar de peso.

La realidad es que todas nuestras tácticas evitativas son propias a nosotros mismos e, independientemente de cuán creativas, interesantes o aparentemente útiles puedan ser, siempre nos mantienen atascados. Así que, para superar la evitación, primero debemos aprender cómo se manifiesta en nosotros. Piensa en alguna ocasión en los últimos meses en que te hayas sentido incómodo. ¿Hiciste algo entonces para tratar de sentirte mejor deprisa? Si sí, fue algo como:

- ¿Servirte un trago?

- ¿Taparte con las sábanas?

- ¿Consumir drogas?

- ¿Inventarte una excusa tonta para quedarte en casa en lugar de acudir a una cita?

- ¿Negarte a hablar en clase?

- ¿Dejar pasar la oportunidad de ascender para no tener que hacer una presentación?

- ¿Alejarte de tu pareja para evitar una conversación difícil?

- ¿Borrar los mensajes de texto de un amigo en lugar de responder?

- ¿Dejar que se te acumularan los correos electrónicos porque te sentías abrumado?

- ¿Agarrar el celular y chequearlo mecánicamente?

- ¿Comprar algo por internet?

Aunque nuestras técnicas evitativas puedan resultarnos naturales, todas tienen un precio.

Los precios que pagamos

Los precios que pagamos por evitar son tan únicos como nosotros mismos: relaciones que se desmoronan, sueños dejados de lado, el declive de la salud, la disminución del rendimiento laboral... Y, por desgracia, como veo en mis pacientes, estos precios tienden a ser altos. Meena, paralizada por su miedo a volar, rechazó un ascenso que le hubiese exigido viajar a menudo. Sawyer se pasó toda la vida evitando la tristeza y dedicaba sus horas a la última moda saludable (baños de hielo, ultramaratones, ayuno intermitente... lo que fuera). Sin embargo, en su empeño por acabar con la tristeza en su vida, terminó por no tener espacio para el trabajo estable o las relaciones profundas que ansiaba. Rogério, un ejecutivo con mucho poder, estaba al borde de una «crisis nerviosa» porque trabajaba hasta la extenuación solo para evitar los pensamientos intrusivos que aparecían cada vez que frenaba: *Soy demasiado lento. Nunca triunfaré. No soy suficiente.*

En estos ejemplos, todos hacemos lo posible por minimizar la incomodidad y la ansiedad, pero estas reacciones tienen un precio. Y el precio que pagamos es lo que convierte a la evitación en el verdadero enemigo que se interpone entre nosotros y la vida que queremos.

Si la evitación psicológica es el verdadero enemigo, ¿por qué no dejo de evitar?

Hemos llegado a la parte del libro en la que esperas que te diga que toda evitación es inherentemente mala y que te enseñe las técnicas para deshacerte por completo de ella. Pues no. Al fin y al cabo, es útil (y sano) evitar ciertas cosas en la vida, como un

tiburón hambriento, ruidos demasiado altos y serpientes vene-
nosas. De hecho, la evitación es, en gran medida, el resultado
de nuestro increíble cerebro evolutivo tratando de protegernos.

Nuestros cerebros son máquinas complejas compuestas de
muchas pequeñas regiones. Estas se comunican entre sí a través
de un sistema de circuitos[1]. Las señales dentro de estos circuitos son responsables de todo lo que hacemos: comer, respirar,
dormir, recordar, soñar, pensar y mover nuestros cuerpos. Pero,
ante todo, nuestros circuitos cerebrales están programados para
mantenernos a salvo al detectar el peligro, predecir posibles des-
enlaces (sobre todo negativos) y aprender qué funciona y qué no
en múltiples situaciones[2]. Parece una lista de responsabilidades
bastante exigente, ¿verdad? Y lo es.

Dado que nos estamos centrando en cómo aparece nuestro
enemigo —la evitación psicológica— ante la incomodidad, ob-
servemos específicamente el procesamiento emocional. Se trata
de una acción mental compleja que involucra muchos estadios
y regiones cerebrales diferentes[3]. El primer estadio es la percepción, que es cuando tu cerebro siente la presencia de un estímulo
(potencialmente uno peligroso) en tu entorno. Por ejemplo, tus
ojos captan la imagen de tus alrededores y mandan una señal a
tu cerebro —a una región llamada *lóbulo occipital*— para que la
procese. De igual manera, los sonidos que penetran en tus oídos
son enviados al lóbulo temporal. Acto seguido, estas áreas de
procesamiento sensorial envían información a las regiones cerebrales responsables de reconocer y responder al entorno.

Una de las principales regiones responsables de responder al entorno es la amígdala (ver figura 1). La amígdala está situada en lo más profundo de tu cerebro y está fuertemente involucrada en el procesamiento emocional[4]. En el mismo instante en que te encuentras cara a cara con una amenaza, como una serpiente venenosa, tu amígdala entra en acción y manda señales a todo tu cuerpo para que te proteja a toda costa. En milisegundos, y sin ningún pensamiento consciente, la amígdala ya ha mandado señales que desatan una cascada de cambios biológicos, algo que se siente incómodo.

Tu corazón empieza a latir deprisa para asegurar que tienes suficiente sangre circulando por tu cuerpo para poder reaccionar. Al mismo tiempo, empiezas a sudar, lo que baja tu temperatura corporal y vuelve tu piel resbaladiza, cosa que sería útil si estuvieses luchando contra un alterado hombre de las cavernas que tratara de agarrarte. La sangre se retira de todos los órganos que no sean inmediatamente imprescindibles para tu supervivencia, y también abandona tu cerebro para dirigirse a tus extremidades, lo que deja a mucha gente sintiéndose aturdida o tensa. Tu estómago también se apaga. Al fin y al cabo, no hay ninguna necesidad de digerir la comida cuando estás tratando de hacer todo lo posible para sobrevivir a una reyerta con un furioso morador de las cavernas. Por desgracia, eso quizá te provoque dolor de estómago, especialmente si acababas de comer, y hay quienes incluso llegan a sufrir diarrea. ¿Quién dijo que el estrés fuera divertido? Tu campo de visión se estrecha para centrarse en el atacante que viene por ti y, en consecuencia, quizá veas puntos de luz.

Figura 1

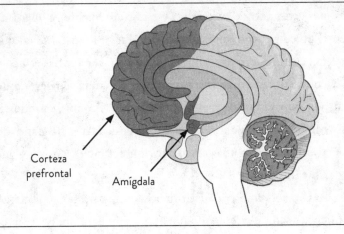

Corteza
prefrontal

Amígdala

Todos estos cambios biológicos están pensados para incrementar tus probabilidades de supervivencia, pues te preparan para responder con una reacción de *lucha, huida o parálisis.* Pero también exigen una enorme cantidad de energía. Así que, para asegurar que tu cerebro emocional dispone de energía de sobra para mantenerte con vida, el cerebro trata de conservarla inhibiendo todas las funciones que considera innecesarias en ese momento de peligro. Y una de las regiones cerebrales que se apagan (o que, en cierto sentido, se desconectan) es una parte llamada *corteza prefrontal.* La corteza prefrontal es el centro de control de nuestro cerebro para el pensamiento sofisticado o, como lo llaman los psicólogos, la *función ejecutiva,* pues es la región responsable de la toma de decisiones, la planificación y la resolución de problemas[5]. La corteza prefrontal es una parte bastante importante del cerebro, así que quizá te estés preguntando por qué, en un momento de crisis, está, en gran medida, des-conectada. Pues porque, en una situación de vida o muerte, el pensamiento tranquilo y racional es menos útil que poder salir corriendo.

Esta respuesta primaria del cerebro es muy adaptativa. Por ejemplo, imagina que le estás mandando un mensaje a un amigo para disculparte por llegar tarde a cenar mientras cruzas la calle y, de golpe, una ambulancia se abalanza sobre ti. ¿Cuál de las siguientes opciones sería tu respuesta más probable?

a. Detenerte y reflexionar en voz alta: «Ah, veo que esa ambulancia está a punto de pasarme por encima. Veamos... ¿va hacia el oeste o hacia el este? Hum... Bien, dado que el sol se está poniendo por ahí, supongo que está viajando más o menos en dirección nornordeste. Me pregunto si la víctima está bien. Dios mío, eso espero. Quizá haya tenido un infarto. He oído decir que son habituales durante la semana del cambio de hora. Debería pedir cita con un cardiólogo».

O...

b. Gritar: «¡CARAJO!», mientras te apartas de un salto para meterte de cabeza en un cubo de basura.

A no ser que solo estés hojeando este libro y no hayas prestado atención a las opciones, asumo que has escogido la B. En una situación de vida o muerte, el animal humano no se detendrá a racionalizar porque la corteza prefrontal está, en gran medida, desconectada. Vas a correr. Instintivamente, y muy deprisa. Y, aunque ningún hombre de las cavernas se enfrentó nunca a una ambulancia, existe una correlación directa entre la aterradora experiencia de mandar un mensaje mientras cruzas la calle y que nuestros ancestros prehistóricos se encontraran con un tigre de dientes de sable en el año 10 000 a. C. Ya sea la amenaza una ambulancia a toda velocidad o la peligrosa megafauna, hay algo que no cambia: la amígdala siempre «amigdalizará». Los hombres de las cavernas cuyas amígdalas no eran lo bastante rápidas para mantenerlos con vida no sobrevivieron el tiempo suficiente para transmitir sus genes; somos los descendientes de los que tenían las amígdalas asustadizas. Y, aunque el nerviosismo resultante a veces pueda parecer una carga, recuerda: pase lo que pase, tu cerebro solo está tratando de protegerte.

Tu cerebro y las falsas alarmas

Quizá ya hayas oído hablar de la reacción fisiológica de lucha, huida o parálisis ante el peligro, pero ¿por qué tu amígdala toma el control de tus emociones cuando recibes un correo de tu jefe a las diez de la noche? Porque tu cerebro siempre está alerta y, cuando siente una amenaza, su parte emocional entra de inmediato en acción para protegerte, incluso si la amenaza solo es una amenaza percibida. Las investigaciones han demostrado que incluso algo tan nimio como ver la fotografía de alguien que parece asustado —una señal de peligro potencial en el entorno— basta para activar la amígdala y dificultar el pensamiento racional[6]. Quizá no nos guste cómo nos habla un compañero de trabajo o la expresión de un miembro de la audiencia cuando subimos al escenario, pero creo que todos estaremos de acuerdo en que palabras y pensamientos no son lo mismo que la violencia literal que supone una ambulancia abalanzándose sobre ti a 130 kilómetros por hora. Una es una amenaza para tu supervivencia; la otra, una falsa alarma... Pero, diablos, se siente real, ¿verdad? Especialmente para la amígdala, que tiene buen ojo, pero es más bien torpe a la hora de distinguir las amenazas reales de las percibidas.

Regresemos a nuestro elegante empresario para poner esto en contexto. Cuando Jake entraba por la puerta cada noche diciéndose: «¡Nunca me libraré de esta ansiedad!» y caía en una espiral de pensamientos negativos, estos no suponían un peligro real para su vida, pero la incomodidad que le provocaban sí era real y el cerebro la percibía como una amenaza inminente. Sin previo aviso, su corazón se aceleraba, preparándolo para protegerse como fuera necesario *(¡Corre! ¡Lucha!)*. En ese punto, su cerebro empezaba a decirle: *Algo no va bien. ¡Estás teniendo un infarto!* Las sensaciones incómodas en su cuerpo creaban más pensamientos negativos en su mente que, a su vez, creaban más sensaciones negativas en su cuerpo. En resumen, los síntomas de incomodidad de Jake (corazón acelerado, sudores, mareos, ansiedad) eran los mismos sin importar si se enfrentaba a una amenaza real o a una amenaza percibida. Pero, en el caso de una amenaza percibida, su cerebro interpretaba los síntomas como peligro, concluía de inmediato que podía estar teniendo un infarto y el termómetro de su ansiedad se disparaba. Por lo tanto, Jake hacía lo que está biológicamente programado para hacer: encontrar una forma de alejarse de la incomodidad. En su caso, la evitaba recurriendo al alivio que le proporcionaba una botella de vino.

Vale la pena detenernos aquí para subrayar que la amígdala de cada persona percibe como amenazas cosas distintas. Por ejemplo, mientras que los latidos acelerados para Jake significaban infarto, para mí a menudo significan que estoy emocionada. De la misma forma, si tienes una excelente relación con tu jefe, ese correo a las diez de la noche no desencadenará una respuesta de amenaza. Pero si, por el contrario, le temes, casi seguro que lo hará. Deja que te dé otro ejemplo personal de cuando la interpretación de mi cerebro sobre un comentario dio pie a una reacción de lucha, huida o parálisis en toda regla.

Hace unos quince años, en los inicios de mi carrera académica, llegué a la oficina y una colega me dijo con una enorme sonrisa en el rostro: «¡Hoy te ves muy latina!».

Pensé: *¿Qué diablos ha querido decir?*

La sangre me subió a los oídos y se activó mi reacción primaria de lucha, huida o parálisis...

¿Qué significa ser latina?

Mi corazón latía con fuerza...

¿Estoy demasiado gorda? ¿Tengo el culo demasiado grande? ¿Tengo demasiadas curvas?

Empecé a marearme...

¿No soy lo suficientemente estadounidense? Nunca encajaré en Harvard...

Esto fue en la época en que, por decirlo de alguna forma, aún no había aprendido a navegar en la academia; cuando todavía estaba buscando mi identidad profesional. No me sentía integrada y a menudo mis inseguridades me incapacitaban. Al recordar aquel momento, todavía siento esas conocidas y desagradables sensaciones burbujeando en mi pecho.

Los minutos pasaron despacio mientras recorría el pasillo con el corazón desbocado y la respiración superficial. ¡Era insoportable! Con la cabeza dándome vueltas, confusa, solo tuve una certeza: ¡necesitaba librarme de esa ansiedad!

¿Por qué me veo latina? ¿Cómo hago para encajar? ¿Cómo hago para sentirme mejor?

Deprisa y con la urgencia de James Bond desactivando el temporizador de una bomba, concluí que debía ser por mi falda floral. Por eso debía verme «muy latina». ¡Debía ir mal vestida! Así que, ¿qué hice? Regresé inmediatamente a casa y me cambié la ropa. Sí, has leído bien. Yo, una exitosa académica de una de las instituciones más prestigiosas del mundo, salí sin miramientos del trabajo en mitad de la jornada para cambiarme de ropa debido a un comentario, sin duda bienintencionado, que había hecho una colega sin pensar.

¿Me encontraba ante una amenaza real? No, pero es evidente que a mi cerebro se lo pareció. Y, en ese momento de incomodidad, salir corriendo a casa para evitar y cambiarme de ropa en rebelión me pareció la única solución. (¡Nunca has visto a alguien abotonarse una aburrida blusa gris con semejante convicción!). Aquel día, cuando regresé al trabajo con mi planchado traje gris, me sentí extrañamente poderosa, al menos temporalmente. Aunque a ti, lector, pueda parecerte ilógico, ¡todavía recuerdo volver a entrar en mi despacho pensado que había solucionado el origen del problema!

¡Ahora me parezco más a ellos! Estoy segura de que encajaré...

Me sentí mejor por un momento, pero mi decisión evitativa de aquel día tuvo consecuencias negativas a largo plazo: durante los siguientes diez años de mi carrera, ¡me negué a llevar al trabajo nada que pudiera hacerme ver «latina»! Cada vez que regresaba a casa en Brasil, mi familia y amigos se preguntaban por qué todas mis prendas eran negras, blancas y grises (los inofensivos colores oficiales de la apagada América corporativa), y yo me limitaba a restarle importancia al asunto. Pero sabía que tenían razón y, lo que es peor, ¡me gusta la ropa colorida y estoy muy orgullosa de ser latina! Pero, a pesar de todo, aquel día mi miedo a no encajar dejó ganar a la evitación.

Cuando carecemos de la preparación adecuada, la evitación es una fuerza mucho más poderosa de lo que ninguno de nosotros puede soportar. Porque, como has aprendido antes, cuando nos invade la emoción, a menudo somos incapaces de pensar racionalmente. Aunque podamos interpretar nuestras conductas en esas situaciones como tranquilas y lógicas, son de todo menos eso. Recuerda esto la próxima vez que discutas con alguien. Si sientes la sangre en los oídos y el corazón desbocado en el pecho, lo más probable es que tu corteza prefrontal haya salido a comer. En mi caso, me pregunto cuánto sufrimiento podría haberme ahorrado si me hubiese tomado un momento para que mi corteza prefrontal volviera a funcionar antes de salir corriendo a casa en mitad de la jornada para cambiarme de ropa y verme «menos latina». Si me hubiese detenido y le hubiese dado a mi cerebro pensante tiempo suficiente para conectarse, quizá hubiese examinado mis sentimientos y pensamientos sobre el comentario (¡que no era una amenaza para mi seguridad!) en lugar de luchar contra mi incomodidad con un cambio de vestuario.

Ahora que sabes un poco sobre la respuesta natural del cerebro ante las amenazas y las falsas alarmas, tienes el último ingrediente de la evitación: la amenaza percibida. Si existe una amenaza real y haces algo para evitarla, eso no constituye evitación psicológica. La evitación psicológica es cualquier respuesta a una amenaza percibida que proporcione un alivio emocional inmediato, pero que venga acompañada de consecuencias negativas a largo plazo. Cuando nuestro cerebro detecta una amenaza percibida, sufrimos cambios fisiológicos (corazón acelerado, sudores, mareos), igual que lo haríamos con una real. Y esta incomodidad ocurre antes de que podamos determinar si la amenaza es o no real.

Como la evitación es única en todos nosotros, es importante que reflexiones sobre tu propia táctica evitativa completando la reflexión que encontrarás en la página 39.

Dado que la biología es la causante de gran parte de nuestra incomodidad, no hay manera de erradicarla por completo. Tu cerebro activará las alarmas cuando sienta un peligro, así que no es la incomodidad contra lo que vamos a luchar (¡aunque debo admitir que yo también odio la ansiedad!). La verdadera infección es la evitación psicológica. Pero, antes de aprender a luchar contra la evitación, quiero compartir un secreto contigo en el próximo capítulo. ¿Sabías que ya tienes un superpoder que puede ayudarte en tu búsqueda de la audacia? ¡Vamos a descubrirlo!

REFLEXIÓN

Descubriendo mi táctica evitativa

Frena y piensa en la última vez que te sentiste verdaderamente incómodo o incómoda. ¿Recuerdas cuál fue la situación? ¿A quién tenías alrededor? ¿Qué sentiste en tu cuerpo? ¿Estaba prediciendo tu cerebro que iba a pasar algo malo?

A continuación, describe la situación.

_____

_____

¿Qué hiciste ante esta situación?

_____

_____

Una vez que tengas una imagen clara de la situación y de tu respuesta, por favor, contesta las siguientes preguntas:

1. **¿Detectó entonces tu cerebro un peligro percibido?**
   ☐ Sí   ☐ No

2. **¿Te sentías incómodo/a antes de responder?**
   ☐ Sí   ☐ No

3. **¿Tu incomodidad se redujo deprisa cuando reaccionaste?**
   ☐ Sí   ☐ No

4. **¿Te ha costado algo este patrón de conducta (léase, ha tenido un alto precio)?**
   ☐ Sí   ☐ No

Si has contestado «sí» a la mayoría de estas preguntas, has identificado la infección: la evitación psicológica. ¡Felicidades por dar el primer paso hacia una vida audaz!

Capítulo dos

El superpoder que no sabías que tenías

Todo buen libro necesita un villano y un héroe, y este no es la excepción. Ya te he presentado a nuestro villano: la evitación psicológica. Así que a lo mejor te estás preguntando quién es el héroe o la heroína. *Spoiler*: ¡eres tú! Ahora quizá estés pensando que no posees las habilidades heroicas necesarias para vencer a tu enemigo, y puede que sea verdad... por ahora. Pero es aquí cuando yo, el personaje tipo Yoda, te amparo bajo mi ala para enseñarte todo lo que debes saber. A pesar de que todavía no tengas las técnicas, ya dispones de un arma esencial con un tremendo poder: tu cerebro. Si la evitación es tu enemigo, entonces tu cerebro, utilizado de forma adecuada, es tu defensa. Tu cerebro es perfectamente capaz de superar la evitación y de permitirte responder con audacia ante la incomodidad, pero necesita entrenamiento. Y esto es precisamente para lo que he diseñado las técnicas que aparecen en este libro.

Todo lo que leerás aquí está fundamentado en lo que se conoce como *terapia cognitivo-conductual* (TCC). En general, la TCC es considerada la terapia de referencia en el cuidado de la salud mental[1]. Es uno de los tratamientos más estudiados con cientos de estudios realizados en todo el mundo, según Stefan Hofmann et al.[2]. Se ha demostrado que la TCC trata efectivamente la ansiedad, la depresión, los trastornos alimenticios, el insomnio, los problemas de ira y agresividad, el estrés y el abuso de sustancias. Niños, adultos y ancianos de todo el mundo se han beneficiado de la TCC. Pero no es necesario sufrir un trastorno de salud mental para que esta te sea útil, pues también ha sido estudiada como método para desarrollar resiliencia[3].

Existen tipos de TCC para todos los gustos. Por ejemplo, quizá hayas oído hablar de la terapia dialéctico-conductual (TDC)[4], de la terapia de aceptación y compromiso (TAC)[5], de la terapia cognitiva (TC)[6] o de la terapia de procesamiento cognitivo (TPC)[7]. Estos enfoques tienen distintos énfasis y utilizan estrategias ligeramente diferentes, pero todos ellos están basados en la TCC. Las técnicas en este libro beben de estos enfoques en conjunto.

Un denominador común a todos ellos es que se apoyan en unos cimientos compartidos conocidos como *triada cognitiva*. Esta es una forma de concebir la relación entre pensamientos, emociones y conductas en cualquier situación dada[8]. En mis investigaciones,

El ciclo de Pensamientos, Emociones y Conductas (PEC)

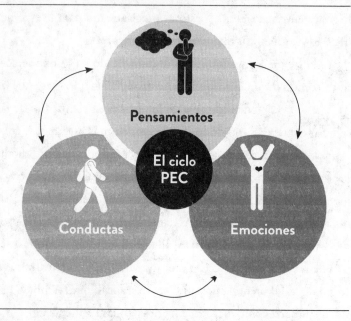

he adaptado este concepto en lo que llamo *el ciclo PEC* (ver la figura anterior)[9]. El ciclo PEC muestra que nuestro discurso interior (pensamientos) afecta cómo nos sentimos (emociones) y lo que hacemos (conductas). El ciclo puede moverse en cualquier dirección, normalmente muy deprisa. Puede ser muy útil para entender cómo la evitación nos mantiene atascados, pero también es una técnica para liberarnos.

No necesitamos sentirnos atascados en un proceso evitativo para que nuestro cerebro siga el ciclo PEC: dar vueltas forma parte de la vida, especialmente cuando este detecta un peligro. Pero, en situaciones que no forman parte de un ciclo evitativo a

El ciclo PEC de la doctora Luana

Situación: el número de la escuela de Diego aparece en mi celular

largo plazo, el cerebro frena por sí mismo. Por ejemplo, esta misma mañana me llamaron de la escuela de mi hijo para avisarme de que se había caído durante el recreo. Mi experiencia interna de esta noticia fue la siguiente:

Situación: veo en mi celular una llamada entrante de la escuela de Diego.

Pensamientos: ¿se habrá hecho daño? ¿Qué pasó? ¿Ocurrió algo muy grave?

Emociones: mi corazón se acelera, me siento ansiosa y me falta un poco el aliento.

Conductas: contesto el teléfono y pregunto de inmediato: «¿Qué ha pasado?». Su amable maestra me explica que Diego se ha caído en el recreo y se ha dado un golpe en la cabeza.

Emociones: corazón desbocado, miedo y ansiedad.

Pensamientos: ¿cuán grave es? ¿Cuánto daño se ha hecho?

Conductas: le pido a la profesora que me describa despacio y en detalle lo que ha ocurrido. Me explica que se trata de una lesión leve, pero que le ha parecido que lo mejor sería que fuera a recogerlo porque está muy disgustado.

Pensamientos: ¿qué? ¿Recogerlo? ¿Por qué iría a recogerlo si es leve? ¿Me está diciendo la verdad? ¿De verdad es leve?

Emociones: aumenta la ansiedad.

Conductas: pongo en duda su sugerencia de ir a buscarlo porque no me parece que tenga sentido. Tras un breve tira y afloja, acepta quedárselo y avisarme si no se tranquiliza en un rato.

Emociones: ligero alivio.

Pensamientos: he hecho bien.

Conductas: vuelta al trabajo.

Pero, cuando la evitación nos provoca pensamientos circulares, podemos quedarnos atascados de verdad, cosa que le ocurrió a mi paciente, Fátima. Se trata de una exitosa decoradora de interiores que a menudo se quedaba atascada en este ciclo con la versión final de sus diseños. Se decía: «Mis clientes odiarán esta versión» (pensamiento), lo que la hacía sentir ansiosa (emoción). Con el incremento de sus sensaciones de ansiedad e impotencia (emoción), continuaba: «He hecho diseños mucho mejores antes, este solo es mediocre» (pensamiento), lo que la llevaba a la desesperación (emoción). A medida que el ciclo continuaba como una partida de *ping-pong* entre pensamientos y emociones, Fátima se sentía cada vez más incómoda, lo que la empujaba a abandonar por completo su diseño (*conducta*). Tras alejarse de él, experimentaba un alivio momentáneo, pero su cerebro no tardaba en decirle cosas como: «Nunca serás una gran diseñadora» (*pensamiento*), lo que la llenaba de una profunda sensación de terror (*emoción*).

Como Jake, el empresario del capítulo 1, el cerebro de Fátima percibía el pensamiento *Mis clientes odiarán esta versión* como una amenaza potencial que le provocaba una ansiedad inmediata. Con la escalada de su termómetro emocional, la ansiedad de Fátima se incrementaba tanto que terminaba por dejar de trabajar. Aunque el alivio era útil, tenía un coste a largo plazo para ella, pues su procrastinación a menudo la hacía incumplir plazos, lo que enfadaba a algunos de sus clientes. Para Fátima, su ciclo se había convertido en el juego del huevo y la gallina de la ansiedad y la evitación, que la hacía procrastinar cada vez más (ver figura a continuación).

Como Fátima, todos podemos quedarnos fácilmente atascados en el ciclo cuando nuestros pensamientos son perjudiciales, nuestras emociones intensas o nuestras conductas tienden a la evitación. Nos quedamos atascados porque, cuanto más incómodos nos sentimos, más toma el control la amígdala y menos capaces somos de pensar con claridad en el problema. Esto a menudo es descrito como *secuestro amigdalar* porque tu amígdala toma, literalmente, el control de tu vida. Eso sí, es importante no olvidar que, al evitar la incomodidad, nuestro cerebro solo trata de protegernos. No hay nadie en el mundo que no se quede atascado de vez en cuando en un ciclo PEC. Al fin y al cabo, como ya sabes, nuestro enemigo —la evitación— es poderoso.

El recurrente ciclo PEC de Fátima

Situación: trabajando en el diseño para un cliente

Pausar el ciclo PEC:
rompiendo con el patrón evitativo

Estar atascado en un ciclo puede sentirse como subirse a una atracción en un parque de diversiones: impredecible, inquietante y algo mareante. Pero tienes el poder de frenarlo activando tu cerebro, específicamente la corteza prefrontal, que tiene la capacidad de subregular la respuesta de la amígdala[10].

Para utilizar este poder, debemos activar la corteza prefrontal. Cuando la amígdala está orquestando una potente reacción de lucha, huida o parálisis, es como si la corteza prefrontal hubiese salido a comer. A riesgo de simplificar demasiado, me gusta pensar en la relación entre la corteza prefrontal y la amígdala como en un pequeño balancín alojado en el cráneo, o como un cambio de agujas en las carrileras del tren: cuando la amígdala está encendida, la corteza prefrontal está apagada y viceversa.

Cuando la corteza prefrontal está activada, la amígdala tiene menos el control y puedes calmarte un poco. En la medida en que te calmas, eres capaz de frenar. Aunque no parezca la clase de técnica que entusiasmaría a un héroe, frenar es tu superpoder. Esto te da la oportunidad de anular tu reacción preprogramada de lucha, huida o parálisis, evaluar la situación y tomar una decisión audaz. El frenar crea el espacio que todos necesitamos para poder dejar atrás la evitación.

Por suerte, la ciencia nos enseña que existen muchas formas de activar la corteza prefrontal y una de ellas es escribir... y eso incluye poner por escrito tu propio ciclo PEC[11]. ¿Por qué? Porque para escribir tenemos que usar nuestro cerebro pensante, igual que para las matemáticas, la ciencia y seguir indicaciones. Así que, si obligas a tu cerebro a pasar de emociones a pensamientos, estás haciendo un cambio de vía en tu cabeza.

La pausa que generas al escribir tu ciclo PEC es el primer paso para transformar la ansiedad en poder. Pero, para llegar a eso, tienes que practicar una y otra vez. Hagamos juntos nuestra primera práctica ahora mismo utilizando una situación que sirva para todos: leer este libro (ver la reflexión en la siguiente página).

A estas alturas, ya has leído más de cuarenta páginas y estoy segura de que tu cerebro ha tenido mucho que decir hasta ahora, como: *Qué interesante, Yo no evito, ¿de qué me está hablando?* y *No sabía que mi cerebro reaccionaba igual ante un león que ante mi miedo a pedir un aumento.* Según tus pensamientos específicos, tus emociones serán muy distintas. Por ejemplo, si a tu cerebro este libro le está pareciendo interesante, quizá sientas esperanza. Por el contrario, si tu cerebro está diciendo algo así como: *Este libro no tiene ningún sentido; yo no evito*, quizá sientas frustración. Según tus pensamientos y sentimientos, tu conducta puede ser muy distinta: habrá quien siga leyendo, quien no deje de distraerse y quien abandone el libro. Así que vamos a practicar poniendo tus respuestas por escrito en los círculos que aparecen en la reflexión, tratando de separar pensamientos, emociones y conductas lo mejor que podamos.

Si has completado la reflexión, ¡felicidades! Acabas de terminar el primer «entrenamiento» de tu corteza prefrontal. Todo lo que comparto en este libro se basa en alguna técnica o habilidad, lo que implica que es necesario practicar. En mi consulta, a menudo le digo a mis pacientes: «Recogerás lo que siembres». La realidad es que no puedes entrenar a tu cerebro para que se vuelva audaz —para frenar y sobreponerse a la evitación— sin practicar. De la misma forma en que no puedes desarrollar los músculos sin hacer ejercicio. Así que, mientras

REFLEXIÓN

Observando mi ciclo PEC

Quiero que completes este ciclo PEC basándote en la siguiente situación: leer *Vivir con audacia*. Para ello, por favor, escribe a continuación tus pensamientos, emociones y conductas específicos, asegurándote de que estás vinculando tus pensamientos con emociones y conductas concretas.

Situación: leer *Vivir con audacia*

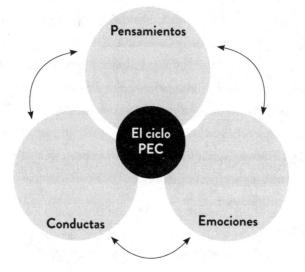

Cuando hayas completado el ejercicio, trata de identificar cómo te sentiste haciéndolo. ¿Escribirlo ha hecho frenar a tu cerebro? ¿Te sentiste como si pudieras concentrarte? ¿Qué ha ocurrido con tus emociones?

_____

_____

_____

estés aprendiendo, te invito a practicar rellenando a menudo, si no a diario, tu ciclo PEC. He visto cómo incontables pacientes gozaban de un alivio inmediato de su incomodidad y adquirían perspectiva sobre sus patrones evitativos con solo llevar a cabo esta práctica. Verás que, cuanto más practiques, más capaz serás de pulsar el botón de pausa, frenar tu cerebro y darte espacio para poder escoger cómo responder. No podemos controlar nuestras emociones, especialmente si estamos en plena reacción de lucha, huida o parálisis, pero podemos aprender a controlar nuestras respuestas a ellas practicando el ciclo PEC.

Y, dado que la práctica es necesaria, te invito a repetir el ejercicio, pero esta vez utilizando una situación personal que te haya creado incomodidad durante la última semana. Apóyate en la reflexión de la página siguiente para observar tu ciclo PEC.

Estás aprendiendo una nueva habilidad, así que sé amable contigo mismo. Aprender a frenar tu cerebro toma su tiempo. Pero, para asegurarte el éxito, he aquí unas directrices:

- Practica primero el ciclo PEC con situaciones que te hayan provocado una incomodidad moderada. Empezar con niveles bajos de incomodidad es útil porque, en esas situaciones, tu amígdala tiene un control menor y te será más fácil activar tu corteza prefrontal y frenar.

- Poco a poco, introduce situaciones que supongan una angustia mayor. Verás que se vuelve algo más difícil frenar tu cerebro a medida que suba la temperatura de tu termómetro emocional, pero con la práctica lo lograrás. Esto puede funcionar incluso si estás disgustado/a, pero

Observando mi ciclo PEC

Para observar tu ciclo PEC, debes enfocarte en una situación que te haya generado incomodidad. Para ello, por favor, escribe a continuación tus pensamientos, emociones y conductas específicos, asegurándote de que estás vinculando tus pensamientos con emociones y conductas concretas.

Completa tu propio ciclo PEC

Situación: _____

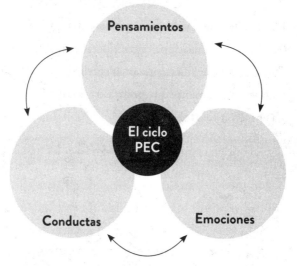

Cuando hayas completado el ejercicio, trata de identificar cómo te sentiste haciéndolo. ¿Escribirlo ha hecho frenar a tu cerebro? ¿Te sentiste como si pudieras concentrarte? ¿Qué ha ocurrido con tus emociones?

_____

_____

_____

te tomará más tiempo (y quizá cierta paciencia) frenar tu cerebro emocional.

- Practica en cualquier situación que te provoque alguna clase de emoción (tristeza, felicidad, neutralidad... el espectro entero). La realidad es que todas ellas tendrán un impacto sobre tus pensamientos y reacciones, así que está bien poder identificar qué hace tu cerebro independientemente del tipo de emoción que experimentes.

- Haz todo lo que puedas para conectar pensamientos específicos con emociones y conductas concretas. Esto no solo te ayudará a ralentizar tu cerebro, sino también a entender exactamente qué podría estar contribuyendo a una emoción fuerte.

- E, igual que en el gimnasio, el progreso es lento, pero seguro si eres constante.

Transformar la ansiedad en poder: rectifica, afronta y alinea

Ahora que ya sabes activar tu superpoder —tu cerebro— utilizando el ciclo PEC para frenar, es hora de juntar las piezas del rompecabezas para transformar la ansiedad en poder. En el diagrama que encontrarás más adelante, he ilustrado los tres posibles caminos que puedes seguir cuando tu cerebro detecta un

¿Peligro real o falsa alarma?

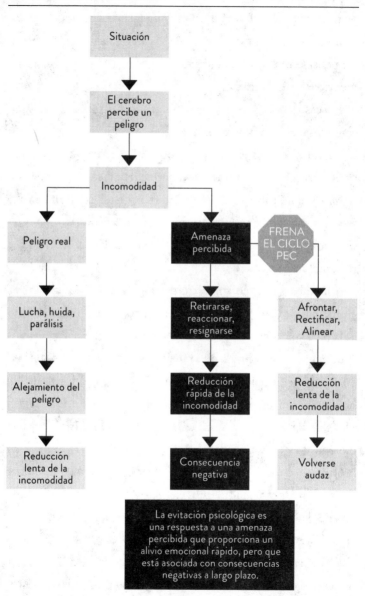

Situación

El cerebro percibe un peligro

Incomodidad

Peligro real

Amenaza percibida

FRENA EL CICLO PEC

Lucha, huida, parálisis

Retirarse, reaccionar, resignarse

Afrontar, Rectificar, Alinear

Alejamiento del peligro

Reducción rápida de la incomodidad

Reducción lenta de la incomodidad

Reducción lenta de la incomodidad

Consecuencia negativa

Volverse audaz

La evitación psicológica es una respuesta a una amenaza percibida que proporciona un alivio emocional rápido, pero que está asociada con consecuencias negativas a largo plazo.

peligro. Da igual quiénes seamos: en cuanto nuestro cerebro detecte un peligro, activará nuestra amígdala y sufriremos un cierto nivel de incomodidad. La biología lleva a cabo este proceso sin pensar, así que en este punto no podemos intervenir (parte superior del diagrama).

En caso de un peligro real (parte izquierda del diagrama), como una serpiente venenosa, tu cerebro tendrá una reacción de lucha, huida o parálisis, lo que te obligará a actuar. Y, en cuanto ya no corras peligro, tu incomodidad se reducirá poco a poco. Si tu hijo acaba de cruzar la calle justo frente a un carro en marcha y ya está en un lugar seguro, tu corazón tardará un rato en regresar a su estado basal. En caso de peligro real, la incomodidad se reducirá despacio.

Sin embargo, a veces nuestro cerebro responde así a un peligro percibido (camino en negro del centro del diagrama). Como es la biología la que tiene el control, experimentarás los mismos síntomas de lucha, huida o parálisis. Pero, como estamos lidiando con un peligro percibido, he renombrado la reacción de lucha, huida o parálisis como las *3 R de la evitación* (léase, *reaccionar*, *retirarse* y *resignarse*). Aunque hacen eco de la misma cascada biológica, este camino desemboca en evitación. Trataremos en profundidad las 3 R de la evitación en las siguientes secciones de este libro, pero he aquí unos ejemplos para ilustrar cómo cada una de estas respuestas a una amenaza percibida pueden conducir a la evitación.

Imagina que acabas de recibir un correo electrónico a altas horas de la noche de alguien con quien tienes un largo historial de conflicto, como tu jefe, un ser querido, un padre, un buen amigo o tu hijo. Cuando lees el asunto del correo, pone: «Tenemos que hablar, es urgente». Tu ansiedad se dispara y puedes responder de tres maneras. Algunos tenemos más tendencia a reaccionar (léase, luchar) cuando nos sentimos incómodos. Cuando reaccionas para evitar, harás lo que sea necesario para eliminar la amenaza potencial, que, a la postre, es tu ansiedad. Así que, ¿cómo reduce la ansiedad la reacción evitativa? Quizá escribas una respuesta y la envíes a toda prisa sin darle demasiadas vueltas. Cuando pulses «enviar», te sentirás mejor (¡al menos a mí me ocurre!), pero a menudo te sentirás horrible a la mañana siguiente porque es muy probable que dijeras cosas que, o bien no pensabas, o sí pensabas, pero expresaste de forma grosera o inapropiada.

Alternativamente, quizá sea la retirada (léase, huir) evitativa la que te mantiene en el atasco. Cuando te retiras para evitar la amenaza potencial, en este caso quizá ni siquiera abras el correo, te alejes del celular y te pongas a ver la televisión para distraerte. Te sentirás mejor al desconectar frente a la pantalla, pero, por desgracia, el conflicto no tiene patas, así que seguirá ahí a la mañana siguiente, lo que probablemente incremente tu ansiedad.

Finalmente, hay quien se resigna (léase, se paraliza) ante una amenaza potencial. Si te resignas, terminas también atascado o atascada junto a ella. Te descubres en una parálisis, sin saber cómo actuar, quizá contemplando el celular sin hacer nada. La parálisis es biológicamente algo distinta de la lucha o la huida, pero, en tanto forma de evitación, proporciona un alivio momentáneo.

Independientemente de tu estilo de evitación, las tres

respuestas (reaccionar, retirarse o resignarse) representan clases de evitación psicológica porque son respuestas a una amenaza percibida que te hacen sentir mejor momentáneamente, pero que están asociadas a una consecuencia negativa a largo plazo.

Es importante recordar que estos estilos de evitación no están grabados en piedra y que la manera en que respondes a una amenaza percibida puede variar según el contexto. Por ejemplo, en el trabajo mi evitación tiende a ser reactiva, pero en momentos de conflicto interpersonal evito retirándome. Lucía, una madre y ama de casa, a menudo se retira cuando se enoja con su marido, pero reacciona cuando se trata de sus hijos. No importa cómo evites, lo que importa es que tu evitación es aquello que te atasca.

Pero esta no tiene por qué ganar siempre. Existe otro camino, un camino audaz (lado derecho del diagrama), donde puedes aprender a transformar tu ansiedad en poder. Para ello, primero tendrás que frenar por medio del ciclo PEC y crear el espacio necesario para aprender a no evitar. Al principio, es útil escribir tu ciclo PEC para forzar esta pausa, pero, con la práctica, terminará por convertirse en un automatismo.

En la segunda parte de este libro aprenderás mucho más sobre la retirada evitativa, lo que ocurre a menudo cuando nos quedamos atascados pensando en pensar. Para sobreponerte al pensamiento como forma de evitación, aprenderás a *rectificar* tu perspectiva para liberarte de los pensamientos de blanco o negro. En la tercera parte, hablaremos de la reacción evitativa. Para superarla, aprenderás a *afrontar* la incomodidad diseñando un plan para luchar contra ella de frente, cambiando así tu conducta. Finalmente, en la cuarta parte, aprenderás sobre la resignación evitativa, como quedarte en una relación que sabes que ya no funciona o en un trabajo que no te gusta. Aprenderás a *alinear* tus acciones con lo que más te importa, tus valores, para que puedas superar este tipo de evitación.

Aunque este libro está escrito de forma secuencial, estas tres estrategias para vivir con audacia no tienen por qué seguirse en ningún orden en particular. Cuál decidas utilizar dependerá de en qué te sientas atascado o atascada (por ejemplo, rectificar es especialmente útil cuando te retiras y afrontar es mi técnica de referencia para superar la evitación reactiva), pero, a medida que te vuelvas más audaz, quizá te descubras utilizando las tres el mismo día, solo que de formas distintas. Cada parte de este libro no solo te enseñará cómo no quedarte en el atasco, sino también la ciencia tras cada clase de evitación... y, por supuesto, el camino hacia la audacia.

El resultado de activar tus superpoderes

La evitación solo gana porque estamos biológicamente programados para alejarnos de la incomodidad. No soportamos estar incómodos. Sin embargo, las emociones en sí mismas, incluso las negativas o las difíciles, no son malas. Es lo que hacemos cuando nos sentimos asustados, ansiosos o disgustados lo que tiende a atascarnos. De esta forma, lo opuesto a dejar que las emociones dicten nuestras vidas es aprender a regularlas, a activar nuestro cerebro pensante y a actuar en concordancia con lo que más nos importa. Si practicas las técnicas en este libro, desarrollarás flexibilidad cognitiva, lo que significa que, incluso si la vida te lanza una bola curva, serás capaz de lidiar con ella.

¿De verdad es eso posible?

Hace unos años, tuve el privilegio de conocer a la señora Barbara Dalio, una increíble mujer y filántropa. Una de las áreas en las que la señora Dalio centra su actividad filantrópica es en ayudar a organizaciones que trabajan con jóvenes de los barrios marginales de Connecticut, quienes se sienten excluidos o desconectados. Descubrimos este nexo común de inmediato, pues durante la última década he enfocado toda mi investigación en enseñar las técnicas que estoy a punto de compartir contigo a paraprofesionales que trabajan con jóvenes de barrios marginales. La señora Dalio me preguntó algo que a menudo escucho de mis pacientes (y que quizá te estés preguntando tú): «¿De verdad es eso posible?».

La señora Dalio procedió a cuestionar si estos jóvenes a quienes les han repartido muy malas cartas en la vida (en forma de trauma, adversidad, abandono, exposición a drogas y alcohol...) pueden modificar su cerebro, reprogramarlo y transformar sus vidas. Podría haber contestado a su pregunta con una montaña de estudios publicados, incluyendo los míos propios (¡lo que terminé haciendo!), pero esto fue lo que le dije: «No estaría aquí sentada junto a usted si no pudiéramos modificar nuestros cerebros. Yo misma sufrí una buena dosis de adversidad y trauma, y, a pesar de ello, ¡las técnicas de las que hablo me sacaron de ahí!».

No fue fácil, y hay días en que todavía es muy duro sobreponerme a mi propio historial de adversidad y a la narrativa que mi cerebro ha creado en consecuencia, pero, si yo puedo hacerlo, tú también. Como reza el viejo proverbio chino de Lao-Tse: «Un viaje de mil millas empieza con un solo paso». ¿Estás listo/a para dar el primer paso hacia la audacia?

SEGUNDA PARTE

Rectificar

Capítulo tres

Cháchara cerebral: retirarse para evitar

Imagina que acabas de mudarte a una nueva casa y te das cuenta de que te hacen falta una escoba para barrer y perchas nuevas para organizar el armario. ¿Cómo las conseguirías? Seguro que irías a tu megatienda local, comprarías lo que necesitas y no te pararías a pensar de dónde viene o por qué tiene el precio que tiene. En la vida moderna, apenas prestamos atención a los procesos tras las cosas que compramos. Pero, de niña, yo pude verlos de primera mano.

Cuando era pequeña, mi mamá consiguió un empleo vendiendo perchas y escobas, y yo fui testigo de lo que ocurre tras bambalinas. Lo que más recuerdo de aquellos tiempos es cuán bien negociaba mi mamá. Quizá creas que no hay mucho que negociar en el apasionante mundo de la venta de escobas y perchas a puerta fría, pero verla interactuar con los clientes potenciales era como contemplar a Michael Jordan jugando al baloncesto: pura magia. Siempre que la acompañaba, me sorprendía cuánto parecía disfrutar del desafío de persuadir a alguien de que le permitiera entrar en su casa y se deshiciera de su plata voluntariamente en cuanto le hubiera convencido de que no estaba comprando una escoba cualquiera, sino la mejor escoba jamás fabricada al mejor precio de la historia.

Gracias a ello, fui criada con la idea de que en la vida hay que negociar. Al fin y al cabo, ¿por qué iba alguien cuerdo a aceptar menos cuando puede tener más? Especialmente cuando tu capacidad de alimentarte a ti y a tu familia depende de maximizar tus ingresos, cliente a cliente. Quizá la cultura también tenga algo que ver. En Brasil, regateábamos por todo, desde el precio de un plátano hasta el de un carro. Así que me chocó cuando me mudé a los Estados Unidos y me di cuenta de que lo que en Brasil era tan normal, e incluso motivo de orgullo, era absolutamente inaceptable en mi país adoptivo.

Recuerdo con claridad la ocasión en que, recién llegada como estudiante de intercambio, necesité un par de botas de invierno. Entré en la zapatería Payless más cercana, me probé unos cuantos pares prácticos (¡y asequibles!) y, cuando hube escogido el que quería, tuve el aparente descaro de pedir un descuento de cincuenta centavos. El cajero me miró como si me hubiese vuelto loca, pero, en mi defensa, aunque mi inglés no fuera perfecto, ¿cómo iba a estar eso mal? La tienda se llamaba, literalmente,

Payless, que significa «paga menos» en inglés. ¿Cómo iba yo a saber que una no debía negociar en esa situación?

Esta clase de cosas me ocurrió mucho en mis primeros meses en los Estados Unidos. Siempre que trataba de negociar cuando salíamos, mi familia anfitriona se ruborizaba como si acabara de dar un paso social en falso de proporciones tan astronómicas que no supieran cómo iban a volver a presentarse en público a partir de entonces. A menudo me sentía como si estuviera viviendo en una comedia de las equivocaciones, solo que yo era el objeto de la broma. Al final, aprendí que, en los Estados Unidos, el cliente no siempre tiene la razón y que, a no ser que te encuentres en un concesionario de carros usados, el regateo no es más que una curiosidad grotesca.

Quizá te estés preguntando: ¿qué tiene que ver el negociar (o no hacerlo) con la evitación? Todo esto ha sido para ilustrar que la idea de evitar a toda costa negociar, especialmente en lo relacionado con el sustento, como el salario, todavía me era ajena cuando entré en el mundo laboral en 2006. Pero no tardé en descubrir que esto era algo que le resultaba difícil a la mayoría de mis colegas, tanto hombres como mujeres. Esto también ha sido una constante en casi todos los pacientes con los que he trabajado a lo largo de mi carrera: incluso el más leve pensamiento de tener que salir al campo de batalla de la negociación hace saltar todas las alarmas en sus amígdalas hasta el punto en que prefieren mil veces aceptar menos de lo que pueden permitirse que verse obligados a —¡ay!— tener un desacuerdo momentáneo con otro ser humano. ¿Te resulta familiar? Debería: es una

Retirada

La característica principal de la retirada como estrategia evitativa es que te aleja de lo que te incomoda para proporcionarte un alivio rápido y temporal. Puedes retirarte tomando distancia física, pero también puedes hacerlo al recluirte en tu interior, concentrarte en tus pensamientos o tomar distancia sutilmente de ciertas situaciones. He aquí algunos ejemplos de lo que puede constituir una retirada como estrategia evitativa:

- Desviar la mirada en conversaciones difíciles.

- Cambiar de tema en una conversación.

- Hacer demasiado ejercicio.

- Dejar que se acumulen los correos electrónicos.

- Procrastinar en pequeñas tareas.

- Retrasar reuniones indeseadas.

- Tomarse una copa de vino.

- Cancelar una cita.

- Organizar planes para no volver a casa.

- Refugiarse en las redes sociales.

---

evitación de manual. Cuando tratamos de no negociar porque nuestros cerebros nos dicen que no podremos soportarlo y que nos sentiremos incómodos, estamos, efectivamente, retirándonos para evitar. Una retirada es cuando te alejas de una situación que tu cerebro ha percibido como peligrosa (por ejemplo, un conflicto, una negociación, etc.) y, como resultado, te sientes mejor momentáneamente. A menudo, nuestro discurso interior (por ejemplo, *No merezco un aumento*) influye muchísimo a la hora de convencernos de que retirarnos es la única solución. A pesar de todo, siempre hay una consecuencia negativa a largo plazo.

Antes de profundizar en esta clase de evitación, he aquí algunos ejemplos más de conductas que, a menudo, representan una forma de retirada. Nótese que habrá para quienes esto constituya otra clase de evitación. Ten también en cuenta que, para que cualquiera de estas acciones pueda considerarse evitación, tiene que estar vinculada a un coste a largo plazo.

A veces, el cerebro no coopera

Veamos cómo los pensamientos respecto a las negociaciones atascaron a una colega mía. Conocí a Janet en un curso de liderazgo femenino de Harvard, al que asistí como ponente para hablar sobre cómo utilizar técnicas científicamente probadas para ayudar a las mujeres a sacar provecho en conversaciones importantes, incrementando su capacidad de comunicarse como líderes. Resultó que Janet trabajaba en la misma institución que yo y, como yo, llevaba ahí varios años. Pertenecíamos a departamentos distintos, pero habíamos afrontado desafíos similares, así que conectamos desde el principio. Durante una de nuestras pausas, Janet se me acercó de forma educada pero urgente, y me preguntó si podía confiarme algo. Nos apartamos a un rincón tranquilo del centro de convenciones y me explicó que, durante los últimos tres años, había estado esperando el momento adecuado para pedir un aumento, pero que había sido incapaz de dar el paso. Janet es una mujer afroamericana y madre soltera, así que un aumento hubiese supuesto una enorme diferencia en su vida y en la de sus tres hijos. Era evidente que eso era importante para ella y que sentía que estaba fallándole a su familia como proveedora. Siguió hablando, pero con un nudo en la garganta, y, cuando levantó la mirada, vi que tenía los ojos anegados de lágrimas. Había visto esa misma mirada de vergüenza y desesperación en los rostros de muchos pacientes en situaciones similares (e incluso en el de mi propia madre en algunos de sus momentos más bajos). Sentí una conexión con Janet, pero nos esperaban de vuelta en la conferencia, así que la invité a tomarse un café conmigo en el hospital la semana siguiente para continuar con la conversación y ver si podía ayudarla a liberarse. Janet sonrió con una expresión de alivio inmediato en la cara.

La semana siguiente, Janet desafió una de las tormentas de nieve que marcan el inicio del invierno en Boston para tomarse un café en mi despacho y compartir su historia conmigo. Enfermera de formación, había pasado a ocupar un puesto administrativo, donde gestionaba una importante consulta del hospital. Llevaba diez años en el mismo departamento y le gustaban mucho sus compañeros. El equipo tenía una relación estrecha y ella era considerada una encargada competente y agradable. Janet había cambiado de jefe varias veces a lo largo de los años y, en aquel momento, estaba subordinada a un hombre blanco al que describió como amable, pero intimidante.

—No sé si es porque somos muy distintos, pero me da algo de miedo —comentó Janet.

—¿A qué te refieres con distintos? —pregunté, no queriendo asumir nada.

Rio para disipar la tensión e hizo un ademán hacia sí:

—Esto no es autobronceador —continuó—. Pero hay diferencias más importantes que el color de nuestras pieles. Mi formación es en enfermería. Él es médico. Yo soy una madre soltera intentando criar a tres hijos, él es un hombre acomodado. Es como si viniéramos de mundos distintos —zanjó.

La entendía, pues, a lo largo de mi carrera, a menudo me había sentido distinta a muchos hombres y mujeres con los que había trabajado. Al venir de un país en vías de desarrollo, con otras normas culturales, y habiéndome encontrado a menudo en situaciones de precariedad financiera, podía entender de qué forma estas diferencias importan. Sin embargo, desde un punto de vista clínico, tenía la sensación de que, en el fondo, no eran estas cosas lo que de verdad le estaba impidiendo pedir el aumento. Estoy segura de que pensaba que lo eran, pero, en lo que a tácticas evitativas se refiere, nuestros motivos reales a menudo nos están velados. Decidí ir más allá de la narrativa que Janet se había estado repitiendo y le pedí que me relatara cómo se sentía cuando se planteaba pedir el aumento.

—Me siento inmediatamente ansiosa, asustada y, a veces, incluso inferior.

—Así que la mera idea de pedir el aumento te hace sentir incómoda —contesté—. ¿Sabrías decirme cómo es tu discurso interior cuando sientes esas emociones?

A esto le sobrevino una larga pausa, seguida de una tormenta de pensamientos que brotó de los labios de Janet:

«No estoy trabajando lo bastante duro. Debería quedarme hasta tarde más a menudo».

«La calidad de mi trabajo no es perfecta».

«El error que cometí cuando implementé el nuevo sistema de facturación demuestra que soy descuidada».

«Tendría que sacarme otro título; quizá lo que me mantiene atascada es mi nivel educativo».

«Nunca conseguiré un aumento».

«Estaré atascada en este trabajo para siempre».

«Soy un fracaso... si fuera mejor, ya me hubiesen dado un aumento».

«Soy inferior».

Mientras las lágrimas de Janet se deslizaban por sus mejillas, le aseguré que mis pacientes me habían contado muchas historias como la suya y que entendía cuánto le angustiaban esos pensamientos.

—Cuando te invaden todas estos pensamientos y emociones dolorosos, ¿qué sueles hacer para sentirte mejor? —le pregunté.

—Trato de apartar los pensamientos chequeando el celular o entrando en redes sociales. Trato de no centrarme en ellos. Me siento mejor durante un rato, pero siempre regresan. Ojalá pudiera dar el salto y pedir ese aumento de una vez, pero no puedo, y me duele solo de pensarlo.

Los pensamientos de Janet, como *Nunca conseguiré un aumento*, eran tan poderosos que le estaban provocando ansiedad, llanto e incomodidad. En respuesta, Janet hacía cuanto podía para sentirse mejor: los apartaba con distracciones. A corto plazo, todos podemos alejarnos de nuestros pensamientos problemáticos. Sin embargo, este ciclo llevaba tres años repitiéndose y le estaba causando un estrés económico severo, lo que la hacía sentirse todavía peor como proveedora de sus hijos.

Janet no estaba sola. Según un estudio realizado por Randstad US en 2020, el 60 % de las mujeres nunca ha negociado su salario[1] e, incluso si piden un aumento de sueldo, tienen considerablemente menos probabilidades de obtenerlo que los hombres[2]. De hecho, un reciente metaanálisis de estudios llevados a cabo en todo el mundo ha descubierto que los hombres inician las negociaciones un 50 % más que las mujeres[3]. Y el coste es alto. En los Estados Unidos, los datos muestran que, en 2020, las mujeres ganaron un 84 % de lo que ganaron los hombres[4]. Curiosamente, la brecha de género en el inicio de las negociaciones y en el salario lleva un tiempo reduciéndose[5]. De hecho, he trabajado con un buen puñado de hombres que también han tenido dificultades a la hora de pedir un aumento o negociar sus salarios.

—¿Alguna vez te has sentido como si tu cerebro sencillamente no quisiera cooperar? —me preguntó Janet al final de nuestra primera conversación.

—Sí, lo he sentido —la tranquilicé—. La realidad es que, si le habláramos a nuestros amigos como nos hablamos a nosotras mismas, ¡quizá no tendríamos ninguno porque nos hubiesen dejado! Pero, por desgracia, apartar nuestros pensamientos es como decir: «No pienses en un elefante blanco». ¿Qué ocurre?

Janet rio y respondió:

—Ya veo al elefante blanco.

Este fenómeno es lo que los psicólogos llaman *supresión de pensamientos*. Por desgracia, tratar de suprimir tus pensamientos solo te hace pensar más en ellos[6]. Y cuando no dejan de asaltarte los mismos pensamientos problemáticos y perjudiciales, pueden *alimentar* tu evitación.

Janet estaba atascada en un ciclo PEC. Cada vez que sopesaba hacer algo, como pedir un aumento (situación), se decía: «La calidad de mi trabajo no es perfecta» (pensamiento), lo que le provocaba ansiedad (emoción) y, según continuaba el ciclo, terminaba llorando y, a la postre, tratando de evitar pensar en su trabajo mediante su celular o las redes sociales (conducta). El problema es que, al tratar de evitar sus pensamientos, estos regresaban con más fuerza, lo que la hacía sentir incluso peor y la conducía a la consecuencia a largo plazo que era su táctica evitativa.

Nunca he conocido a nadie a quien su cerebro no le hable de forma «poco ideal» de vez en cuando. Diablos, mi cerebro lo hace a diario: *John está muy enojado conmigo porque no le contesté al mensaje de hace tres días. David me va a matar por haber organizado otra fiesta sin consultarle... estará furioso durante días. Tendría que haber sabido que no debía planear unas vacaciones cuando se acerca el plazo de entrega del libro; soy demasiado impulsiva. Da igual cuánto trate de acabar el libro, nunca lo lograré. ¿Cómo puede ser que Diego tenga arrebatos de rabia tan escandalosos? No sabe regular sus emociones... ¡¡¡todo es mi culpa!!!* Y esta

Tipos comunes de distorsión cognitiva

- **Lectura de pensamiento:** creer que puedes leer los pensamientos de otras personas, así que sabes lo que están pensando.

- **Pensamiento catastrofista:** ponerte siempre en el peor de los casos y asumir que no serás capaz de tolerar el resultado.

- **Razonamiento emocional:** utilizar las emociones para interpretar la realidad (siento, luego debe ser cierto).

- **Personalización:** atribuirte la culpa de cualquier cosa que alguien dice o hace.

- **Debeísmo:** hablarte a ti mismo utilizando afirmaciones que empiezan por «debería», de forma que terminas viendo las cosas bajo un prisma negativo.

- **Pensamiento en blanco y negro:** ver el mundo solo en dos opciones opuestas (todo o nada, sin ningún matiz de gris).

lista sigue y sigue... a veces hace más ruido, otras es un susurro, pero el cerebro siempre anda diciendo algo... ¡al menos el mío! Y estos pensamientos... tienen incluso nombres.

Los pensamientos reflejo ocurren automáticamente y duelen mucho; son lo que los psicólogos llaman *distorsión cognitiva*. En términos sencillos, las distorsiones cognitivas son filtros mentales que a menudo envuelven nuestra realidad. Dado que nuestro cerebro procesa millones de datos al mismo tiempo (más de esto en el próximo capítulo), a veces toma atajos en su lógica; cuando lo hace, podemos acabar con una visión distorsionada del mundo, de ahí el nombre. Hay muchos tipos de distorsión cognitiva.

Si estudias con detenimiento la distorsión cognitiva de Janet, verás que a menudo terminaba atascada en la personalización, de forma que, si algo no salía bien en el trabajo, o no era perfecto, su cerebro saltaba inmediatamente a concluir: *Es culpa mía.* Para Janet, darles nombre a estos pensamientos los hizo menos aterradores y también le recordó que, quizá, solo quizá, no representaban toda la realidad.

Tu turno: utiliza el espacio en la reflexión de la página siguiente para tratar de identificar y nombrar tus propias distorsiones cognitivas.

Atrapados en el cuento de hadas de otra persona

En lo que respecta a retirarse, evitar la negociación por culpa de nuestro discurso interior no es la única manera en que nos quedamos atascados. Te presento a Sara, una consultante cuya distorsionada autoconcepción le impedía presentarse tal como era. Sara se crio en una cariñosa familia estadounidense de clase media, tradicional en todos los sentidos, que exaltaba los valores religiosos, la educación y el trabajo duro. Su padre empezó su carrera como militar y tenía fuertes convicciones acerca de todo,

REFLEXIÓN

Practiquemos nombrar las distorsiones cognitivas

Piensa en una situación en que hayas sentido incomodidad y pregúntate: «¿Cuál fue mi discurso interior?». Cuando hayas identificado los pensamientos específicos, trata de etiquetarlos como distorsiones. Asegúrate de consultar la lista de la página 73 para ayudarte a darles nombre. No olvides que las categorías no son excluyentes, así que, a veces, el mismo pensamiento puede tener varias etiquetas. No hiles tan fino, ¡escoge una!

Situación: _____

Pensamiento específico	Tipo de distorsión cognitiva

desde la ética laboral hasta la identidad de género. Era un hombre cariñoso que haría cualquier cosa por su familia, pero su forma de ver el mundo estaba grabada en piedra. Comparada con su padre, la madre de Sara era flexible. Creía que las personas tienen derecho a perseguir sus sueños sin importar lo que piense la gente y que la vida es demasiado corta para preocuparse por lo que opinen los demás. A pesar de sus aparentes diferencias, los padres de Sara tenían un buen matrimonio, basado en la comprensión mutua. También llevaban casados el tiempo suficiente para saber que no podían cambiar al otro y sus distintos temperamentos creaban un sano equilibrio.

Sara era una excelente estudiante y, aunque se describía como introvertida, tenía un grupo de amigos reducido, pero sólido. En la secundaria, Sara no salió con nadie y, cuando llegó el baile de graduación, decidió no ir. La idea de asistir sola y vestida con un elegante vestido largo no era algo que la atrajera. A pesar de que sus amigos tuvieran muchas ganas de que los acompañara, no logró convencerse de ir. A todas luces, la vida de Sara iba por buen camino cuando se fue a la universidad... o al menos así lo parecía.

No obstante, por dentro, Sara había estado librando una guerra consigo misma. Desde la escuela intermedia se había sentido distinta. No le interesaban los chicos de su clase y, si era sincera consigo misma, sabía que se sentía más atraída por las chicas. Aquello la confundió. Desde que tenía memoria, su padre la adoraba y se refería a ella como «su princesa». Siguiendo esa lógica, a menudo pensaba: *Y las princesas se casan con príncipes.*

Con la perspectiva de su padre como marco de referencia de su mundo interior, dejó de lado sus sentimientos y se concentró en sus estudios y en sus amigos. Sin embargo, no quitarse la máscara empezó a salirle cada vez más caro y estuvo a punto de reprobar su primer semestre en una importante universidad de Boston.

Yo la conocí en ese momento de crisis.

Sara parecía triste cuando entró en mi consulta, como si cargara con un peso enorme. Cuando empezamos a hablar, me hizo muchas preguntas sobre mi trabajo y sobre la terapia en general, y parecía especialmente preocupada por la confidencialidad. En cuanto le aseguré que lo que me dijera sería confidencial siempre y cuando lo considerara médica y legalmente apropiado, empezó a contarme su historia.

Me habló de su interés temprano por las chicas, de sus miedos respecto a su sexualidad y de cómo había estado reprimiendo sus sentimientos debido a la fe católica de su madre y a sus propias creencias sobre el deseo de su padre de que ella fuera su princesa en busca de un príncipe azul. Me dijo que se identificaba como lesbiana, pero que nunca se lo había dicho a nadie. Pensé en cuán difícil debía estar siendo para ella el tener dieciocho años y solo haber podido salir del clóset frente a una extraña que estaba bajo juramento de no revelar nada. Le pedí a Sara que me narrara algunos de los pensamientos que pasaban por su cabeza cuando se imaginaba saliendo del clóset y revelando su identidad sexual a sus padres. En respuesta a mi pregunta, reaccionó como si fuera a vomitar.

—Nunca voy a poder salir del clóset con mis papás —dijo

tras un instante de silencio en un tono que parecía indicar que la mera idea le parecía totalmente absurda.

—Parece que la idea te asusta —contraataqué señalando lo evidente.

—Eres muy perspicaz —me dijo con una sonrisa irónica.

—Y eso te hace pensar que es imposible compartir tu identidad con tus padres. ¿Por qué? —continué tras una risa.

—¿Estás loca? —me preguntó—. ¿Sabes lo que podría pasar si se me ocurriera sacar el tema en casa?

—Ponme a prueba —seguí, encogiéndome de hombros.

—Mi papá me desheredaría y mi mamá creería que esto es obra del demonio y me obligaría a ir a la iglesia con ella todos los días para sacármelo. Sería un desastre.

—Suena a que te da miedo perder a tus dos padres si sales del clóset. ¡Entiendo que estés asustada! Al fin y al cabo, ¿quién quiere perder a las personas que más quiere?

Sara pareció tranquilizarse cuando validé sus miedos y entendí su perspectiva. Es importante subrayar que necesitaba que Sara entendiera que de ningún modo estaba diciendo que sus miedos fueran irracionales. De hecho, es probable que algunos de sus temores específicos respecto a la posible reacción de su familia a una salida del clóset fueran ciertos. Lo que le estaba sugiriendo era que reflexionara concretamente sobre qué decía su discurso interior para que pudiéramos descubrir si sus pensamientos estaban alimentando su evitación y la mantenían atascada (en lugar de afrontar las consecuencias objetivas en la vida real). En otras palabras, quería descubrir las afirmaciones específicas que le subían la fiebre emocional hasta el punto en que su única opción era evitar.

Con esto aclarado, le pedí permiso para explorar otros pensamientos que pasaran por su mente respecto a salir del clóset.

—Imagina por un momento que regresas a casa por las vacaciones y que estás a punto de sentarte con tus padres para contarles que eres lesbiana. ¿Qué pensamientos surgen inmediatamente en tu cabeza? —le pregunté.

Me odiarán...

Mi papá no volverá a dirigirme nunca la palabra...

Mi hermano se pondrá como loco...

Mi mamá pensará que algo falla en mí...

¿Y si tienen razón? ¿Y si algo falla en mí?

Estoy arruinada, rota...

En este punto, un caudal de lágrimas ya recorría su rostro. Miré el reloj de mi escritorio: no habían pasado ni diez minutos desde el inicio de la sesión y Sara ya estaba sollozando. No lograba entender cómo podía haber estado aguantando aquello desde el principio de nuestro encuentro, por no hablar de toda su vida.

—¿Y qué pasa si de verdad estás rota? —le pregunté—. ¿Qué ocurre entonces?

Sara me miró desesperada:

—Significa que estaré sola para siempre y que nadie me querrá nunca.

Diablos, pensé. ¡Por cosas así me dedico a esto! Es raro disfrutar de hablar con personas que están pasando por una crisis, pero me imagino que es el mismo sentimiento que tiene un piloto de Fórmula 1 cuando toma una curva perfecta a 250 kilómetros por hora. Seguimos:

—Así que la idea de salir del clóset va de «mis papás me odiarán» a «estoy rota» a «nadie me querrá nunca». ¿Es así?

—Sí —contestó con la vergüenza pintada en la cara.

—¡Entonces es normal que creas que nunca saldrás del clóset! Suena como si tus pensamientos se desbocaran con tanta violencia que, en el momento en que te planteas compartir algo tan profundamente personal e importante con tu familia, de golpe te imaginas sola e indigna de ser amada. ¡Por supuesto que parece insoportable!

Veía que Sara se sentía aislada, así que le dije que en realidad no estaba sola y que había visto a muchos pacientes en su situación. Le expliqué cómo los pensamientos desbocados como los que acababa de compartir conmigo conducen a sentimientos tan fuertes, y a menudo tan desagradables, que terminamos alejándonos de lo que más nos importa en lugar de acercarnos. Como temía perderlos, Sara se había convertido en una desconocida para sus padres. La distancia que tanto temía estaba en realidad siendo creada por cómo evitaba decirles la verdad.

Pelando las capas de la cebolla

Si te dijeras: «Mi papá nunca volverá a dirigirme la palabra», como hacía Sara, ¿qué sentirías? ¿Ansiedad? ¿Tristeza? ¿Disgusto? Apuesto a que depende de cómo sea la relación con tu papá. Pero, por un segundo, imagina que tienen una buena relación. ¿Cómo te haría sentir no volver a hablar con él? Para Sara, eso era motivo de llanto, tristeza y miedo. Sin embargo, a medida que profundicé en su discurso interior, resultó que tenía una creencia más profunda que la asustaba todavía más: *Nadie me querrá nunca*. Esta clase de creencia más profunda, que tiende a condicionar nuestras visiones del mundo, es lo que los psicólogos describimos como *creencias centrales*[7].

Las creencias centrales son opiniones globales que tenemos sobre nosotros mismos, los demás y el mundo, y que creamos de muy jóvenes basándonos en nuestras experiencias. Piensa en ellas como en una categoría general que abarca todas nuestras distorsiones cognitivas en un solo (y a veces muy doloroso) lugar (en la página siguiente encontrarás ejemplos de creencias centrales habituales). Las distorsiones cognitivas son como la capa exterior de una cebolla, en cuyo núcleo tienden a estar las creencias centrales. A medida que pelas esta cebolla, pasas de pensamientos más automáticos a creencias más arraigadas.

Según el entorno en que nos hayamos criado y nuestras experiencias vitales, desarrollaremos distintas creencias centrales; algunas favorables, como: «Merezco ser amada», y otras desfavorables, como: «Nadie me querrá nunca».

En mi caso, al haber sido criada por una madre cariñosa que hizo todo lo posible para que prosperara en la vida, aprendí a decirme: «Merezco ser amada»; sin embargo, el caos durante mi niñez, unido al abandono de mi padre y a mi supuesto fracaso al

Ejemplos de creencias centrales desfavorables

- No soy lo suficientemente bueno/a.
- Soy inferior.
- Nadie me querrá nunca.
- Estoy roto/a.
- Desconfío de los demás.
- No merezco nada.
- No soy interesante.
- Soy débil.
- Estoy indefenso/a.
- Soy un fracaso.
- Soy incompetente.
- No soy inteligente.
- No merezco ser amado/a.

Ejemplos de creencias centrales favorables

- Merezco ser amado/a.
- Soy divertido/a.
- Soy tolerante.
- Estoy bien.
- Soy amigable.
- Soy alegre.
- Soy optimista.
- Soy decidido/a.
- Soy agradecido/a.
- Soy saludable.

mantener a mi familia unida, también me hizo creer que «No soy suficiente». Sara terminó diciéndose a sí misma: «Nadie me querrá nunca». Las creencias centrales favorables tienden a ayudarnos a fortalecer nuestra autoestima y nos impulsan en la vida, mientras que las desfavorables nos atascan en la evitación. No te preocupes, aprenderás a rectificar tus creencias desfavorables en el capítulo 5 y, con la práctica, aprenderás también a desarrollar unas más favorables.

En cuanto asentamos una creencia central —lo que, en ocasiones, ni siquiera es un proceso consciente, sino el resultado de cómo entendemos el mundo durante la infancia—, tendemos a mantenerla. Así que pienso en ellas como en las lentes invisibles que filtran la información en nuestro cerebro. En el próximo capítulo, profundizaremos en la ciencia detrás de por qué nuestras creencias centrales filtran la información, pero, por ahora, quiero que te las imagines como lentes invisibles que has llevado puestas durante tanto tiempo que has dejado de notarlas. Es muy probable que estén provocando mucha evitación y por eso vamos a explorarlas.

Examina las distorsiones cognitivas de Janet que vimos en la página 73 y pregúntate: ¿cuál puede ser la creencia central que le impide pedir un aumento? Si pensaste «Soy inferior», estás en lo cierto.

Si, cuando estamos muy disgustados, invertimos algo de tiempo en escribir nuestros pensamientos, uno tras otro, sin pensarlo demasiado, muchas veces lograremos pasar de pensamientos más automáticos (por ejemplo, distorsiones cognitivas) a nuestras creencias centrales. Yo misma he tenido que utilizar esta técnica para lograr identificar qué creencia central me tenía atascada mientras escribía este capítulo.

¿De verdad estoy demasiado ocupada para escribir?

Al sentarme por la mañana a escribir este capítulo, me he quedado en blanco. Frente a la pantalla de la computadora, no he sabido qué decir. Los pensamientos se arremolinaban en mi mente:

¿Qué tengo que decirle al mundo?

¿A quién le importa lo que pienso?

¿Leerá siquiera alguien esto?

Como escritora relativamente novata, estos pensamientos pusieron el dedo en la llaga. Me provocaron una oleada de ansiedad tan arrolladora que salté de la silla y me preparé una taza de té para tratar de calmarme. Y, cuando acumulas tés de manera compulsiva, seleccionar la variedad perfecta se convierte en una decisión épica en sí misma. ¡Una forma estupenda de evitar y procrastinar al mismo tiempo! Tras mi taza de té, decidí que era imperativo revisar mi correo. No porque estuviese evitando ni nada por el estilo (guiño, guiño), sino porque, *Oye, ¡soy escritora! ¿Y si mi editora me ha mandado un correo importante con, ya sabes, cosas editables?* Por supuesto, esto incumplía por completo mi promesa previa de no revisar mi correo hasta haber escrito como mínimo una página, ¡pero mi cerebro no atendía a razones!

¡¿Y si una emergencia literaria necesita mi atención?! Debo... revisar... mi correo.

Así que revisé mi bandeja de entrada prácticamente vacía y me sentí algo mejor al reducir un poco mis niveles de ansiedad. Oye, ¡la evitación es fantástica!

Entonces, volví por un momento a escribir... es decir, a mirar la pantalla de la computadora sin mover un dedo.

¡Eres una escritora de pacotilla! ¡Ni siquiera estás tecleando!

Y la ansiedad se disparó de nuevo. ¡Deprisa! ¡Evita!

¿Y si lo que pasa es que tienes hambre? Quizás unas tostadas despierten tus dedos de escribir.

Mm... Tostadas. ¡El bálsamo de la Madre Naturaleza!

Al final, logré regresar a mi despacho y, al ojear el reloj, caí en la cuenta: *¡Carajo! ¡Solo me quedan treinta minutos de mi horario de escritura matutina!*

¡Ay! ¡Más ansiedad! ¡Más discurso interior negativo! ¡Más perder los nervios!

Al final, he captado la ironía. Ahí estaba yo, escribiendo sobre cómo los pensamientos incómodos pueden llevarnos a evitar cosas, ¡sin darme cuenta de que estaba haciendo exactamente eso! (Sin ánimo de ofender, tostadas).

Así que hice lo mismo que animo a hacer a mis pacientes: escribir mis pensamientos a medida que aparecían para llegar al quid de la cuestión. He aquí lo que decía mi cerebro:

Estoy cansada, hoy mi cerebro no funciona. No voy a poder escribir.

Las historias de mis pacientes tampoco son muy buenas, la gente se aburrirá con el libro.

¿Y si ofendo a alguien con cómo describo una historia?

¿Y si la gente piensa que soy una terapeuta terrible?

¿Y si la gente descubre que tengo miedo de que este libro no sea lo suficientemente bueno?

¿Y si no logro terminar a tiempo?

¿Y si nunca termino el libro?

¿Y si mi editora piensa que soy estúpida?

Nunca tendré éxito.

Soy un fracaso.

Nunca seré suficiente.

Con lágrimas en los ojos, he saludado a mi vieja creencia central: «No soy suficiente». Pero al menos he logrado descubrir al enemigo que estaba provocando mi evitación. No puedes luchar contra un enemigo al que no conoces.

Enfrentarse al enemigo

No te voy a engañar: hacer espacio para descubrir nuestras creencias centrales es un proceso doloroso que requiere de mucha vulnerabilidad. Yo misma lo he rehuido durante años. Pero la evitación siempre correrá más que nosotros, así que te invito a tomarte un minuto para sentarte en silencio y utilizar la reflexión de la página siguiente para descubrir tus propios filtros ocultos. He visto a mis pacientes darse cuenta de que han identificado su(s) creencia(s) central(es) de dos maneras: o bien un caudal de lágrimas se derrama por sus rostros (a veces incluso acompañado de una leve sensación de alivio) o bien quieren salir

REFLEXIÓN

Descubrir tus lentes invisibles

Entender las lentes invisibles que pueden estar distorsionando tu visión del mundo es extremadamente útil para superar la evitación. Reserva un momento tranquilo para concentrarte en esta reflexión, agarra lápiz y papel, y sigue estos pasos para descubrir tus lentes invisibles. Piensa en una situación en que hayas sentido incomodidad y que hayas querido evitar o rehuir a toda costa.

1. Describe la situación:

   _____

   _____

2. Ahora, pregúntate: «¿Qué me dije en esta situación que me incomodara tanto?». Escribe unos cuantos de los pensamientos que tuvieras entonces.

   _____

   _____

3. Cuando los hayas identificado, escoge uno y contesta a las siguientes preguntas con base en ese pensamiento:

   • ¿Qué significa este pensamiento para mí?

   • ¿Qué dice este pensamiento sobre mí?

   • ¿Qué pasaría si este pensamiento fuera cierto?

   • ¿Por qué me preocupa que este pensamiento pueda ser cierto?

   • ¿Por qué me disgusta tanto?

   • ¿Qué sugiere esto de mí?

4. Compara tus respuestas con la lista de creencias centrales de la página 82 para ver si puedes identificar una (o varias) creencias centrales que puedan constituir tus lentes invisibles.

corriendo en dirección opuesta tan deprisa como puedan (¡para evitar!). ¡Pruébalo! Te lo advierto: todos tenemos creencias centrales favorables y desfavorables. Esta reflexión se centra en las desfavorables porque son las que nos han atascado. Pero no te olvides de buscar también las creencias centrales que fortalezcan tu autoestima.

¿Cuándo retirarse no es evitación?

Antes de terminar el capítulo, es importante entender que no todo pensamiento conduce a la evitación. A riesgo de repetir una obviedad, huir es apropiado cuando te encuentras ante un peligro real y entonces no constituye una forma de evitación. Alternativamente, digamos que estás en medio de una discusión acalorada con un ser querido y pides una tregua para retirarte y tomar distancia. Pedir tiempo para pensar, reflexionar y abordar un problema no es evitación; ¡es una buena técnica de afrontamiento y una poderosa herramienta en tu kit de comunicación no violenta! Otro recurso que me descubro utilizando a menudo, y que muchos probablemente conozcan, es retirarme para tomarme un respiro cuando Diego se está portando mal. A veces un niño de cinco años hace cosas que te llevan al límite de la cordura, como aquella vez en que mi hijo agarró una caja extragrande de masa de panqueques y la vació alegremente sobre el sofá de la sala. Perdí los nervios. En ocasiones como esta, mi mejor estrategia es apartarme un momento (o varios) para calmarme antes de interactuar con él. ¡Alejarte de la incomodidad para tranquilizarte y ser capaz de tener una buena comunicación no es evitación porque la incomodidad no se disipa!

Desconectando para liberarnos

En el caso de Janet, su creencia central de «Soy inferior» le impedía pedir un aumento. Por su parte, nuestra amiga Sara tenía absoluta certeza de que, si saliera del clóset, sus padres la odiarían, lo que provenía de su creencia central de «Nadie me querrá nunca». En el caso de esta humilde servidora, mi grafiti cerebral —«No soy suficiente»— terminó costándome semanas de evitación antes de ser capaz de centrarme y terminar este capítulo.

En todos estos ejemplos, lo que vemos es que, independientemente de quién seas, tu cerebro puede sacarse de la manga angustiosas granadas capaces de hacerte saltar por los aires. Por supuesto, nada de esto es un intento consciente de ser crueles con nosotros mismos; uno no puede pensar algo antes de que el pensamiento aparezca. Pero, sin importar cuán efímeros o irrelevantes sean esta clase de pensamientos negativos, pueden causarle un daño muy real a nuestra psique. No importa si lo que dice tu cerebro es «No merezco un aumento», «Soy una impostora», «Nadie me va a querer» o «Soy estúpido»: esta clase de pensamientos pueden provocarnos ansiedad, asustarnos, entristecernos o cualquier cosa en el medio. Y, cuando las emociones se vuelven insoportables, estamos programados para evitar.

En lugar de luchar contra estos pensamientos o ignorarlos como haríamos (idealmente) con alguien grosero por la calle, terminamos creyéndolos y aceptándolos como una verdad divina para, después, hacer todo lo posible por evitarlos. Es como si imagináramos una roca gigante en mitad del camino y, en lugar de aceptar que se trata de un espejismo, diéramos un volantazo y chocáramos contra un árbol. Creo que estarás de acuerdo en que no es la mejor solución.

Por suerte, existe otra: rectificar. Pero antes de aprender a rectificar, debemos preguntarnos algo que estoy segura de que ya te has planteado: «Si los pensamientos distorsionados y las creencias centrales nos provocan tanto dolor, ¿por qué seguimos escuchándolos?». Para contestar a esta pregunta, debemos entender una de las funciones primarias del cerebro: hacer predicciones.

Capítulo cuatro

El cerebro como máquina predictiva defectuosa

—¿No son todos en el mundo familia nuestra? —me preguntó Diego una mañana.

—¿A qué te refieres con «todos»?

—Sí, todos —me dijo—. Tengo un millón de tíos y tías.

Me sorprendió que dijera eso porque nuestra familia es relativamente pequeña y, por algún motivo, Diego había decidido que en realidad era muy extensa. O había descubierto una rama secreta o había algo en su lógica que no entendía. ¿Cómo había llegado a la conclusión de que «todos en el mundo» formaban parte de nuestra familia?

Así que decidí investigar cómo estaba interpretando el mundo.

—Dime, Diego, ¿quiénes forman parte de nuestra familia?

—Recuerda —me aclaró como si me fallara la memoria—, acabamos de regresar de Búfalo y ahí están la tía Sarah, el tío Tom y los primos Noah y Adam, pero en Brasil también tenemos a la tía Juliana, al tío Bruno y a los primos Duda y Lucas, y me dijiste que la semana que viene vendrán la tía Carina, el tío Cristien, la tía Lud y el tío Gustavo... y esos no son todos —Diego había cogido impulso—. También están el tío John, la tía Alessandra y la tía Evita y el tío Cris. Y casi se me olvida la tía Sue... ¿Y no acabamos de regresar de visitar la casa de la tía Cecilia en Italia? En Mineápolis también tenemos al tío Chris y a los primos Michael y Anthony... ¿Ves? Todo el mundo es familia nuestra —zanjó.

Diego estaba orgulloso de sí mismo por haberme explicado su razonamiento y exhibió una sonrisa de suficiencia que parecía decirme: «Soy más listo que tú».

David me miró y dijo:

—Ya ves, lo estamos confundiendo.

Y ambos nos reímos.

Aunque a un cerebro totalmente desarrollado como el tuyo pueda parecerle que la lógica de Diego no tiene sentido, resulta que su cerebro estaba funcionando muy bien para su etapa de desarrollo. Vamos a entender el porqué, pues tiene su origen en la función primaria de nuestro cerebro: *las predicciones*.

La función primaria del cerebro es
su mayor fortaleza (y debilidad)

Cuando nuestro cerebro se desarrolla, una de sus funciones principales es hacer predicciones[1]. El cerebro utiliza dos tipos de datos para hacer predicciones: 1) Información sensorial sobre lo que ocurre a nuestro alrededor y 2) Nuestras experiencias previas. Basándonos en la combinación de estos datos, estimamos lo que va a ocurrir y ajustamos nuestra conducta en consecuencia.

Para predecir de forma rápida y eficiente, el sistema de procesamiento de nuestro cerebro aprende a crear categorías[2]. Desde una edad temprana, observamos constantemente el mundo para crear categorías de personas, lugares, cosas, eventos y demás. Estudiamos millones de datos a diario y los organizamos en estas categorías, que después utilizamos para estimar eventos futuros.

Esto es lo que estaba haciendo Diego cuando creyó que todo el mundo formaba parte de nuestra familia. En la cultura latina, tenemos la costumbre de llamar a los amigos íntimos «tíos» y «tías», independientemente de si estamos emparentados biológicamente o no. Así que, desde niño, le presentamos a Diego a nuestros amigos más cercanos como tíos y tías. Debo confesar que a menudo le corrijo cuando se dirige a alguien solo por su nombre de pila: es una marca de respeto y, en nuestras culturas latinas, también de cercanía. Así que, para poder predecir quién forma parte de nuestra familia y quién no, Diego creó una categoría que, básicamente, agrupaba a todos los tíos y tías bajo el paraguas «familia». Al hacer esto, el cerebro de Diego era capaz de discernir de inmediato quién era cercano y quién no. Desafortunadamente, en este caso, sin darme cuenta le había enseñado que todo el mundo era cercano.

He aquí otro ejemplo de cómo el cerebro crea categorías en la primera infancia. Uno de los primeros animales que Diego aprendió a identificar fue el perro. Sin embargo, para Diego, «perro» era cualquier cosa con cuatro patas. Sillas, vacas y varios animales de granja fueron «perros» hasta que aprendió a organizar la información en categorías más sutiles. Incluso como adultos, seguimos utilizando categorías rudimentarias para entender información nueva. ¿Has probado alguna vez una nueva comida y, cuando un amigo te ha preguntado a qué sabe, has contestado: «Sabe a pollo»? O quizá conozcas el viejo refrán: «Si camina como un pato, nada como un pato y grazna como un pato, entonces debe ser un pato». Todas nuestras experiencias, grandes o pequeñas, viejas o nuevas, se organizan en categorías. Este sistema de organización nos permite absorber información deprisa, condensarla y hacer predicciones rápidas sobre si una situación (o un objeto de cuatro patas) es segura o supone una amenaza potencial.

Como persona adulta, dependes constantemente de las predicciones de tu cerebro para decidir qué hacer. Por ejemplo, si estás manejando y de golpe el semáforo cambia a amarillo, tu cerebro se apresurará a incorporar los datos sensoriales (ver un semáforo en amarillo) con tu experiencia previa de haber visto pasar la luz de verde, a amarillo, a rojo. Y, sin darte cuenta, pisarás el freno anticipando la luz roja.

En milésimas de segundo, actuamos según lo que creemos que ocurrirá a continuación. La vida es mucho más eficiente cuando operamos así porque, si nos hiciese falta detenernos constantemente para observar todo con completo asombro e incomprensión, sin la menor idea de lo que ocurrirá a continuación, no llegaríamos muy lejos. ¡Y habría muchos más accidentes si no pudiéramos predecir que el semáforo en amarillo significa que debemos detener el carro!

¿Te imaginas un mundo en que no utilizáramos categorías para procesar la información? Cada vez que vieras una nueva raza de perro, tendrías que detenerte y pensar:

Muy bien, apártense todos y déjenme ver qué tenemos aquí...

Tiene cuatro patas.

Sin duda es peludo.

Agita una cola.

Pasea con una correa.

¡Ah! ¡Debe ser un perro!

Esto te tomaría demasiado tiempo y, literalmente, supondría tener que aprenderlo todo una y otra vez por primera vez.

Es evidente que este proceso tan poco eficiente convertiría incluso la más sencilla de las decisiones en una épica y ardua tarea. Si la decisión fuera huir o no de un animal peludo en el bosque, quizá todavía estarías enumerando las características del oso cuando cargara contra ti. La capacidad del cerebro para procesar información utilizando categorías es más que una forma de ahorrar tiempo: ha permitido a los seres humanos sobrevivir y prosperar desde hace miles de años. Una predicción rápida basada en los datos que reunimos de nuestro entorno, unida a las categorías que desarrollamos a partir de experiencias pasadas, nos da el tiempo necesario para reducir una amenaza.

Hasta ahora, solo hemos hablado de categorías concretas (por ejemplo, «perros» o «familia»), pero ¿qué pasa con nuestro mundo emocional? Básicamente lo mismo. El cerebro utiliza categorías creadas durante la primera infancia —las lentes invisibles de nuestras creencias centrales— para interpretar el mundo y hacer predicciones. A menudo pienso en este proceso como en dos piezas de un rompecabezas que deben encajar para tener sentido; cuando se unen, nuestro cerebro puede hacer una predicción (ver figura 1). Por ejemplo, de pequeña filtré muchas de mis experiencias a través de la lente de «No soy suficiente», así que, siempre que algo era ambiguo, saltaba a concluir que yo

Figura 1: Cómo predice nuestro cerebro

era el problema por no ser suficiente. Esto me ocurrió muchísimo cuando empecé a salir con gente. Siempre que estaba en una primera cita y la persona me miraba, lo interpretaba como «No le intereso», lo que no es más que uno de los caminos que llevan a mi creencia de: «No soy suficiente, así que por supuesto que no le intereso».

Vacas que maúllan

La capacidad de predicción de nuestro cerebro es extremadamente buena... siempre y cuando lo que percibimos en nuestro entorno concuerde con nuestras experiencias pasadas. Si no es así, nuestros cerebros se desestabilizan. La incomodidad que sentimos cuando nos enfrentamos a información nueva que no encaja en nuestra concepción del mundo y en nuestro sistema de creencias se conoce como *disonancia cognitiva*[3]. Quizá este término no te sea familiar, pero ¿lo has experimentado? Si eres un ser humano, asumo que sí. ¿Has estado alguna vez en una situación en la que te encontraste con nueva información que desafió tus creencias y te hizo sentir incomodidad? Quizá leíste un artículo de prensa que retó tus creencias por basarse en una forma completamente distinta de ver el mundo, o viste un vídeo que mostraba lo que parecía ser un OVNI en el cielo. O tal vez eres muy creyente y asististe a una conferencia que te hizo cuestionar tu fe. ¿Sentiste incomodidad en alguna de estas situaciones? ¡Casi seguro que sí!

REFLEXIÓN

Descubriendo mi bloqueo cerebral

Para esta reflexión necesitarás papel y lápiz para escribir las respuestas a las siguientes preguntas. Antes, tómate un momento para pensar en algo en lo que creas firmemente, como tus puntos de vista políticos, tu ideología con respecto a la comida o tus creencias sobre personas distintas a ti.

Tema: _____

Cuando te hayas decidido, responde a la siguiente pregunta: «¿Cuál es mi punto de vista sobre este tema?». Describe en detalle tus «verdades» sobre él.

Ahora, durante el siguiente par de minutos, agarra tu celular o computadora y *googlea* cosas que vayan a dar resultados que apoyen tus creencias. Por ejemplo, si eres vegano/a, busca: «Comer carne roja es malo». O, si valoras la educación pública, busca: «Por qué la educación pública es mejor para los niños que la privada». Escoge las creencias y la terminología de búsqueda que quieras, pero asegúrate de que encajen con las verdades que has escrito. Pásate un par de minutos leyendo uno de los artículos y, después, contesta a las siguientes preguntas:

- ¿Qué has sentido al leerlo?

- ¿Cuál ha sido tu discurso interior?

- ¿Qué has querido hacer mientras lo leías?

- En general, ¿cómo ha sido tu experiencia cerebral durante esta actividad?

Ahora, demos la vuelta a la tortilla y practiquemos entender cómo se siente toparse con una disonancia. Vas a hacer básicamente el mismo ejercicio, solo que esta vez buscarás algo que contradiga tus puntos de vista sobre el mundo. Por ejemplo, si eres vegano/a, busca un argumento opuesto a tus ideas, como: «Es importante comer carne roja a diario». O, en caso de que apoyes la educación pública, busca un artículo que describa el punto de vista opuesto, como: «Solo la escuela privada puede proporcionar una educación excelente». Asegúrate de buscar el argumento opuesto al tema que has descrito antes (por ejemplo, el veganismo o la educación). Tómate un par de minutos para leer uno de los artículos y luego contesta a las mismas preguntas:

- ¿Qué has sentido al leerlo?

- ¿Cuál ha sido tu discurso interior?

- ¿Qué has querido hacer mientras lo leías?

- En general, ¿cómo ha sido tu experiencia cerebral durante esta actividad?

Integrar tu aprendizaje: cuando termines ambas partes del ejercicio, tómate un momento para reflexionar sobre cómo se ha sentido la disonancia cognitiva:

- ¿Qué impacto ha tenido sobre tu ciclo PEC (pensamientos, emociones, conductas)?

- ¿Qué ejercicio te ha hecho sentir incómodo?

- ¿Cómo se manifiestan en ti las señales de la disonancia?

- ¿Qué quisiste hacer mientras leías el artículo que contradecía tus ideas? ¿Dejar de leer? ¿Apresurarte a contradecir el argumento para refutarlo?

Así es cómo ilustro la disonancia cognitiva a mis pacientes. Imagina por un momento que estás paseando con tu mejor amiga por un área rural. Está sollozando tras su ruptura y narrando cada detalle de cómo su ex le rompió el corazón. Escuchas atentamente, queriendo asegurarte de que se siente apoyada, así que te concentras únicamente en ella. Nada podría desviar tu atención. Sin embargo, pasas junto a una vaca (a la que ni siquiera habías visto) y esta maúlla. Lo has leído bien: la vaca maúlla. ¿Qué pasa con tu atención entonces? Es muy probable que dejen de hablar, se miren y se pregunten: «¿Qué diablos acaba de pasar? Las vacas no maúllan, mugen». Básicamente, te detendrías en seco y tu cerebro se quedaría bloqueado tratando de encontrarle el sentido al mundo surrealista al que acabas de entrar. Esta sensación de bloqueo e incomodidad es la disonancia cognitiva. Mis pacientes a menudo la describen como un *bloqueo cerebral*.

Volvamos a la Tierra por un momento (no, yo tampoco he escuchado nunca a una vaca maullar). ¿Cómo te has sentido al leer el título de esta sección? ¿Ha preguntado tu cerebro: «¿Adónde quiere llegar con esto? ¡Las vacas no maúllan!»? Apuesto a que, si estabas leyendo con atención, has tenido un breve momento de disonancia. Y por eso me gusta tanto este ejemplo: es mucho más fácil de entender cuando las cosas no encajan en lo abstracto que cuando ocurre en nuestros propios cerebros. Cuando aprendas a reconocer que tu cerebro se ha topado con una disonancia y entiendas el porqué, estarás preparado para rectificar (en el capítulo siguiente).

Para empezar a identificar cómo se siente una disonancia en ti, utiliza la reflexión de las páginas 98 y 99. Recuerda que sabrás cuándo te has topado con una cuando tu cerebro se bloquee (o sea, cuando te cueste pensar) y te sientas incómodo/a.

Si has completado la reflexión de las páginas 98 y 99, apuesto a que has sentido un alivio inmediato cuando, en la primera mitad de esta reflexión, confirmaste tus creencias. Quizá tu discurso interior haya dicho algo como: «¡Exacto!» o «Claro, ¡por supuesto!» y, en lugar de querer lanzar este libro contra la pared, hayas seguido leyendo.

Sin embargo, al llegar a la segunda parte, asumo que de inmediato te topaste con una disonancia. En el mejor de los casos, esta probablemente te haya hecho sentir inquietud, y si diste con un punto de vista diametralmente opuesto al tuyo, quizá hayas sentido lo que mi paciente Yolanda describe como «una guerra interna entre yo y mí misma». Quizá tu discurso interior haya dicho algo como: «Es imposible que esto sea cierto» o «¡¿Qué carajo?!». Tal vez también hayas sentido el impulso de abandonar la actividad o, directamente, de cerrar el libro.

Las disonancias cognitivas también pueden provenir de fuentes internas. Esto ocurre cuando nos topamos con nuevos datos que no se corresponden con nuestras creencias centrales. Por ejemplo, si tu creencia central es «Soy competente» y recibes una evaluación negativa en el trabajo, te sentirás incómodo, pues estarás experimentando una disonancia. De la misma forma, si te consideras fiable y llegas tarde a una reunión de negocios, a tu cerebro no le gustará y te sentirás mal.

Las rosas son rojas, las violetas son azules, me gusta confirmar lo que ya sé y a ti también

¿Qué ocurre cuando nos topamos con una disonancia cognitiva? Si tu cerebro está haciendo su trabajo, quizá puedas predecir lo que estoy a punto de decir basándote en lo que ya has leído. Y, si has predicho evitación, estás en lo cierto. Cuando nos sentimos incómodos, ¡evitamos! El cerebro tiene una forma muy interesante de evitar la incomodidad de la disonancia cognitiva: siempre que tiene dificultades para integrar información nueva con las experiencias y creencias previas trata de aferrarse a lo que diera por cierto hasta aquel momento. En lugar de actualizar las categorías que utiliza para hacer predicciones, trata de introducir los nuevos datos en sus categorías previas (igual que Diego cuando afirmaba que todos los objetos de cuatro patas eran perros y nada más, o que todo el mundo a quien conocíamos formaba parte de nuestra familia), y en el proceso, confirma lo que ya sabe. En otras palabras, efectuamos lo que se conoce como *sesgo de confirmación*, cosa que nos hace sentir mejor (al menos temporalmente).

El sesgo de confirmación es un proceso con el que nuestros cerebros buscan desesperadamente información que apoye las creencias que sosteníamos previamente en un intento por confirmar lo que ya sabemos y evitar la incomodidad de actualizar nuestras creencias[4]. Así que, cuando nos topamos con un punto de vista opuesto o con un dato que contradice una de nuestras creencias, no simplemente cambiamos nuestras ideas ante las nuevas pruebas[5]. En su lugar, mantenemos la calma y pasamos a otra cosa, como diciendo: «¡No, gracias! ¡Estoy satisfecho creyendo lo que ya creo que sé!».

El cerebro efectúa el sesgo de confirmación porque gasta mucha menos energía al mantener lo que ya da por cierto que deteniéndose a cuestionar la aparición de nuevos datos. Me gusta pensarlo así: actualizar tu cerebro es parecido a actualizar el sistema operativo de tu computadora. Cuando aparece la ventana emergente para avisarte que hay una nueva actualización disponible, puedes seleccionar «Actualizar» o «Recordar más tarde». Si pulsas «Actualizar», tendrás que dejar todo lo que estés haciendo, guardar tus archivos, conectar el cargador y esperar a que la computadora siga los tediosos pasos de descargar e instalar el nuevo *software*. No quisiera sonar como una humana moderna consentida, pero es una pesadilla. Así que, si te pareces a mí, casi siempre pulsarás «Recordar más tarde» sin pensarlo dos veces y seguirás con lo que estuvieras haciendo, aunque eso fuera chismear en Amazon.

Nuestros cerebros funcionan de forma parecida. Cuando nos topamos con información nueva, tenemos la opción de «Actualizar» o «Recordar más tarde». Sí, es importante que el cerebro tenga información actualizada para realizar su función primaria —hacer predicciones—, pero también está diseñado para ser eficiente y conservar energía. Actualizar sobre la marcha exige tiempo y energía[6]. Así que, por defecto, nuestros cerebros filtran la información nueva en nuestro sistema vigente de categorías o creencias. En resumen, efectuamos sesgos de confirmación... incluso cuando lo que confirmamos sea doloroso.

Si duele, ¿por qué está pasando?

A menudo mis pacientes entienden que nuestros cerebros quieran mantener el *statu quo* y conservar energía al confirmar lo que ya sabemos. Es más bien fácil conciliar «Merezco ser amada» con el conocimiento de que mi marido me ama, o «Soy inteligente» con haber recibido una beca muy prestigiosa. Tampoco es difícil reconciliar la creencia central «Soy confiable» con faltar a un compromiso. Nuestro cerebro solo tiene que racionalizar nuestra acción como un error o descartarla completamente. *Sí, falté al compromiso, pero era imposible llegar a tiempo teniendo en cuenta el resto de mis obligaciones. No volverá a ocurrir porque, al fin y al cabo, soy una persona confiable.* En lo que respecta a estos puntos de vista favorables sobre nosotros mismos, a menudo podemos entender rápidamente qué ha ocurrido y seguir adelante. No nos atascan en la evitación. Este, sin embargo, no es el caso de las creencias centrales desfavorables. Nuestro cerebro opera de la misma manera: trata de confirmarlas. El problema es que este proceso de confirmación tiende a ser doloroso.

A menudo me preguntan: «¿Por qué mi cerebro confirma el dolor? ¡No lo entiendo! No quiero pensar así, pero no deja de ocurrir». Nuestro cerebro confirma las creencias centrales desfavorables para conservar energía. Hará lo que haga falta con la información que reciba para asegurarse de que encaja con nuestra visión del mundo, incluso si tiene que retorcerla como un pretzel (ver figura 2). Por ejemplo, si crees que eres un fracaso y alguien te felicita por tu reciente ascenso, entonces quizá te apresures a decir: «Bueno, todo el mundo asciende cuando lleva aquí tanto tiempo como yo». Esta idea quizá no te haga sentir genial, pero se siente mejor que tener que pasar por el desgaste mental de preguntarte: *¿Y si en realidad no soy un fracaso?* Básicamente, cuando las piezas del rompecabezas no encajan, tu cerebro retuerce la información como un pretzel hasta que

Figura 2: Cómo el cerebro realiza predicciones incorrectas

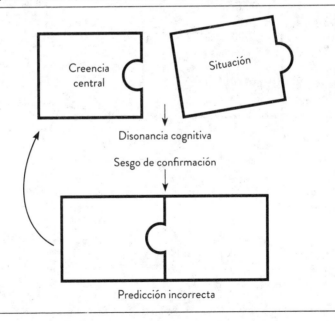

lo hagan. «Quien recibe un ascenso suele estar haciendo algo bien» contradice a «Soy un fracaso», pero tu cerebro transforma «Me subieron el sueldo» en «Solo me subieron el sueldo porque he trabajado aquí mucho tiempo». Esto le permite mantener su antigua creencia de «Soy un fracaso».

Regresemos a mi cerebro y a su tendencia a recurrir a la categoría «No soy suficiente» cuando procesa información. Detente un segundo y pregúntate: ¿ser una investigadora prolífica significa que no soy inteligente? ¡No! Y, si fueras mi paciente, estaría totalmente de acuerdo contigo. Sin embargo, en mi

Figura 3: Un vistazo al cerebro de la doctora Luana

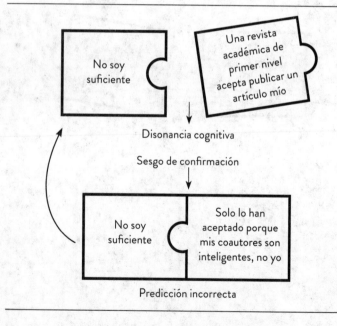

cerebro tiene sentido, aunque duela. Con el tiempo, mi cerebro, el producto de nuestra vieja amiga, la evolución humana, desarrolló un sistema operativo que almacenaba todo tipo de información en la categoría «No soy suficiente» (ver figura 3). En la academia, publicar un artículo en una revista de prestigio es a menudo una prueba de que los autores han trabajado duro, han producido buena ciencia y probablemente son inteligentes. Ser inteligente no encaja con mi pieza del rompecabezas que dice que no soy suficiente. Así que, para que lo hiciera, tenía que retorcer la realidad de que había escrito el artículo y concluir que

Figura 4: Un vistazo al cerebro de Sara

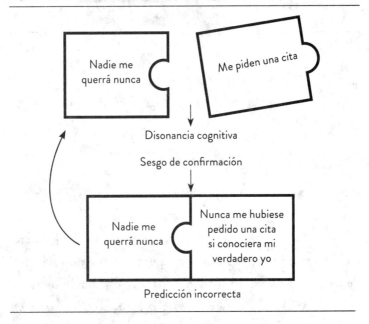

Figura 5: Un vistazo al cerebro de Janet

solo me lo habían aceptado porque había otras personas inteligentes implicadas. Al hacer eso, podía mantener viva mi vieja creencia de que no soy suficiente.

De la misma forma, el discurso interior de Sara decía que solo le habían pedido una cita porque no la conocían. *Al fin y al cabo,* había concluido su cerebro, *las personas a las que nadie querrá nunca no tienen citas.* Así que, para que sus piezas encajaran, rechazaba todo lo bueno en ella (ver figura 4). Las piezas del puzle de Janet solo encajaban cuando rechazaba los cumplidos de sus compañeros. *Al fin y el cabo,* le decía su cerebro, *las personas inferiores no son eficientes* (ver figura 5). Todas evitábamos la incomodidad de la disonancia al confirmar lo que ya dábamos por cierto (véase, evitábamos la molestia de reevaluar por completo nuestra visión de nosotras mismas y del mundo).

Nuestros cerebros tienen un buen agarre

Aunque sea contraintuitivo, estudios recientes han demostrado que nuestra tendencia a sostener firmemente nuestras creencias, incluso ante la presencia de información que las desmiente, tiene una importante base biológica[7]. La resistencia a la información que contradice nuestras creencias tiene una correlación probada con un aumento de la activación de la corteza prefrontal. En otras palabras, cuanto más nos resistimos a información nueva, más activamos la parte racional de nuestro cerebro. Aunque esto pueda parecer contradictorio, en realidad tiene sentido: con tal de justificar por qué no aceptamos e incorporamos estos nuevos datos, nuestros cerebros deben volverse irracionalmente racionales para evitar actualizar nuestro *software* y cambiar de opinión. De hecho, los estudios demuestran que las personas más inteligentes no tienen menos sesgos[8], sino quizá más.

A corto plazo, crear una lógica que apoye una creencia previa puede ayudarnos a evitar la incomodidad de la disonancia, pero a largo plazo —¡repite conmigo!— nos mantiene atascados. Terminamos limitando nuestra capacidad de ver el mundo con claridad porque nuestro cerebro está utilizando un *software* obsoleto. Claro, a cambio nos mantenemos relativamente cómodos, pero estamos lejos de prosperar. Es como utilizar la primera versión de Google Maps. Sí, todavía funciona, pero, a medida que se construyen nuevas carreteras y autopistas, seguir este mapa desfasado con sus funciones limitadas puede darte problemas.

El *pas de deux* de la disonancia cognitiva y el sesgo de confirmación

Ahora tienes las respuestas a las dos principales preguntas que me hacen mis pacientes cuando se retiran para evitar. La primera: «¿De qué manera me mantiene atascado/a mi forma de pensar?». Y la respuesta es: cuando dos cosas no encajan, ¡el cerebro se cortocircuita! A menudo la gente primero siente la disonancia en sus cuerpos, quizá como una sensación de vacío en el estómago, y después sus cerebros salen de cacería en busca de cualquier dato que les permita darle sentido al mundo.

Después, preguntan: «¿Por qué sigo diciéndome cosas que me duelen y que me hacen evitar?». Pues bien, porque nuestro cerebro odia la disonancia y la evita excediéndose con el sesgo de confirmación sobre lo que ya creemos saber sobre nosotros mismos y el mundo.

Y esta es la paradoja del *pas de deux* que bailan la disonancia cognitiva y el sesgo de confirmación. Cuando dos cosas no encajan, confirmamos lo que ya creemos, incluyendo nuestro miedo al futuro, que puede ser muy doloroso.

El reputado profesor de Wharton, Adam Grant, describió esta paradoja en su libro *Piénsalo otra vez: el poder de saber lo que no sabes*[9]. «Nuestras convicciones pueden encerrarnos en prisiones construidas por nosotros mismos», escribe Grant. Tiene razón. Nuestras propias creencias pueden encerrarnos en un mundo de estrés, *burnout*, ansiedad, tristeza y desesperación. Pero, continúa Grant: «La solución no está en frenar nuestro pensamiento, sino en acelerar nuestro "repensamiento"». Para acelerar nuestro repensamiento —para superar nuestra evitación y liberarnos— debemos agarrar la disonancia, bailar con ella, jugar con ella, sufrir con ella y, al final, cambiar nuestras creencias y crear flexibilidad cognitiva. Descubramos cómo en el siguiente capítulo: es hora de aprender a rectificar.

Capítulo cinco

Rectificar para superar la evitación

Nuestros cerebros son máquinas predictivas cuyo potencial es tan enorme como su capacidad para hacernos daño. Aunque estos solo están haciendo su trabajo evolutivo, a veces terminamos utilizando lentes desfasadas que ya no nos permiten efectuar predicciones precisas sobre el mundo. Estas lentes toman la forma de nuestros puntos de vista obsoletos sobre nosotros mismos, los demás y el mundo a nuestro alrededor. Para aprovechar todo el potencial de nuestra maravillosa máquina predictiva, es imperativo que actualicemos sus lentes con regularidad. Por supuesto, nadie tiene una visión perfecta respecto a sus percepciones y creencias sobre el mundo. Pero aquí el objetivo es mejorar nuestra visión, no hacerla perfecta. Para eso hay que rectificar.

Cuando rectificas, actualizas tus predicciones, adquieres una visión más amplia del mundo y aprendes a hablar contigo mismo como lo harías con tu mejor amigo o amiga: directamente, con amabilidad y precisión. Rectificar es una técnica que debe desarrollarse, practicarse e implementarse durante toda la vida. Ahora practico la rectificación a diario, en tiempo real y, la mayoría de las veces, con un éxito tangible. Pero no te equivoques, no siempre ha sido así.

¡Es culpa mía que no me quiera!

A los quince años, me había instalado con mi abuela porque vivía en una ciudad más grande y con un mejor sistema educativo que nuestra pequeña población. Mi mamá decidió que este podía constituir un primer paso hacia un futuro mejor. Al principio, la transición de Governador Valadares a Belo Horizonte había sido dura, probablemente porque había perdido la sensación de seguridad que me brindaban las comodidades de un pueblo pequeño, de las que disfrutaba junto a mi mamá y mi hermana. Pero, para cuando hubo terminado el año, ya empezaba a adaptarme e incluso me gustaba mi nueva situación. Quizá fue mi alegría por haber conquistado la «gran ciudad» la que me empujó a aceptar pasar el Fin de Año ahí con mi padre, al que apenas había visto desde que tenía diez años. De adolescente, todavía deseaba desesperadamente arreglar todo lo que estuviera roto; en otras palabras, todavía creía que, si lograba enmendar mi relación con él, por fin podría sobreponerme a mi miedo a «no ser suficiente» y, en consecuencia, arreglarme a mí misma.

Pero mi padre no se presentó a la celebración Fin de Año. Entre lágrimas, tristeza y desesperación, le sollocé a mi abuela:

—Si hubiera sido una hija mejor, él habría venido. Nunca me querrá. Nunca tendré un padre. No puedo confiar ni en él ni en nadie. Nadie estará nunca presente para mí. Y ahora estoy aquí sola, sin tener con quien pasar el Fin de Año porque le dije a mis amigos que tenía otros planes. ¿Por qué le creí? Tendría que haberlo sabido. Todo es culpa mía.

—¿Hay alguna otra forma de ver esta situación? —preguntó mi abuela con su tono tranquilo, relajado y compuesto.

—¡No! —protesté—. Es sencillo: me odia y no le importo lo suficiente para aparecer. Y es todo culpa mía. Yo soy el problema.

—¿Hay alguna otra forma de ver esta situación? —volvió a preguntar mi abuela.

—¡No, no y NO! —repetí.

Por desgracia, esta historia no tiene un final feliz. Aquella noche, mi abuela no fue capaz de hacerme entrar en razón; lo de mi padre venía de lejos y, en aquel momento, yo estaba demasiado dolida. Al recordarlo, veo que mi cerebro estaba en modo de supervivencia: mi amígdala tenía casi todo el control y estaba prediciendo el mundo a través de las creencias que había formado cuando el matrimonio de mis padres se desmoronó durante mi infancia. *No soy suficiente*. A través de estas lentes, fui incapaz de considerar siquiera otra forma de ver el mundo. Entonces, mi cerebro se sintió como una caja fuerte cerrada cuya llave hubiese tirado. Por siempre aquella sería la única forma que tendría de ver el mundo... por siempre. ¿He dicho ya «por siempre»?

La conclusión a la que llegó mi cerebro no provocó ninguna disonancia porque confirmó mi creencia central. Pero, al hacerlo, mi mente también retorció en un pretzel gigante la información que había recibido: «Mi padre no se ha presentado» se deformó hasta convertirse en «Es todo culpa mía». Aquel día, el sesgo de confirmación ganó: mi cerebro interpretó la ausencia de mi padre como la confirmación de que «no era suficiente». Sin embargo, esto tiene trampa. Al permitir que el sesgo de confirmación guíe nuestras conclusiones, no hacemos más que confirmar unas creencias que quizá ya no sirvan o no tengan ninguna base real. Aquel día, demostré que era culpa mía que mi padre no estuviese ahí porque si fuera suficiente, hubiese venido. (¡Ojalá pudiera abrazar a mi yo más joven y enseñarle todo lo que sé ahora!).

Aunque espero que nunca hayas tenido que pasar por que un padre te plante así, muchos lectores podrán identificarse con esto de alguna forma; un amigo que te decepcionó, una cita que no se presentó, un jefe que no cumplió con el aumento que había prometido...

Veamos esto de otra forma

Mientras escribo este libro, puedo valorar y comprender plenamente la intersección entre la sabiduría de mi abuela y la ciencia, y cómo aplicar sus lecciones a mi propia vida me ha permitido

disfrutarla más y ayudar a cientos de pacientes a través de mi trabajo. Sin embargo, con quince años no tenía ni idea de que décadas de ciencia psicológica validarían la sencilla pregunta que
no dejaba de plantearme mi abuela: «¿Hay alguna otra forma de
ver esta situación?».

Hoy sé que la pregunta de mi abuela es la base de lo que los
psicólogos llaman *reestructuración cognitiva*, que es la técnica
clásica de terapia cognitiva que los psicólogos enseñan a sus pacientes para actualizar sus predicciones. Consiste en identificar
tus creencias distorsionadas y recalibrarlas en puntos de vista
más equilibrados sobre el mundo[1]. La terapia cognitiva se apoya
considerablemente en esta técnica y ha demostrado ser efectiva
para tratar todo tipo de dificultades emocionales en una amplia
gama de individuos alrededor del mundo, probando que funciona con la mayoría de las personas[2]. En términos científicos
modernos, mi abuela me estaba invitando a cuestionar las predicciones y asunciones de mi cerebro sobre el mundo. Me estaba
preguntando: «¿Es el filtro a través del cual estás viendo esta
situación la mejor forma de interpretarla? ¿Hay algo que no estés
teniendo en cuenta?».

Para rectificar, tendrás que ir a contracorriente en las rápidas y casi automáticas predicciones que hace tu cerebro cuando
efectúa un sesgo de confirmación, para así poder tener en cuenta otra forma de interpretar una situación. Aunque el sesgo de
confirmación sea rápido (y poderoso), a largo plazo solo provoca
más evitación. Pero cuando utilizamos la pausa que aprendimos
a crear en el capítulo 2 para considerar otras formas de ver la
situación, podemos actualizar nuestras lentes y, por lo tanto,

Figure 1: Una rectificación cerebral

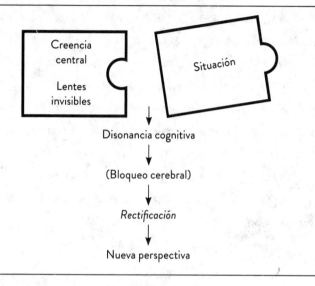

nuestras predicciones sobre el mundo. Al principio, este camino será lento y vendrá acompañado de cierta incomodidad, pues estás obligando a tu cerebro a examinar otra forma de pensar. (A esta capacidad tan importante de nuestro cerebro de seguir el camino del cambio se la conoce como *neuroplasticidad*. ¡Y la neuroplasticidad es increíble!).

Rectificando

Rectificar es una técnica científicamente probada, diseñada para ampliar nuestras lentes, que nos permite efectuar mejores predicciones *in situ* basadas en la información más fidedigna que tenemos disponible en un momento dado y al poner en duda nuestras viejas asunciones (ver figura 1). Para rectificar nuestra perspectiva, es necesario que entrenemos a nuestro cerebro y luchemos activamente contra nuestros sesgos de confirmación. Para ello, daremos tres pasos: poner en duda nuestras predicciones automáticas, interpretar nuestras respuestas y actualizar nuestras lentes. Cuando rectifiquemos, nos toparemos con la disonancia cognitiva y, por lo tanto, sentiremos cierta incomodidad. Pero con el tiempo esta se reducirá y, en su lugar, sentiremos la recompensa de haber cambiado nuestras creencias centrales y estar viviendo de forma más plena y audaz.

Janet: soy inferior

¡Ya basta con la teoría, maldita sea! Apliquemos esta técnica de la rectificación en Janet y veamos cómo logró liberarse. Recordemos: Janet era una enfermera administrativa a quien, a todas luces, se le daba bien su trabajo y se partía el lomo por él. Me explicó que se había criado con una madre estricta que le había enseñado que la disciplina era la regla más importante para el éxito. Si trabajaba duro, le pasarían cosas buenas. De esta forma, la educó para creer que a las personas buenas les pasan cosas buenas y que las cosas malas les pasan a las personas malas. Este se convirtió en el filtro a través del que su cerebro procesaba la información. Así, cuando Janet se planteaba pedirle un aumento a su jefe, su cerebro se ponía estas lentes sin que ella se diera cuenta. Dado que no le habían pasado cosas buenas a pesar de su trabajo duro («bueno»), subconscientemente creía que no era digna del aumento, lo que la llevaba a pensar que era «inferior». Durante nuestras sesiones, ayudé a Janet a completar la siguiente reflexión, cosa que condujo a su rectificación.

REFLEXIÓN

La rectificación de Janet

Tómate un momento para actualizar las predicciones de tu cerebro por medio de la rectificación. Te recomiendo que escribas tus respuestas y las ancles a una situación específica para poder cuestionarte tu discurso interior sobre la situación. Además, escribe tu predicción inicial y consúltala para asegurarte de que tus preguntas responden a ella.

Situación: Pedir un aumento.

Predicción: Mi jefe dirá que no. Si me mereciera un aumento, ya me lo hubiese dado.

1. **Cuestiona las predicciones automáticas:**

   a. ¿Hay alguna otra forma de ver esta situación?

   Janet se dio cuenta de que había estado trabajando duro y de que, a pesar de lo que le decía su cerebro, había muchas cosas que indicaban que se merecía un aumento, como el alcanzar sus objetivos, terminar varios proyectos a tiempo y liderar un equipo grande y exitoso.

   b. ¿Qué le diría a mi mejor amigo/a en esta situación?

(continúo)

Le pedí a Janet que se planteara una situación en que su mejor amiga estuviera viviendo un problema similar y le pregunté qué le diría. Janet sonrió y me dijo: «Le diría a Pam que lo ha dado todo por su trabajo y que ha cumplido todos sus objetivos, así que debería pedir el aumento que claramente merece».

2. **Interpreta tus respuestas:**

   a. ¿Cómo cambian estas respuestas mi predicción?

   Janet me dijo que, si seguía haciendo caso a sus lentes vigentes, nunca pediría el aumento. Pero que, mirando a través de los ojos de su amiga, había sido capaz de ver que probablemente se merecía el aumento, lo que redujo su miedo y ansiedad iniciales.

   b. ¿Qué quisiera hacer de otro modo?

   Si fuera capaz de creer lo que le dirían sus amigas, pediría un aumento.

3. **Lentes actualizadas:**

   a. ¿Cómo cambiará esta predicción mi creencia central?

   Janet se dio cuenta de que no podía ser «inferior» y, a pesar de eso, hacer bien su trabajo.

   b. ¿Cómo me hace sentir el actualizar mis lentes?

   Janet se sintió aliviada al plantearse otra forma de ver el mundo.

   c. ¿Qué pasos puedo dar para fortalecer estas nuevas predicciones?

   Janet decidió registrar a diario todas las acciones que contradijeran su creencia de que era «inferior» para reunir información que pudiera refutar su creencia central.

El resultado de Janet

Janet se comprometió a realizar esta reflexión como si fuesen repeticiones en el gimnasio, esforzándose por rectificar de verdad su discurso interior. Al principio, se sintió contra natura, pero al final consiguió cambiar la narrativa de que era inferior. Al hacerlo, no solo logró por fin pedir el aumento, sino que incluso abogó por que se merecía un ascenso y se lo concedieron. Janet me ha dicho que ya no se siente prisionera de sus propias creencias y, por lo tanto, se está permitiendo por primera vez soñar con la posibilidad de cambiar de carrera. No fue fácil ni cómodo, pero se dio cuenta de que la ansiedad no era lo que la mantenía atascada, sino la evitación que ocurría cada vez que optaba por el camino fácil que la conducía a sus antiguos patrones y creencias en lugar de a cuestionarlos como una buena detective.

Pero no todo es de color de rosa. De vez en cuando, todavía cae en la trampa de estas viejas creencias. Solo que ahora no tienen tanto poder sobre ella. Quiero subrayar algo importante: nunca lograremos acallar completamente nuestros cerebros y sus pensamientos distorsionados y perjudiciales. El ciclo es inevitable, así que nuestro objetivo no es eliminar para siempre los pensamientos negativos o estresantes de nuestra mente, sino hacer lo mismo que Janet: desarrollar una relación más sana con ellos. A medida que domines esta técnica, descubrirás que, a pesar de que siguen apareciendo, estos pensamientos ocurren con menor frecuencia, y cuando lo hacen, no tienen el mismo poder para desestabilizarte y tomar el control de tus acciones del que gozaron en su día.

La rectificación de Sara:
nadie me querrá nunca

Sara tenía una creencia fundamental que filtraba su visión del mundo: «Nadie me querrá nunca». Esto puede parecerte extraño; ¿por qué iba el cerebro de Sara a querer confirmar algo tan doloroso como «Nadie me querrá nunca»? Quizá pienses: *¡Ni siquiera mi cerebro, que está bastante jodido, haría eso!*

Sara y yo trabajamos juntas durante casi un año para exponer y cambiar esta dolorosa creencia central. Al principio, su cerebro hacía todo lo posible para evitar hablar de ella, como, por ejemplo, tratar de cambiar de tema durante las sesiones de terapia; pero, siempre que lo hacía, yo la redirigía con delicadeza.

Al final, lo que más la ayudó fue observar esta creencia a través de las lentes de sus amigos. Como formaba parte de una sólida comunidad LGBTIQ+ en Harvard que la apoyaba, logró afirmar que nunca le diría a ninguno de sus compañeros de universidad que nadie los querría nunca por su orientación sexual. Al reflexionar sobre qué le diría a un amigo en su situación, Sara logró liberarse poco a poco de esta creencia.

Tras un año, Sara salió del clóset ante sus padres durante las vacaciones de Navidad. Como imaginaba, al principio fue una bomba. Durante días su padre se enclaustró en su despacho y la ignoró, y su madre trató de hacerla cambiar de opinión, insistiendo en que quizá solo era una fase. Pero Sara logró mantenerse firme a través del llanto y el miedo porque sabía que merecía ser amada.

Han pasado tres años desde aquello y hace poco recibí un correo suyo con una fotografía en la que salía con su familia en un
desfile del orgullo. Debo admitir que a su padre se lo veía muy
incómodo, pero, como decía ella, lo estaba intentando. Sara me
contó que, aunque todavía existe mucha incomodidad en torno a su nueva identidad (para ellos), las cosas están mejorando.
Como con todo, los grandes cambios toman su tiempo. Pero
Sara es mucho más feliz ahora que puede ser enteramente ella
misma ante sus seres más queridos. Como dice el (útil) cliché:
solo podemos controlar aquello que podemos controlar. Al rectificar, Sara hizo precisamente eso.

Es importante subrayar que Sara no estaba del todo
equivocada cuando predijo la mala reacción de sus padres. En
lo que respecta a las cuestiones de identidad sexual en el seno
de las estructuras familiares, cada persona reacciona de forma distinta. Datos de entrevistas con 155 personas de la comunidad LGBTIQ+ sobre sus experiencias de salir del clóset
revelaron que las respuestas emocionales de los padres abar-
can un amplio espectro que puede ser deficiente, negativo,
mixto o positivo, y venir acompañado, respectivamente, de
silencio, invalidación, ambivalencia o validación[3]. Cuando
los padres o los seres queridos responden de forma negativa a una revelación de identidad de género o sexualidad, se
presentan serias consecuencias negativas, como una mayor
incidencia de depresión y baja autoestima[4]. Así que incluso
las predicciones perjudiciales contienen en ocasiones rastros
de verdad.

En casos de discriminación, rectificar no basta

No toda situación puede resolverse con una nueva perspectiva. Por ejemplo, déjame contarte sobre lo que Marcus, un paciente mío afroamericano, tuvo que enfrentar de primera mano cuando lo aceptaron en un prestigioso posgrado en Harvard. Venía de la Facultad de Derecho de la Universidad de Georgetown y esperaba con ansias la mudanza para empezar este nuevo capítulo de su vida. Como era proactivo, había hablado varias veces con el decano y decidió venir a Boston para conocerlo en persona. Marcus llegó a su prestigiosa oficina, le anunció a su asistente que estaba ahí para reunirse con él y se sentó a esperar. Cuando el decano salió de su despacho, mi paciente me describió cómo este examinó la sala, miró a su asistente y le preguntó: «¿Dónde se ha metido Marcus?». En las propias palabras del joven: «Su asistente palideció más que un fantasma» y lo señaló. El decano, sin pensarlo (espero), dijo: «Oh, te imaginaba diferente», lo que reafirmó todas las creencias de Marcus sobre ser negro, ser diferente, no encajar y ser discriminado en una institución como Harvard.

Mientras Marcus y yo comentábamos aquel momento, las preguntas de mi abuela nos fallaron a ambos, pues no parecía haber ninguna otra forma de interpretar la situación más allá de los prejuicios. Sin embargo, aquella dolorosa experiencia disparó en Marcus su creencia central sobre sí mismo —«Soy insuficiente»—, lo que, a su vez, desencadenó una tristeza que lo llevó a plantearse abandonar el programa.

En momentos en que nos topamos con discriminación, sexismo, homofobia o microagresiones, es importante afrontar la realidad de la situación. En lo que respecta a la discriminación, puede ser difícil considerar una perspectiva más amplia o heterodoxa del asunto, pues la injusticia y la desigualdad son hechos en este mundo. Eso no quita que, incluso en asuntos tan delicados, puedan ocurrir la disonancia cognitiva y el sesgo de confirmación, lo que, en ocasiones, puede reafirmar nuestras propias creencias centrales perjudiciales. En el caso de Marcus, es cierto que había sufrido discriminación, y, como esta activó su creencia central, lo puso en riesgo de abandonar el programa en el que tanto había trabajado para ser aceptado.

Hoy día, celebro mi identidad latina, estoy orgullosa de mis curvas y a menudo le digo a mi hijo que es «brasileño, mexicano y estadounidense», y que todo eso forma parte de él. Estoy tratando de enseñarle a Diego a integrar sus identidades de una forma que le permita tener creencias más flexibles sobre sí mismo y no quedarse atascado en una forma de pensar en blanco y negro. Pero no te voy a engañar, cuando asisto a una reunión de Harvard compuesta principalmente por personas blancas —la mayoría hombres blancos, con poder y de cierta edad—, todavía me cuesta pensar: «Soy suficiente». Lo que ha cambiado para mí es que ahora me siento con orgullo en la mesa.

No te preocupes por pequeñeces, simplemente rectifica

He presentado situaciones donde mis pacientes y yo nos hemos enfrentado a profundas y dolorosas creencias centrales que nos han provocado una angustia considerable. Pero la técnica de la rectificación se aplica a otras cosas en la vida más allá de lo «profundo». En realidad, es una forma de ver el mundo: incluso cuando se trata de pequeñeces, rectificar te ayudará. Por ejemplo, mi marido, David, estaba dando su clase de posgrado ayer por la noche cuando se dio cuenta de que un alumno había dejado de prestar atención. De inmediato, su cerebro le dijo: *No estoy logrando interesar a los alumnos; tengo que hacerlo mejor,* lo que lo hizo sentirse algo ansioso durante la clase. Pero David ha recibido una buena dosis de instrucción en rectificación durante nuestro matrimonio, así que se preguntó: «¿Qué otra cosa puede estar pasando aquí?». De inmediato, se le ocurrieron un par de posibilidades: 1) Es una clase nocturna, quizá el alumno está cansado y 2) Tal vez le ha pasado algo y por eso parece no estar prestando atención. La rectificación de David le permitió seguir dando la clase sin que su ansiedad escalara. En este caso, además, recibió una grata sorpresa: el alumno se le acercó en el descanso para avisarle de que no se sentía bien y de que se iba a casa, y se disculpó por no haber prestado atención.

Nuestro buen amigo John tiende a quedarse atascado en predicciones que le confirman que no es considerado «tan buen amigo». Apuesto a que muchos hemos tenido pensamientos así, pero John se ha convertido en todo un experto en rectificar. El otro día vino a casa y me dijo que se había sentido muy ansioso porque me había demorado una semana en contestarle a un mensaje y le preocupaba que estuviera enojada. Pero, con cierto sarcasmo, bromeó: «Pero, entonces, me pregunté: "¿Qué diría Luana ahora?". Y la respuesta me pareció evidente: si estuvieses enojada, lo sabría». Esto lo ayudó a tranquilizarse y a dejar de buscar conflictos inexistentes en nuestra relación.

La crianza es otra área donde rectificar es muy útil porque los padres (yo incluida) a menudo pensamos siempre en lo peor en lo que respecta a las reacciones de nuestros hijos. Por ejemplo, cuando Diego empezó en el kínder, regresó disgustado a casa el primer día. Mi cerebro gritó: *Odia la escuela. Tenemos un problema. ¿Le ha ocurrido algo malo? ¿Cómo lo arreglo?* La ansiedad llamó a mi puerta y yo la abrí, pero contesté con mi propia pregunta de rectificación: «¿Qué otra cosa podría explicar el disgusto de Diego?». La respuesta fue: *Probablemente esto sea una transición importante para él y necesite tiempo para adaptarse. Quizá está cansado por haberse levantado más temprano que de costumbre. Haber cambiado de escuela y extrañar a todos sus amigos puede haberlo asustado. Esto tomará su tiempo.* En lo que a los niños se refiere, a veces no tenemos idea de lo que está ocurriendo, así que plantear varias explicaciones alternativas al mismo tiempo puede ayudarnos a calmar las catástrofes que crean nuestros cerebros.

Ahora es tu turno. Tómate un momento para practicar la rectificación completando la siguiente reflexión.

Rectificando nuestras perspectivas

Tómate un momento para poner en duda tus pensamientos. Te recomiendo que escribas tus respuestas y que las ancles a una situación específica para poder cuestionarte tu discurso interior sobre la situación. Además, escribe tu predicción inicial y consúltala para asegurarte de que tus preguntas responden a ella.

Situación: _____

Predicción: _____

1. Cuestiona las predicciones automáticas:

    a. ¿Hay alguna otra forma de ver esta situación?

    b. ¿Qué le diría a mi mejor amigo en esta situación?

2. Interpreta tus respuestas:

    a. ¿Cómo cambian estas respuestas mi predicción?

    b. ¿Qué quisiera hacer de otro modo?

3. Lentes actualizadas:

    a. ¿Cómo cambiará esta predicción mi creencia central?

    b. ¿Cómo me hace sentir el actualizar mis lentes?

    c. ¿Qué pasos puedo dar para fortalecer estas nuevas predicciones?

Yoga para el cerebro

Lo mejor de desarrollar esta clase de flexibilidad cognitiva es que, cuando empiezas a sentirte cómodo cambiando tu perspectiva, desarrollas la capacidad de lidiar con pensamientos negativos de forma más efectiva. Al hacerlo, tu cerebro se vuelve menos rígido y está más dispuesto a luchar contra el sesgo de confirmación[5]. Rectificar es lo opuesto a evitar. Es como ir al gimnasio. Al principio, hacer un peso muerto puede resultar aterrador: es una nueva técnica intimidante y a menudo terminas con el cuerpo adolorido. Pero, con el tiempo, aprendes a deleitarte con la sensación de logro e incluso el sentimiento de incomodidad puede tener connotaciones positivas. Tanto en el gimnasio como en psicología, la incomodidad a menudo señala desarrollo.

Cuando nuestros cerebros son flexibles, es más fácil cambiar nuestra ruta a voluntad, lo que se transmite positivamente a otras áreas de nuestras vidas[6]. Se relaciona una alta flexibilidad cognitiva con una mejor capacidad de lectura[7], una mayor resiliencia[8], el incremento de la creatividad[9] y una mejor impresión subjetiva de la calidad de la propia vida[10].

Rectificaciones progresivas

El dolor por el abandono de mi padre sigue presente cuando recuerdo lo que me ocurrió de joven. Sin embargo, a través de la instrucción de mi abuela y al iniciar el proceso de rectificación de mi propio cerebro, ya no los veo ni a él ni al mundo de la misma forma. En mi vida adulta, he logrado comprender que mi padre carecía de muchas de las habilidades que estoy compartiendo contigo en este libro. Perdió a su padre a los tres años, lo que supuso que nunca tuviera un modelo de cómo puede ser la crianza en familia. Además, me tuvo con veintidós años, lo que significa que su propio cerebro no estaba desarrollado del todo. En su edad adulta, mi padre ha llegado a comprender el daño que me hizo e incluso se ha disculpado. Se ha esforzado por desarrollar sus propias técnicas, se ha vuelto a casar y tiene una nueva familia feliz, con la que tengo contacto. Duele saber que, de haber poseído mi padre estas habilidades, quizá mi primera infancia no hubiese sido tan traumática, pero me alivia ver que todos podemos aprender a rectificar y, cuando lo hacemos, la vida cambia.

Pero es importante subrayar que rectificar no es una técnica mágica y a prueba de balas que funcione siempre a su máximo potencial. No podemos pretender erradicar de nuestros cerebros todo rastro de distorsiones cognitivas. A lo largo de mi vida, rectificar mi cerebro ha sido una constante batalla interior en la que a veces logro ganar, creando una forma más flexible y equilibrada de ver el mundo, y otras me quedo atascada, evitando pensamientos dolorosos por medio de confirmar mis propias creencias centrales. A medida que te comprometes a practicar la rectificación, descubrirás que cada vez es más fácil llegar a una predicción alternativa, asumiendo que no estás en pleno modo de supervivencia. Te lo advierto: cuando empieces a practicar la rectificación, asegúrate de que no estás lidiando con la situación más difícil de tu vida. Como en el gimnasio, nos hacemos más fuertes practicando con buena técnica antes de poder levantar más peso. Con esta técnica pasa lo mismo: debemos practicar la flexibilidad cognitiva antes de poder soportar situaciones con una mayor carga emocional.

Por último, encuentra tu propia forma de recordarte que debes rectificar. En mi caso, contemplar una fotografía de mi abuela me obliga a preguntarme: «¿Hay alguna otra forma de ver esta situación?». A estas alturas, la pregunta es casi automática para mí. Por su parte, Sara tuvo que encontrar su propia pregunta para acordarse de rectificar: «¿Cómo le replico a mi cerebro?». Otras veces, la única forma que encontraba de rectificar era decirse: «Mi cerebro es un imbécil y no voy a escucharlo». Por otro lado, Julie, la directora de una compañía de la lista Fortune 100, me dijo que, con el tiempo, terminó preguntándose: «¿Qué diría la doctora Luana en esta situación?». Julie me hizo reír con esto porque no tengo todas las respuestas... pero me gusta interrogar a mis pensamientos, así que quizá iba por buen camino.

Quiero invitarte a que tengas compasión contigo mientras practicas esta nueva técnica y a que recuerdes que, siendo realistas, tomará su tiempo. Y si, cuando empiezas a dominar la rectificación, continúas evitando, quizá sea el momento de aprender a afrontar o alinear, cosa que estamos a punto de hacer.

TERCERA PARTE

Afrontar

Capítulo seis

La olla a presión: reaccionar para evitar

Uno de mis recuerdos más preciados de cuando era niña en Brasil es de mi mamá cocinando frijoles negros. Era un plato casero común en mi país y para mí no había nada mejor que el olor del ajo mezclándose con el beicon mientras los frijoles hervían a fuego lento. Siempre que escuchaba el silbido de la olla a presión al llegar a casa después de la escuela, sabía que me esperaba una comida fantástica. Cuando tenía siete años, mi mamá me descubrió tratando de abrir la olla a presión cuando estaba al fuego y logró —a la velocidad de la luz y con un escandaloso grito— detenerme. Me aparté con lágrimas en los ojos tratando de entender por qué me había gritado.

Quizá sea debido a este incidente que a menudo utilizo la

analogía de la olla a presión para explicar a mis pacientes la reacción como forma de evitación. Cuando nuestra evitación es
reactiva es como si nos convirtiéramos en una olla a presión sin
válvula (o, si la tenemos, desconfiamos de su eficacia). Cuando
nuestras emociones rompen a hervir, la temperatura y presión
en nuestro interior aumentan tan deprisa y con tanta violencia
que, metafóricamente, explotamos. ¿Y qué hacemos cuando
sentimos que estamos a punto de explotar? Actuamos para eliminar la amenaza percibida haciendo lo que podamos para sentirnos mejor rápidamente. Desde un punto de vista emocional,
la explosión alivia una parte de la presión de inmediato, aunque
temporalmente, pero después siempre nos quedamos frente a un
mayor desastre que limpiar y con un reguero de sentimientos
heridos a nuestro paso. *A priori*, desahogarse parece útil, pero
puede convertirse en un patrón continuo de evitación reactiva,
lo que, a la postre, nos priva de una vida audaz.

Evitación reactiva: mis muchos rostros

La evitación reactiva toma muchas formas, algunas más difíciles de detectar que otras. Pero debo confesar que conozco bien
esta forma de evitación porque, durante toda mi vida, ha sido mi
táctica por excelencia para evitar la incomodidad. Contraataco
para sentirme mejor. Entiendo que ponerse un traje clásico para
ir a trabajar no sea lo primero en lo que piensas cuando hablo de
contraatacar, pero esta acción encierra una resistencia que, en el

fondo, es para mí el equivalente a mostrarle el dedo a alguien. También reacciono con mi forma de contestar a los correos (lo sé, soy todo un Ángel del Infierno). He aquí un ejemplo:

El año pasado, mi mentora en el hospital, una mujer especialmente bondadosa llamada Susan, me sentó y me dijo:

—¿Podemos hablar de tus correos? Específicamente de los que escribes cuando estás estresada.

Veía en su expresión que le estaba costando ser constructiva, a pesar de la naturaleza incómoda de la conversación. Recuerdo cómo se me disparó la ansiedad mientras esperaba a que me dijera algo horrible. *Dios mío, ¡la única persona que me cubría las espaldas está a punto de largarme! ¡Traidora!* Mientras estos pensamientos prematuros se acumulaban en mi mente, traté de exhibir una falsa (y probablemente perturbada) sonrisa.

Susan continuó:

—Luana, eres una de las personas más productivas que conozco. Eres brillante, considerada y sabes que adoro trabajar contigo.

Mi corazón latía desbocado mientras esperaba a que terminara con: «... y, sin embargo, te largo a la calle como si fueras basura».

Pero la espada de Damocles no cayó. En su lugar, procedió a decirme que había observado que, quizá, yo era mi propia peor enemiga.

—Me he fijado en que contestas a los correos a altas horas de la noche. A muy altas horas. Con urgencia. Y ferocidad. Con una franqueza que roza lo inapropiado. Por ejemplo, ayer por la noche le escribiste a Joe, que nos había pedido permiso para utilizar nuestros materiales de formación. No solo le dijiste que no, sino que le escribiste una larga lista de los motivos por los que no debería haberlo ni pedido. Sé que lo tuyo con Joe viene de antes, pero ¿de verdad era necesaria esa respuesta a las once de la noche? ¿Y de verdad tenías que sacar a relucir tus trapos sucios frente a todas las personas con poder que estaban copiadas en ese correo?

Incluso antes de que terminara su argumento, ya estaba a la defensiva: debía contraatacar para acabar con esa insoportable incomodidad. ¡Lanzarme en una apasionada explicación! ¡De inmediato! En otras palabras, ¡reaccionar en respuesta a alguien señalando mi reacción! *Ah, ¿así que te parece que mis correos son demasiado directos? Bien, ¡permíteme que te muestre cuán no re-activa soy respondiéndote de forma altamente reactiva!*

Por supuesto, en aquel momento no me di cuenta de que estaba poniendo mi método de evitación a toda máquina porque esta-ba demasiado ocupada despotricando y soltando despropósitos:

—Solo quería que le quedara claro que no puede utilizar mis materiales y adaptarlos. ¿Quién se cree que es?

Apenas podía escucharme sobre el ruido de los latidos de mi corazón desbocado.

Susan me dedicó una de sus bondadosas y maternales mira-das, y me dijo:

—Luana, lo entiendo perfectamente. Eres fantástica en lo que haces y sé que a veces esta persona no ha sido justa contigo. Pero, entre tú y yo, a veces puedes ser un poco... impulsiva. Demasiado impetuosa. Es simplemente innecesario contestar correos a las once de la noche. Y, en algunos casos, eso puede interponerse entre tú y tu propio éxito.

Sentía que me ponía belicosa por enésima vez en esa conversación mientras trataba de contener mis cálidas lágrimas. Susan, que permanecía tranquila y serena, reparó en mi evidente incomodidad y me aseguró que aquello tampoco era nada grave, pero que había querido «darme que pensar». En cuanto terminó de hablar, sentí un alivio inmediato por que la conversación hubiera terminado. Estoy segura de que mi subconsciente me estaba diciendo: «¿Ves? ¡Contraatacar siempre funciona! Ante la duda, ¡pelea!».

Cuando me fui, me quedé dándole vueltas a lo que había dicho. ¿De verdad era impulsiva cuando enviaba correos? ¿Tendría razón? ¿Reaccionaba y respondía deprisa para evitar mi ansiedad? No estaba segura, pero tampoco podía ignorar lo que me había dicho Susan. *Sí, contesto rápido*, recuerdo pensar mientras deambulaba aturdida hacia mi despacho. *¡Pero eso es solo para que los demás vean cuán competente soy! ¿Pretenden que deje que se me amontonen los correos?* ¡La mera idea me vuelve loca! Si me los quito de encima, no tengo que sentir que holgazaneo en el trabajo. Si tomarse las cosas en serio es un delito, señoría, me declaro culpable.

Salí de su despacho poniendo seriamente en duda lo que me había dicho. Paso gran parte de mi tiempo enseñando a otros cómo superar la evitación, ¿de verdad podía estar evitando yo misma? Pero poco después de mi tensa conversación con Susan, recibí un correo que me puso furiosa. El asunto rezaba:

«Colaboración» y, tan pronto como vi el remitente, mi cerebro percibió un peligro y prendí al máximo mi modo reactivo: *¿En serio? ¿Colaboración? ¿Cómo es que quieres colaborar cuando yo recibo financiación, pero nunca me lo pides cuando te la dan a ti?* Es increíble cómo un simple correo de alguien con quien ya tienes un conflicto previo puede activar tu reacción de lucha, huida o parálisis.

Aunque mi frustración con el correo estaba más que justificada por el largo historial de menosprecios por parte de este colega en particular, lo que ocurrió a continuación encajaba perfectamente con la descripción que había hecho Susan de mi conducta. Pasé a la ofensiva y vomité a toda prisa una respuesta sin apenas reflexionar críticamente sobre lo que estaba escribiendo. ¿Cómo iba a pensar críticamente? Mi corteza prefrontal había salido a comer. Cuando terminé de redactar el correo, ¡me sentí inundada por un alivio justiciero! ¡La evitación es genial!

Pero, antes de pulsar «enviar», me detuve a pensar en las secuelas de lo que estaba a punto de hacer. Me despertaría a la mañana siguiente arrepentida por el tono de mi correo. Además, también tendría que lidiar con las consecuencias de haber vuelto a reaccionar sin pensar. Y me arrepentiría de no haber hablado directamente con mi colega en persona en lugar de mandar un correo cuyo enojo sería obvio. ¡Era un futuro sombrío! Claro, pulsar «enviar» se hubiese sentido bien en aquel momento, pero el coste sería altísimo.

Aquel día en concreto no mandé el correo. En cambio, le pedí una cita a Susan para que me aconsejara sobre cómo gestionar correctamente la situación. Mi respuesta fue lo contrario de lo que quería hacer en realidad, pero supe que, si pulsaba «enviar», volvería a quedar atascada en la evitación.

Aunque en esa ocasión logré no reaccionar, muchas otras veces es mi marido quien se da cuenta de lo que estoy haciendo. Por ejemplo, si me pongo a lavar los platos y a cocinar mientras trato de hablarle de algo importante al mismo tiempo, a menudo me pregunta: «¿Qué te preocupa?» (¡Es bueno!). Solía pensar que, cuando hacía varias cosas a la vez, estaba siendo productiva, pero, en retrospectiva, solo lo hago cuando estoy evitando mi ansiedad. Y esta conducta tiene un precio negativo: vuelvo loca a mi familia y termino exhausta. Es importante tener esto en cuenta, pues quizá solo pensamos en el coste que tiene la evitación para nosotros, pero también puede tener un impacto negativo sobre nuestros seres queridos. Mantenerme ocupada es una de las formas que tengo de tratar de extinguir la incomodidad... es una pena que ella pelee mejor que yo.

Tanto responder deprisa a un correo como mantenerme ocupada en casa pueden ser modos de evitación reactiva, pero no son las únicas formas de contraatacar. Como la incomodidad puede aparecer en muchas situaciones diferentes, existe una miríada de formas en que la gente reacciona. Sin embargo, todas las acciones reactivas tienen una cosa en común: están concebidas para eliminar la incomodidad al atacar lo que te provoca ansiedad. Permíteme compartir contigo unos cuantos ejemplos de mis pacientes para ayudarte a identificar mejor tu propia evitación reactiva.

El lado oscuro de la productividad

En 1995, el doctor John Perry, profesor en Stanford, acuñó el término *procrastinación estructurada* para describir cómo la gente hace muchas cosas «importantes» de su lista de tareas solo para evitar lo que de verdad tiene que hacer[1]. Como describe Perry: «Estoy escribiendo este artículo como forma de no hacer todas esas cosas», concretamente, tareas necesarias para su trabajo, como evaluar exámenes. Lo que Perry señaló es un fenómeno al que muchas personas se refieren ahora como *procrastinación productiva*. Los procrastinadores productivos, dice Perry, «pueden sentirse motivados para realizar tareas difíciles, urgentes e importantes siempre y cuando sean un medio para no tener que hacer algo más importante».

Esta es una clase astuta de evitación reactiva porque a menudo hacemos cosas que nos parecen responsables, así que, ¿cómo van a ser evitación? Pero, de nuevo, debemos remitirnos a la definición del término: 1) ¿Ha percibido mi cerebro una amenaza? 2) ¿Me he sentido incómodo? 3) ¿Me ha proporcionado mi respuesta un alivio rápido? 4) ¿Tiene una consecuencia negativa?

Pongamos un ejemplo. Mi marido, David, es la clase de persona que evita retirándose: si puede retraerse a su cerebro y ser más listo que su ansiedad, lo hará. Pero, como todo el mundo, incluyéndome a mí, utiliza más de una táctica evitativa. Por ejemplo, mientras estoy con la soga al cuello en esta carrera loca por terminar el libro, como buenos latinos, estamos a punto de recibir a doce invitados en casa para celebrar mi cumpleaños.

Tradicionalmente, cuando tengo invitados, tiendo a excederme un poco: pongo cubrecamas nuevos, aspiro las alfombras, me voy al supermercado por ingredientes para preparar nuestros platos brasileños favoritos y demás. Sin embargo, esta vez tengo la fecha de entrega del libro, así que no puedo hacer nada de eso. David, por su parte, tiende a ser más tranquilo en estas situaciones y no acostumbra a hacer grandes despliegues. Sin embargo, esta vez no se está quieto y está haciendo mil cosas. Solo durante los últimos días, ha pintado las barandas del porche, cambiado los enchufes, comprado una nueva colcha para nuestra alcoba, ordenado el garaje y otras tantas cosas.

Al principio me sentí impresionada por este glorioso arrebato de productividad doméstica, pero, ayer por la noche, empecé a detectar un rastro de evitación reactiva, o procrastinación productiva. David es profesor en la Universidad de Boston y su semestre académico empieza en tres semanas, lo que significa que ahora debería estar preparando sus clases de otoño. Así que, durante la cena, le hice la pregunta que pugnaba por salir de mi cabeza:

—¿Qué tal va la preparación de las clases?

Para ser justos con David, está casado con la «gurú de la evitación», así que sonrió avergonzado, le dio un sorbo a su copa de vino y me dijo sin rodeos:

—Sí, la estoy evitando, pero ¿no te parece fantástico cuánto he estado haciendo por la casa?

Ambos reímos. Sí, es fantástico, pero también sé que tendrá que pagar el precio cuando lleguen nuestros invitados. En algún momento tendrá que empezar a preparar el semestre y le disgustará tener que hacer eso en lugar de disfrutar de nuestra reunión familiar. Así que me prometió (y también a sí mismo) que haría algo con su evitación cuanto antes. (Mientras escribo esto, puedo verlo enseñar a Diego a jugar al baloncesto afuera. Son adorables, sí, pero eso no es particularmente útil para el semestre que se acerca. ¡La evitación ataca de nuevo!).

Pero no quiero dar una idea equivocada: la procrastinación productiva no siempre es una forma de evitación reactiva. Para que pueda entenderse como tal, debe estar asociada a un coste. Por ejemplo, mi amiga Janaina es la clase de persona que siempre tiene una larga lista de tareas, pero de alguna forma siempre logra terminarla sin ningún agobio. Para Janaina, esto es simplemente una forma de vida. Así que, si esto te representa, no tienes de qué preocuparte. Lo que para mí es evitación puede no serlo para ti y viceversa.

El ladrón de la alegría

¿Alguna vez has estado en Instagram, Twitter o cualquier otra onerosa red social cuando, de repente, te encuentras con algo tan opuesto a tu visión del mundo que te toca una fibra sensible? Tú dirás: vacunas, afiliaciones políticas, el aborto, el último escándalo de alguna celebridad... En el instante en que nos topamos con algo opuesto a nuestros puntos de vista, llega la disonancia cognitiva. Y, adivina: nuestros cerebros perciben un peligro. ¿Y qué hacemos en esas situaciones? De repente, antes de que nos dé tiempo a entender qué está ocurriendo, pasamos a la ofensiva, ¡disparamos desde la cadera, escribimos deprisa y enviamos esa publicación al mundo tan deprisa como nos sea humanamente posible! Esto encapsula a la perfección lo que significa reaccionar. ¿No te hace sentir mejor? ¡Por supuesto! Al menos... al principio.

Navegar pasivamente por las redes sociales conduce de forma inevitable a realizar comparaciones sociales. Esto es, como su nombre indica, el proceso de «compararse con otros para evaluar o potenciar ciertos aspectos de uno mismo»[2]. Comparamos cómo nos vemos, qué hemos conseguido y cuán bien se nos da algo. Todos efectuamos comparaciones sociales debido a nuestra biología evolutiva, pero las redes sociales han incrementado y magnificado drásticamente nuestra capacidad de hacerlas.

En particular, está demostrado que compararse con otros que están «mejor» que nosotros (sea esto cierto o no es irrelevante, lo que importa es que los percibamos como mejores) tiene una correlación con un incremento de los síntomas depresivos[3] y con un mayor sentimiento de tristeza[4]. El uso de las redes sociales también se ha vinculado con una imagen corporal negativa y con conductas alimentarias malsanas[5]. Estos efectos negativos son especialmente pronunciados en chicas jóvenes. Un estudio realizado en Reino Unido demostró que es más probable que las chicas de entre diez y quince años tengan un bienestar inferior a los chicos como consecuencia directa de su uso de las redes sociales[6]. Cuando sumamos estos resultados a la realidad distorsionada de estas redes y a los complejos algoritmos diseñados para mostrarnos contenido, terminamos con una relación potencialmente tóxica con nuestras queridas aplicaciones.

Aunque la mayoría de las investigaciones sobre la comparación en redes sociales se ha centrado en su impacto emocional negativo directo, como la ansiedad y la depresión, también he visto cómo estas han desencadenado episodios de evitación reactiva en algunos de mis pacientes. Al principio puede no parecer un problema demasiado grave, pero termina comportando consecuencias negativas. No es más que otra larga y retorcida ruta hacia el mismo problema. Y aquí es donde entra la historia de Angad.

Cuando conocí a Angad, daba toda la impresión de ser un chico que llevaba una vida feliz y bien adaptada. Acababa de cumplir veinte años, le encantaba la universidad, tenía un buen grupo de amigos y una relación estrecha con su familia. Sin embargo, me confesó que en su interior la situación no era tan plácida. Hacía poco había creado un perfil en Instagram y se quejaba de que se descubría comparándose constantemente con las personas de su amplio círculo social que: «Se ven mejor que yo», «Viajan más», «Tienen una novia más linda»... la lista seguía y seguía para Angad. Esta descripción no se aleja de la de muchos jóvenes estudiantes universitarios con quienes he trabajado y para quienes las redes sociales también desembocaban en comparación. Sin embargo, no terminaba de entender de qué manera era esto un problema para Angad. Le pregunté qué le ocurría cuando veía una publicación donde a alguien parecía irle mejor que a él.

Angad me miró con una seriedad alarmante:

—Entro en pánico. Como que, si no hago algo para igualarlo, soy un fracasado.

Para un adulto que no se crio con las redes sociales puede ser difícil tomarse en serio una afirmación como esa. Pero, como terapeuta que reconoce los signos de angustia cuando los tiene delante, supe que Angad no estaba siendo dramático. Su cerebro percibía esos mensajes como una amenaza real hacia sí mismo.

—Suena como si, cuando te topas con una publicación que te resulta angustiante, te invadieran la ansiedad y el pánico, y eso se siente terrible —aventuré—. ¿Es así? —Él asintió—. Muy bien, y, entonces, ¿qué haces?

—Empiezo a publicar muchas cosas. Tengo una carpeta secreta en el celular con mis mejores fotos (planes divertidos, sitios *cool*, cosas así) y las subo como si estuviesen ocurriendo en el momento.

Mi reacción debió ser muy expresiva porque respondió con una risotada. La brecha generacional entre ambos había quedado patente. Y, sin embargo, el sistema operativo de nuestros cerebros era el mismo. Sintiéndome como un dinosaurio hablando con un astronauta, le pedí que me describiera el incidente más reciente en el que hubiese sentido la necesidad de recurrir a su carpeta secreta.

—Cuando regresamos de las vacaciones de primavera la semana pasada, un amigo estuvo publicando todas las fotos de su viaje a Europa con su nueva novia. Él no está mal, pero su novia es como una supermodelo, está tremenda. —Se detuvo y me miró como disculpándose. Reí y lo animé a continuar—. Así que me entró ansiedad, ya sabes, al compararme con él, y pensé: «¡Yo también tengo fotos con chicas lindas!», así que subí unas cuantas de una fiesta del verano pasado.

—¡Parece que resolviste el problema! —contesté siguiendo la lógica de su conducta.

—Sí, al menos temporalmente. No sé cómo explicarlo, pero, cuando me apresuro en colgar algo, siento una especie de alivio, como si el pánico desapareciera porque me estoy concentrando en publicar. Pero, a decir verdad, después de un rato me siento asqueroso. No es agradable estar en ese estado mental.

Se lo veía genuinamente disgustado y era evidente que esa conducta le hacía sentir vergüenza y ansiedad. Independientemente de la causa, estaba claro que estaba atascado en el ciclo de la evitación y no sabía cómo salir.

Aunque a ti tu relación con las redes sociales pueda llevarte por otro camino, a Angad le provocaba una evitación reactiva. Veía algo, como a otros chicos con novias atractivas, y eso hacía que su cerebro percibiera peligro en forma de «Soy un fracasado», lo que de inmediato provocaba incomodidad o, como lo llamaba él, pánico. Para hacerse sentir mejor deprisa, publicaba una foto tras otra tras otra. Subir fotos era un alivio rápido, pero temporal, para su pánico, pero, como se trataba de una evitación reactiva, su alivio no duraba mucho.

Entonces, ¿estar en las redes sociales significa que estamos evitando reactivamente? Hacer muchas publicaciones seguidas es una forma de reaccionar para aliviar nuestras emociones difíciles. Pero, en lo que a interactuar con el mundo *online* se refiere, existen otras respuestas emocionales posibles. Hay para quienes los sentimientos negativos pueden conducir a una retirada total, a evitar cualquier red social para minimizar los miedos que conlleva ser comparados con otros (y, si se me permite opinar, probablemente esta no sea una mala estrategia, similar a evitar la comida chatarra). De hecho, hay estudios que revelan que uno de los motivos por los que las personas crean los llamados «Finstas» (*fake Instas*, o perfiles de Instagram falsos) es para escapar al escrutinio social[7]. Alternativamente, algunos de mis pacientes se retiran y evitan cosas como escribir un trabajo para la universidad al pasarse horas en redes sociales. Si te encuentras más en el espectro de la retirada y sigues queriendo participar en estas plataformas, te sugiero que trabajes en la técnica de rectificar (cubierta en la segunda parte de este libro) para cambiar tu relación con las redes sociales.

Mensajes de texto para calmar la ansiedad

En lo que respecta a las relaciones románticas, los patrones de evitación a través de la reacción a menudo aparecen en una etapa temprana. Consideremos el ejemplo de Filomena.

Filomena fue adoptada de muy niña desde Ecuador por dos amorosos padres de avanzada edad. No tenía hermanos y afirmaba haber sido siempre moderadamente ansiosa. Su madre me dijo que Filomena siempre había tenido considerables dificultades para estar lejos de ellos. Desde pequeña, a menudo se disgustaba cuando su madre salía de casa, aterrada ante la idea de que no regresara jamás. Filomena me contó que siempre había tenido miedo al abandono (un miedo común en niños adoptados) y que le costaba sentir apego por otras personas, pues a menudo sentía que la espada de Damocles colgaba sobre ella y que la abandonarían en cualquier momento. Cuando la conocí, ya iba a la universidad y, a todas luces, le estaba yendo bien tanto académica como socialmente. Pero había un área de su vida en la que a menudo se quedaba atascada: las relaciones románticas.

Filomena había empezado a salir con gente en la universidad. En un principio, habían sido encuentros informales, pero me contó que eso le resultaba imposible porque le provocaba demasiada ansiedad. Así que trató de tener algo serio con unos cuantos chicos, pero, aunque se sentía bien haciendo eso, la velocidad con la que empezaba a llamarlos «novio» los hacía alejarse de ella igual de deprisa. Exigía exclusividad casi desde el primer día, lo que los ahuyentaba y hacía que Filomena rompiera la relación por (reactiva) cuenta propia.

Pero las cosas estaban empezando a cambiar. En nuestra primera sesión, llevaba unos meses saliendo con Ted y sentía que se estaba enamorando. Pero también estaba angustiada porque notaba que él estaba empezando a apartarse un poco. Este estresante tira y afloja de su vida amorosa fue lo que la trajo a mi consulta.

Filomena me explicó que, de todas las personas con las que había salido en su corta vida, Ted parecía ser con quien se sentía más cómoda: era confiable, respetuoso y siempre la hacía sentir segura.

—Suena maravilloso. Entonces... ¿cuál es el problema? —le pregunté.

—Bueno, me cuesta mucho estar alejada de Ted. Sé que deberíamos tener nuestros propios amigos e intereses, pero me asusta mucho, ¿sabes? Me dijo que le gustaría tener algo de tiempo para sí mismo y así poder ver un poco más a sus amigos. Yo quise hacerlo feliz, así que lo intentamos unas cuantas veces... pero fue un desastre. Me agobiaba y me ponía muy ansiosa y, aunque no quisiera hacerlo, le enviaba muchos mensajes de texto. La última vez fue el viernes pasado por la noche: salió a jugar al billar con unos amigos y, aunque sabía dónde estaba y con quién, perdí la cabeza.

En este punto, sacó el celular y empezó a recitarme los mensajes:

—«Hola» —empezó—. «¿Cómo estás?». Emoji de carita sonriente. Sin respuesta. Traté de no volver a escribirle porque me había pedido que le diera un poco de espacio, pero pasaron dos minutos y no pude evitarlo. Así que le escribí: «¿La están pasando bien?». Muchos emojis.

—¿Cómo te sentías en ese momento?

—Superansiosa. Preguntándome por qué no contestaba. Y también preocupada. ¿No contestaba porque había tenido un accidente con el carro? Un conductor tomado o algo. No podía evitarlo. No podía quitarme de la cabeza la imagen de él muerto en alguna cuneta. ¡O quizá me estaba poniendo los cachos con otra chica! Así que empecé a escribirle muchísimo... «Oye, Ted,

¿estás bien? ¿Por qué no me respondes? ¿Estás enojado? ¿¿¿Hice algo malo???». —Se detuvo de golpe, dándose cuenta de cómo un observador imparcial percibiría esa conducta—. Sé que parece una estupidez, pero, en ese momento, para mí tuvo todo el sentido. Necesitaba saber que todo estaba bien y cada mensaje me aliviaba un poco, pero, cuando no contestaba, me entraba más ansiedad, así que seguía escribiendo.

—¿Al final te dijo algo?

—Al final me contestó. —Buscó en su celular y leyó—: «Estoy bien, pero lo que has hecho no lo está». —Negó con la cabeza—. ¡Me dejó destrozada! Pero también supe que tenía razón. El problema es que soy totalmente incapaz de controlarme cuando me entra ansiedad. Amo a Ted y me da miedo ahuyentarlo si no aprendo a controlar estos impulsos. Es culpa mía, pero mi celular hace que actuar así sea demasiado fácil.

La realidad es que Filomena no es la única para quien tener acceso a un teléfono ha impactado su forma de vivir las relaciones. De hecho, en 2019, el Pew Research Center informó de que cinco mil millones de personas en todo el mundo tenían un dispositivo móvil[8]. Para poner este número en impresionante contexto, los estudios sugieren que solo de tres a cuatro mil millones de personas poseen un cepillo de dientes[9]. Párate a pensarlo: hay más gente en el planeta con celular que con cepillo de dientes. Y, a diferencia de un cepillo de dientes, estos dispositivos están sonando, vibrando e incordiándonos a todas horas. Lo único que nos piden nuestros modestos cepillos de dientes son dos minutos dos veces al día. (Por no hablar del humilde hilo dental).

Como probablemente sepas por tu experiencia, y vemos en el caso de Filomena, a veces nuestro uso del celular es perjudicial. Lo sé, revolucionaria declaración.

«¿Cómo? Doctora Luana, ¿está usted diciéndome que los celulares no nos animan siempre a actuar de manera sensata y racional? ¡Cómo se atreve!».

Lo sé, soy muy polémica. Múltiples estudios han demostrado que mirar constantemente el celular, chequear obsesivamente las redes y, sí, también enviar una multitud de frenéticos mensajes de texto, está vinculado a sentimientos de tristeza, ansiedad y estrés[10]. ¡Como si empezar una nueva relación no estuviese lo bastante plagado de emociones y baches! Ahora además tenemos que lidiar con las secuelas emocionales de tratar de comunicarnos de forma efectiva por medio de nuestros celulares (a veces incluso utilizando la versión moderna de los jeroglíficos). Si nuestra pareja no nos contesta, la ansiedad no hace más que incrementar. Un estudio especialmente relevante mostró que, cuando individuos estresados no reciben respuesta a los mensajes que han mandado a sus parejas en un periodo de quince minutos, su tensión arterial es más alta que la de quienes han recibido al menos las respuestas más mundanas (como un comentario anodino sobre el tiempo)[11]. El dolor de esperar a que aparezca esos tres puntos suspensivos (los que avisan que alguien está escribiendo) —o, peor, el verlos aparecer solo para desvanecerse— es real.

Para Filomena, mandar otro mensaje era una forma de recibir algo de alivio durante este periodo de espera. La esperanza de que el siguiente mensaje llamara la atención de su pareja le enviara una respuesta rápida le permitía tranquilizarse por un momento. Pero, cuando Ted no contestaba, su ansiedad se intensificaba. Este es un clásico patrón de evitación: ganancias a corto plazo, pérdidas a la larga. La evitación reactiva de Filomena la había atascado.

Tic tac... ¡Boom!

A algunos de mis pacientes, las emociones fuertes no los conducen solo a desahogarse un poco, sino que desencadenan explosiones interpersonales en toda regla. Las explosiones, o arrebatos, son otra de las formas en que se presenta la evitación reactiva y tienden a ocurrir cuando una falsa alarma parece estar demasiado cerca o ser inescapable[12]. Fíjate en Oliver, por ejemplo.

Oliver entró en mi consulta para tratar un problema de ira, aunque en realidad no pensaba que su ira fuera un problema. Me dijo que sus hijas le habían hecho un regalo de broma para el Día del Padre, un rollo de cinta de embalaje en el que habían escrito: «En caso de emergencia, aplicar sobre la boca de Oliver». Le sugirieron que se lo llevara al trabajo y que lo tuviera en su mesa, de forma que, la próxima vez que se avecinara un arrebato de ira, pudiera cortarlo de raíz.

Aunque el regalo era una broma, Oliver no se reía mientras me hablaba de él. Me contó que se sintió destrozado al darse cuenta de cómo lo veían sus seres más queridos. Me dijo que siempre se había considerado temperamental, pero que nunca le había parecido un problema. Algunas personas son tranquilas; otras, pasionales. Le parecía que era directo e iba al grano, y, a la postre, solo quería sacar lo mejor de la gente que trabajaba para él.

—Muy bien, quizá no me expreso de la forma más elegante, pero ¿por qué tiene que ser mi problema que mis compañeros de trabajo tengan la piel tan fina?

—Buena pregunta —le concedí, tratando de ponerme en su lugar—. Pero, si el problema es de los demás, ¿qué haces aquí?

Resultó que Oliver no había venido por voluntad propia. Tras una reciente explosión en el trabajo, el superior directo de Oliver —el director de la compañía— le había obligado a acudir a un profesional para tratar su tendencia a —ejem— «decir las cosas como son».

—Oliver, entiendo perfectamente tu punto de vista. A mí también me ha dicho mucha gente que a veces puedo ser demasiado directa. Demasiado franca. Y no a todo el mundo le sienta bien —le dije.

—¿En serio? —Oliver no se creía que la pequeña y educada doctora brasileña de Nueva Inglaterra sentada frente a él se le pareciera en nada.

Oliver se mostraba algo incómodo. Tenía sentido: quizá un tipo tan acostumbrado a buscar o instigar el conflicto estaba, por defecto, siempre un poco «al límite».

Nuestros caracteres no parecían tener mucho en común, así que intenté algo para ver si lograba que se relajara un poco con tal de empezar la sesión con nuestros cerebros racionales al mando. Nadie me tomaría por cómica, pero se me ocurrió empezar con una broma. O, cuanto menos, con una anécdota parcialmente graciosa. Lo que fuera con tal de reiniciar un poco su sistema nervioso.

—Esto me recuerda a algo divertido —le dije a Oliver con la esperanza de que me creyera—. Cuando llegué a los Estados Unidos, hablaba muy poco inglés, así que aprendía las expresiones de oídas. Al fin y al cabo, hay muy pocas expresiones coloquiales en libros académicos. Entonces, durante mis primeros años en el país, siempre les decía a mis amigos que no entendía el dicho aquel de «cagarse con rodeos». Ellos me miraban confusos y se limitaban a asentir educadamente.

Oliver también parecía confuso y le aseguré que, efectivamente, su confusión era la respuesta apropiada.

—Así que, tras haberme pasado probablemente una década diciendo «cagarse con rodeos», por fin un amigo me dijo: «Oye, Luana, sabes que la expresión es "andarse con rodeos", ¿verdad?». ¡No lo sabía! Por supuesto, me sentí muy avergonzada, para variar. Verás, en Brasil, los baños de las estaciones de servicio son terroríficos, de forma que, en los viajes por carretera, los arbustos alrededor de las gasolineras son una opción mucho mejor. Así que crecí rodeada de gente que, literalmente, «cagaba con rodeos».

Vale, no soy la Seinfeld brasileña (¡hasta mis referencias cómicas son anticuadas!), pero Oliver se rio y pareció relajarse un poco. Misión cumplida. Así que aproveché para tratar de entender cómo veía Oliver su propia ira. Le pedí que me hablara de algún incidente reciente en que su ira hubiese tomado el control o le hubiese causado problemas en el trabajo.

Mencionó una ocasión en que una subordinada directa había cometido un importante error en un informe financiero. Sentando en su escritorio, lo había invadido la furia y, en cuestión de segundos, estaba irrumpiendo en su cubículo para, cito textualmente, «decirle las cosas como son».

Le pregunté qué hubiese observado una tercera persona de haberlo visto en aquel momento.

Se calló, como si no estuviese acostumbrado a pensar en sí mismo en esos términos.

—Bueno, supongo que hablé deprisa y probablemente levanté la voz.

—¿Probablemente? —pregunté.

—Muy bien, levanté la voz. Y probablemente enumeré en detalle todo lo que estaba mal en el informe.

—De acuerdo. ¿Y después?

—Pues, ¿supongo que simplemente salí de ahí dando un portazo?

—¿Cómo te sientes cuando dices «las cosas como son»?

—Supongo que me siento bien en ese momento en concreto. Quizá no «bien», sino competente. Al mando. Alguien tiene que tener los cojones para corregir los errores, o si no quedamos todos como unos pendejos. Quizá incluso puedo enseñarle un par de cosas a quien le estoy hablando.

—Vale. Así que le diste un correctivo a tu subordinada por su error. ¿Y después? ¿Durante cuánto tiempo te sentiste bien tras este intercambio?

—No mucho. Empecé a sentirme mal porque quizá había sido demasiado duro con ella. Cometió un error, le eché una bronca y parecía que la pobre mujer iba a echarse a llorar. No quiero ser un *bully*, pero me cabrea que la gente entregue un trabajo de mierda porque dependo de que ellos hagan su trabajo para hacer yo el mío. No me corresponde hacer de niñera a mis empleados. Me rompo las bolas todo el día y lo último que necesito son más cosas que hacer.

Le pregunté cuán a menudo ocurría algo así y su respuesta pareció sorprenderlo:

—Prácticamente cada semana. —Después, añadió—: No puedo evitarlo. Cuando alguien la caga, tengo que hacerme cargo, ¿sabes? Es mi trabajo.

—¿Y qué pasaría si no desfilaras hasta el cubículo del compañero que ha cometido el error para decirle las cosas como son?

—¿Qué? ¿Y no decirle nada? Eso no es una opción. Creo que simplemente explotaría de rabia. ¡Necesito hacer algo para lidiar de inmediato con ella!

Entendí a qué se refería. Cada vez que Oliver reparaba en que un empleado había cometido un error, su cerebro percibía un peligro y esa falsa alarma le creaba una intensa ansiedad —como pasar de cero a un millón en la escala de la angustia—, así que tenía que hacer algo para tranquilizarse. Y lo que hacía era gritar, ser duro, decir las cosas como son. Su ira se reducía momentáneamente al enfrentarse a sus compañeros, pero ¿a qué precio? En el caso de Oliver, Recursos Humanos le había llamado la atención varias veces y estaba llegando a un punto en que su carrera corría peligro.

La conducta de Oliver era similar a cómo muchas personas evitan intensos sentimientos de frustración e irritación. Estudios en entornos laborales sugieren que casi la mitad de los trabajadores que experimentan situaciones con el potencial de provocar enojo, lo expresan[13]. En particular, los individuos expuestos a trabajos estresantes, como médicos o personal militar, a menudo tienden a ser bastante reactivos. Durante la pandemia del COVID-19, el personal de salud declaró sufrir un incremento de la ansiedad y la ira[14]. Estados elevados de estrés también contribuyen a expresiones perjudiciales de dicha ira[15]. Recuerda: reaccionar es una respuesta biológica a una amenaza (o a cualquier cosa que provoque emociones intensas que queramos reducir deprisa), pero eso no significa que esta reacción no pueda suponernos un problema.

No me malinterpretes: desahogarse de vez en cuando no tiene por qué ser un problema, como llamar a un amigo para despotricar tras un día particularmente malo o entrenar más duro para quemar un exceso de energía. Pero reaccionar no es útil cuando daña nuestras relaciones en casa o en el trabajo.

La evitación reactiva y tú: manual del usuario

Como he dicho muchas veces, reaccionar solo es evitación cuando lo haces para sentirte mejor deprisa, pero, a largo plazo, estás pagando un alto precio. Como has empezado a ver, existe un amplio abanico de divertidas e interesantes formas en que las personas se autosabotean. En lugar de relatar todas las historias de evitación reactiva con las que me he cruzado, en la página siguiente te presento una breve lista de formas adicionales en que mis pacientes reaccionan para evitar. Aunque, te lo advierto: esta solo pretende ser un ejemplo ilustrativo, no una enumeración exhaustiva. La evitación es el motivo por el que hacemos algo, no lo que hacemos, así que habrá personas para quienes esta lista no refleje su forma de reaccionar.

¿Cuándo reaccionar no es evitación?

Es importante subrayar que a veces reaccionar no es evitación. Ser asertivo, defenderte contra una agresión y decir lo que piensas (con respeto) en una conversación acalorada son ejemplos que se me ocurren de situaciones en que puedes comportarte justificadamente de forma reactiva. Dado que el por qué es la autopreservación frente a un conflicto legítimo, no se trata de una amenaza percibida, sino de una real.

Todo se reduce a esto

A lo largo de los ejemplos de este capítulo, la evitación reactiva ha tomado la forma de productividad, comparación y confrontación. Aunque las conductas de cada individuo en este capítulo parecen no tener nada que ver, existe una función común de la reacción: hacerte sentir mejor temporalmente haciendo algo

Reaccionar

Una respuesta común a la incomodidad es la evitación reactiva, donde actuamos para eliminar cualquier cosa que nuestro cerebro perciba como una amenaza potencial.

He aquí algunos ejemplos de posibles formas de reaccionar:

- Levantar la voz o gritar.

- Empujar o agarrar a alguien.

- Interrumpir o responder rápidamente.

- Confrontar a alguien de forma agresiva por un problema o preocupación.

- Mirar con furia a la gente.

- Convertir una conversación en una pelea.

- Responder rápidamente a un correo.

- Trabajar u ocuparte demasiado.

- Dejar tu trabajo sin pensar.

- Organizar reuniones extra para comentar problemas.

- Organizar demasiadas actividades.

- Entregar trabajo sin releerlo.

- Realizar pequeñas tareas alternativas (léase, procrastinación productiva).

- Bloquear a gente en redes sociales.

- Escalar un conflicto a autoridades superiores en lugar de probar con enfoques menos extremos.

para reducir una emoción fuerte. Si estás atascado o atascada en la evitación reactiva, como a menudo lo estoy yo, sabrás que, en cuanto termina la explosión, te toca arreglar tu desastre... y es un sentimiento horrible. Antes de encontrar una solución, tenemos que entender los motivos detrás de esta clase de evitación.

Capítulo siete

La ciencia tras tu temperamento explosivo

¡Superhéroes! Rebosantes de increíbles poderes, pueden hacer lo que sea, incluso enganchar a mi hijo de cinco años a la televisión durante periodos médicamente peligrosos. A Diego le gustan tanto los superhéroes que exige que nos inventemos un cuento sobre ellos cada noche a la hora de acostarse. He llegado a un punto en que me siento como una pasante no remunerada de Marvel. Sin embargo, si hay un superhéroe que se haya ganado el amor de mi hijo por encima de cualquier otro, es Spiderman. A Diego le fascina la idea de que pueda trepar por edificios y disparar redes desde sus muñecas y, cuando le permitimos ver media hora de *Spidey*, se queda totalmente absorto. De costumbre, disfruta de su tiempo permitido, le avisamos cuando está a punto de terminarse y es capaz de pasar al siguiente punto de su rutina: ir al baño, lavarse las manos y venir a cenar. Pero, cuando está cansado, David y yo nos preparamos, porque tratar de apagar la televisión raramente termina bien. Ayer, por ejemplo, cuando se agotó su tiempo de *Spidey*, Diego se tiró al suelo exigiendo ver más, como un dictador en miniatura de una rica, pero desconocida, nación soberana. Mientras lo observaba en pleno berrinche, me pareció evidente que sentía que su mundo se acababa y que la única forma de comunicar este apocalipsis era aullando lo más alto posible. Era como si tratara de decir: «¡Maldita sea, mujer! ¡¿No entiendes lo que esto significa?! ¡Si no puedo ver más *Spidey* AHORA MISMO, estoy acabado! ¡*Kaput*! ¡Arruinado!».

Estos arrebatos le parecen totalmente ilógicos a cualquier padre —incluso a mí— y, por mucho que tratemos de razonar con un niño, no es tan sencillo. Los niños pequeños no pueden regular del todo sus emociones porque el cerebro humano no termina de desarrollarse hasta casi los treinta[1]. Naturalmente, lo primero en desarrollarse son las partes de nuestro cerebro esenciales para la supervivencia, así que los niños como Diego están listos para huir del peligro, pero son incapaces de gestionar nada más sutil que un tigre de dientes de sable, como puede ser apagar la televisión[2]. Una estructura esencial en este cerebro de supervivencia es nuestra vieja amiga la amígdala, el centro emocional del cerebro que, como hemos aprendido, cumple un importante rol a la hora de detectar y responder ante amenazas. Como es más importante ser capaz de percibir y reaccionar ante amenazas que realizar cálculos complejos o comunicar pensamientos poéticos, la parte pensante de nuestro cerebro (la corteza prefrontal) se desarrolla más tarde. Así que, cuando Diego se tira a gritar en la alfombra para rogarle a un universo indiferente, su cerebro está en modo emocional y es imposible razonar con él (al menos hasta que su histerismo lo agota).

Hasta que el cerebro pensante termina de desarrollarse y se conecta con su parte emocional, es muy difícil gestionar las emociones fuertes. Por eso, muchos adolescentes y jóvenes adultos toman decisiones imprudentes y actúan de forma impulsiva: su sistema de frenado interior todavía no está desarrollado. Incluso unos pocos años pueden marcar una enorme diferencia, pues los jóvenes adultos de entre dieciocho y veintiuno años tienen más dificultades para realizar tareas cognitivas mientras experimentan emociones fuertes que los de entre veintidós y veinticinco años[3]. Ya es bastante malo que las emociones estén al volante, pero, si tenemos en cuenta su cerebro en vías de desarrollo, ¡es como si también les hubieran cortado los frenos! No obstante, el tiempo es el único ingrediente necesario para desarrollar el cerebro pensante, cosa que no ocurre con nuestro sistema de frenado, que necesita que aprendamos a regular nuestras emociones.

Regulación emocional

En algún punto, la mayoría de nosotros viviremos momentos en que nuestras emociones tomarán el control, aunque esto se vea distinto para cada uno. Cuando nuestras emociones están al mando, es casi imposible actuar con tranquila y fría lógica. Esta capacidad de recuperar el control y pasar de un estado emocional a uno racional es lo que investigadores y terapeutas llaman *regulación emocional*[4].

Pueden aprenderse técnicas de regulación emocional en cualquier momento de la vida, incluida la infancia. De niños, nuestros cerebros se desarrollan deprisa y aprendemos constantemente cómo responder a nuestras emociones. La forma en que nuestros cuidadores nos tratan y gestionan sus propias emociones, además del clima emocional de nuestro entorno, tienen un rol a la hora de determinar si aprendemos o no a regular nuestras emociones[5]. En un mundo utópico, tendríamos «padres perfectos» y un «hogar perfecto» donde estos nos enseñarían a identificar qué estamos sintiendo y nos ayudarían a navegar nuestros altibajos emocionales con delicadeza, atención y consciencia plena. En este mundo ideal, todos aprenderíamos que las emociones fuertes son naturales y que existe un amplio y complejo abanico de sentimientos que va de la alegría a la tristeza, pasando por todos los matices que los separan. También aprenderíamos que las emociones en sí mismas, incluso las fuertes, no son necesariamente malas. Si todos supiéramos esto, entenderíamos que no podemos huir de las emociones fuertes y que, de hecho, es mejor tenerlas cerca, en el asiento del copiloto, pero sin permitirles tomar el volante de nuestras vidas.

Sin embargo, los padres solo son personas haciendo lo mejor que pueden con las habilidades que tienen, o no, en un momento dado. No hay familia que pueda enseñarles a sus hijos a gestionar «perfectamente» las emociones fuertes. (Además, ¿cuán aburrida sería la vida sin niños pequeños gritando y sus adorables berrinches psicóticos?). Y, cuando no aprendemos esta habilidad, terminamos conociendo a la gemela malvada de la regulación emocional: la desregulación emocional. Esta ocurre cuando nuestras emociones se intensifican y no tenemos la capacidad de gestionar la situación.

Se ha vinculado la desregulación emocional a una toma de riesgos malsana, dificultades en las relaciones y efectos negativos sobre la salud física[6]. Un equipo de investigación que realizó un amplio estudio internacional con 12.461 participantes que habían sufrido un infarto de miocardio agudo (léase, un ataque al corazón) descubrió que el 14 % de los sujetos reportaba haber sentido enojo o estar emocionalmente disgustado una hora antes del inicio de los síntomas[7]. Tras realizar análisis suplementarios, el equipo concluyó que estar enojado o emocionalmente disgustado tiene una correlación con un incremento del riesgo de sufrir un ataque al corazón. Otros estudios han demostrado que la ira también está asociada con un incremento de las probabilidades de sufrir un ictus[8]. En otras palabras, cuando las emociones fuertes hacen explotar nuestra olla a presión interior, no solo pagamos un precio emocional, ¡sino quizá también uno físico!

Algunos nos hemos topado también con barreras adicionales que han dificultado todavía más nuestras posibilidades de aprender a gestionar nuestras emociones. El maltrato infantil es un ejemplo de una «doble herida» en la que un niño se enfrenta a un alto nivel de estresores que le provocan emociones intensas y, además, carece de un modelo de conducta adulto que le muestre cómo responder efectivamente a ellas. Un reciente análisis de treinta y seis estudios descubrió que los niños que sufren maltrato disponen de menos habilidades de regulación emocional y tienen más probabilidades de evitar en respuesta a factores de estrés en la edad adulta[9]. Cuando los investigadores trataron de entender los procesos cerebrales relacionados con el maltrato y la regulación emocional, descubrieron que los adolescentes que habían sufrido maltrato durante la infancia utilizaban más partes de la corteza prefrontal para regular sus emociones que los que no lo habían hecho[10]. En otras palabras, activar el cerebro pensante para regular las emociones requiere de un esfuerzo mucho mayor para los niños que han sufrido maltrato. Puedes compararlo con correr 15 kilómetros: un corredor de maratón terminará la carrera con más facilidad (y con menos esfuerzo) que alguien que solo corre para no perder el autobús.

Otra barrera común para el desarrollo de las habilidades de regulación emocional es el haber sufrido lo que los investigadores llaman *experiencias adversas de la infancia* (EAI). Las EAI son eventos que ocurren entre el nacimiento y los diecisiete años, y que son potencialmente traumáticos, como la violencia doméstica, el maltrato físico o emocional, y vivir con personas con problemas de abuso de sustancias o de salud mental[11]. Según los Centros para el Control y la Prevención de Enfermedades, aproximadamente el 61 % de los adultos ha experimentado al menos una EAI y el 16 % ha sufrido más de cuatro[12]. Se ha vinculado las EAI a enfermedades crónicas, trastornos de salud mental y al consumo de sustancias durante la adolescencia y la edad adulta[13]. Por ejemplo, hay estudios que demuestran que las personas que han sufrido cuatro EAI o más tienen diez veces más probabilidades de consumir drogas ilícitas[14], cuatro veces más de sufrir depresión y treinta veces más de cometer un intento de suicidio[15].

Como estás aprendiendo sobre la naturaleza maleable del cerebro, quizá no te sorprenda que un reciente análisis de literatura científica demostró que las EAI también afectan al desarrollo cerebral[16]. El análisis resume estudios que demuestran que las EAI están ligadas a la hiperactividad y la hipertrofia (una forma elaborada de decir «crecimiento») de la amígdala. Esto tiene lógica, pues es de esperar que alguien que haya sufrido EAI también haya pasado más tiempo en modo de lucha, huida o parálisis —más tiempo con la amígdala al mando— que una persona que no ha estado constantemente enfrentándose a amenazas. Si la amígdala está al mando muy a menudo, se volverá más grande y fuerte. Y, mientras la amígdala crece, la corteza prefrontal queda al margen. Los descubrimientos neurocientíficos de este análisis muestran que las personas que han pasado por EAI tienen cortezas prefrontales menos desarrolladas que quienes no lo han hecho. Sé que esto ha sido mucha ciencia, pero puede resumirse así: quienes han sufrido experiencias adversas durante la infancia y la adolescencia tienen cerebros desarrollados para reaccionar, lo que, a su vez, limita su capacidad de regular emociones fuertes.

Arrebatos para evitar sentir

Aunque el maltrato y las EAI son casos extremos de cómo nuestras experiencias durante la infancia pueden afectar a nuestra regulación emocional, hay quienes simplemente nunca terminan de aprender a regular sus emociones por diversas razones menos evidentes. Pensemos, por ejemplo, en Oliver el Explosivo y consideremos su tendencia a, hablando en términos científicos, irse a la mierda. Oliver me contó que se había criado en una familia militar y que él mismo había pasado un tiempo en el ejército. Afirmó que su crianza y su instrucción habían instilado en él la creencia de que todas las situaciones estaban o «bien» o «mal», incluidas la forma de comportarse, vestir y dirigirse a los mayores. Así, existía siempre un estricto código de conducta que indicaba que uno debía hacer las cosas de cierta manera o sufrir las consecuencias. Esta es una actitud sana para una misión militar, pero deja poco espacio para la flexibilidad emocional de los civiles en el mundo real. En su corporativo cargo actual como supervisor, Oliver también quería que todo encajase en categorías y, cuando no lo hacía, explotaba.

Es importante señalar que no todo el mundo criado así reacciona de la misma manera, pero los datos sugieren que tres de cada diez militares demuestran conductas agresivas[17]. Tampoco es ninguna sorpresa que esta clase de respuesta explosiva no se limite a individuos con antecedentes militares. También es común en personas que han estado expuestas a otras situaciones de alto estrés, como agentes de policía, médicos de primera línea y bomberos, además de —más sorprendentemente— educadores e incluso profesionales de la gastronomía. Si se te ocurre un oficio que implique situaciones contextualmente estresantes sin margen de error, es probable que los profesionales de esa industria también experimenten esta clase de respuesta explosiva como forma de evitación[18]. Por ejemplo, un estudio realizado en Australia descubrió que los chefs profesionales son más agresivos que la población general[19]. (¡Recuerda esto la próxima vez que te plantees devolver el plato a la cocina en un restaurante!). Incluso el estrés que ocurre fuera del trabajo y pasada la infancia puede desembocar en un incremento de la ira, la agresión y la impulsividad[20]. Independientemente de la fuente de estrés, los arrebatos ocurren cuando las emociones están al volante, la amígdala toma el control y el cerebro pensante está desaparecido en combate. Igual que hemos aprendido sobre el miedo y la ansiedad, la agresión aparece cuando la corteza prefrontal no está regulando la respuesta de la amígdala[21].

Vale la pena recordar que nuestra amígdala no solo se excede cuando siente un determinado nivel objetivo de amenaza. Este mecanismo es altamente subjetivo y, siempre y cuando exista una amenaza percibida, activaremos nuestra reacción de lucha, huida o parálisis. De esta forma, la alarma de incendios de una persona no es más que un miércoles cualquiera para otra.

Teniendo esto en cuenta, regresemos a Oliver y a sus arrebatos de ira. Una de las cosas más importantes que descubrimos es que nunca aprendió a regular sus emociones cuando se ponían al volante, así que lo sacaban de la carretera.

De niño, los padres de Oliver le enseñaron sin querer que las emociones fuertes no son buenas y que debía contenerlas. De hecho, las únicas emociones fuertes que veía Oliver en casa eran los arrebatos de ira de su padre —los mismos que estaba teniendo él ahora—, de forma que aprendió que la única forma de mostrar que estaba disgustado o molesto o frustrado era a través de la ira desmedida. Oliver carecía de la capacidad de regular sus emociones, así que no contaba con un rango de expresión entre sus recursos. ¡Pasaba de estar perfectamente a DEFCON 1 en cuestión de segundos! Cuando algo lo frustraba, fuera un 1 o un 10, Oliver empezaba a sentirse tenso y su pulso se aceleraba. Esta ira por no saber cómo articular la frustración provocaba en él la aparición de emociones difíciles, como un niño que todavía no puede hablar con frases completas. Al no saber qué más hacer, Oliver evitaba estas emociones por medio de la reacción y gritando.

Las situaciones estresantes no siempre conducen a la ira

No, no todo el mundo utiliza la ira como forma de evitar emociones fuertes o situaciones estresantes. Algunos reaccionamos de formas más moderadas cuando nuestra incomodidad sube a naranja en lugar de a rojo. Un estudio ha demostrado algo interesante: que es más probable que reaccionemos cuando sentimos una amenaza próxima (por ejemplo, un conductor imprudente a punto de atropellarte a ti o a tu familia en un paso de peatones) y que terminamos aferrándonos al recuerdo de esa amenaza[22]. De esta forma, la próxima vez que cruces la calle con tu familia, estarás en alerta roja. Incluso si reaccionar no es tu clase de evitación, si aparece una amenaza hacia algo o alguien cercano a ti, puedes tener un momento «mamá osa» en que reacciones para evitar el peligro.

Nada es lo que parece en lo que respecta a la evitación reactiva. Muchos otros factores pueden influir en nuestro deseo de contraatacar. Vale la pena mencionar aquí dos de estos motivos: la necesidad de pertenencia y el apego.

La necesidad de pertenencia

Todos tenemos la necesidad evolutiva de pertenecer a un grupo o «tribu»[23] —sea en la escuela, en el trabajo, en un equipo o a través de las redes sociales—, pero algunos sienten esta ansia con más fuerza que otros. Pertenecer a un grupo nos da seguridad[24], un sentido de propósito[25] e incluso la capacidad de autorregularnos[26]. Ser excluido de un grupo es una amenaza real para nuestro bienestar. Las personas que han sido marginadas por un grupo sufren de una peor gestión del tiempo y de productividad laboral inferior, de un ritmo cardiaco elevado y de un menor autocontrol en lo que respecta a cosas como comer por ansiedad[27]. Así que, cuando perdemos nuestro sentido de pertenencia, se activa nuestra reacción de lucha, huida o parálisis, lo que explica por qué la gente de la época moderna hace malabares con tal de mantener una buena relación con su grupo.

Dado que nuestra necesidad de pertenencia está tan biológicamente programada como nuestra reacción de lucha, huida o parálisis, cuando se ve amenazada, a menudo sentimos que debemos hacer algo y, a veces, ese algo es evitación reactiva. Y debo confesar que en eso soy la reina. Llegada a este punto de mi vida, soy muy consciente de que le tengo un especial temor a ser marginada debido a mi miedo infantil a no ser suficiente.

Cuando siento que quizá no encajo o que, de alguna forma, soy «menos que», me siento amenazada y me apresuro a actuar. Y, oye, ¡me siento mejor de inmediato! Hasta que dejo de hacerlo. Por ejemplo, hace unos diez años, mi mayor meta era terminar siendo directora de investigación en el legendario (desde mi punto de vista) Hospital General de Massachussets. Para quienes no pertenezcan a la academia (léase, *nerds*), esto sería el equivalente a ser una estrella del *rock* y haber llegado a la cima. Así que me emocioné cuando descubrí que se había abierto una vacante de directora asociada en el centro donde trabajaba. Por aquel entonces, era la persona más sénior del equipo, así que asumí que me darían el puesto sin hacer preguntas. No obstante, cuando me reuní con la nueva directora para comentar el asunto, me dijo que solo estaban considerando a «personas con titulación médica». Me quedé destrozada. Aunque tuviera un doctorado, ¡ni siquiera iban a tenerme en cuenta! En aquel momento, no solo vi mis sueños escurrirse entre mis dedos, sino que sentí que no encajaba (en esta institución, en esta profesión, en aquel equipo). Mis pensamientos entraron en bucle: *¡Nunca dirigiré un laboratorio de investigación si no soy doctora en medicina! ¡No encajo y nunca lo haré!*

Aunque podría haber gestionado la situación de mil maneras distintas —incluyendo valorar mis opciones con mis superiores—, opté por evitar. Y lo hice de una forma tremendamente reactiva. Literalmente minutos después de esa breve interacción con la directora del laboratorio, corrí de vuelta a mi despacho y decidí que me postularía a otro trabajo y dejaría aquel puesto. Si no iba a ser nunca una líder y encajar en Mass. General, lo mejor sería irme a otra parte. Y deprisa. Aunque desde tu perspectiva esto pueda parecer algo impulsivo, en aquel momento no lo vi como una conducta evitativa en absoluto. De hecho, ¡creí que estaba siendo superproactiva! El asunto me pareció bastante lógico.

Así que empecé a buscar vacantes en psicología de inmediato, redacté cartas de presentación e incluso llegué a pedirle a unos cuantos colegas de confianza que me escribieran cartas de recomendación. Mientras estuviera haciendo algo, me sentía medianamente mejor (¡la evitación es poderosa!). Sin embargo, tras un fin de semana preparándome para postularme a una docena de puestos académicos por todo el país, seguía sin sentirme bien del todo.

En ese punto, David me llamó la atención. Me preguntó con delicadeza por qué estaba tan disgustada con mi jefa. Hasta que empecé a explicarle la situación, no me di cuenta de que me sentía amenazada, como si no encajara en absoluto ahí debido a mis estudios (o a mi falta de ellos). David me preguntó si de verdad pretendía mudarme a otra ciudad o si existía alguna otra forma de abordar el problema. Al discutir las cosas racionalmente (¡Hola, corteza prefrontal!), me di cuenta de que volvía a estar en modo evitativo. Había reaccionado al comentario de «solo médicos» preparándome para postularme a trabajos que ni siquiera quería. Aunque los preparativos me habían ayudado a sentirme mejor, el alivio solo había sido momentáneo. Y este no estaba libre de consecuencias pues, al igual que una olla a presión cuya tapa ha explotado, dejando un enorme desastre a su paso, me vi obligada a explicarles a mis colegas que al final no pretendía irme del hospital. (¡Qué vergüenza!). Como verás, no es fácil luchar contra la evitación, ni siquiera para «sofisticados académicos» como yo (está bien, ¡solo soy sofisticada por mis hermosas gafas rojas!). Pero, créeme, es posible. Y te ayudaré a trazar una hoja de ruta en el próximo capítulo. Pero, antes, consideremos otro motivo por el que podemos quedarnos atascados en la evitación reactiva: el apego ansioso. Para ello, deja que te hable un poco más de mi paciente Filomena.

¡Oh, no! ¡No te vayas! Apego ansioso

En el caso de Filomena, su evitación reactiva se explica de una forma algo distinta. No reaccionaba desde la ira o desde sentir que no encajaba. En cambio, lo hacía como respuesta directa a su mayor miedo: el abandono. Quizá recuerdes que Filomena fue adoptada de niña y, como muchas personas en su situación, sufría inseguridad y ansiedad en sus relaciones[28]. La única situación en que se sentía segura en su relación con Ted era cuando estaba físicamente junto a él. Si no, la embargaba una ansiedad omnipresente, lo que la hacía sentir insegura y la llevaba a escribirle una y otra vez para sentirse cerca suyo, aunque fuera por un momento. ¿Alguna vez has estado en una relación donde tú o tu ser querido se hayan sentido así? ¿Donde la seguridad proviniera solo de la proximidad física? Quizá no sentían la necesidad de escribirse constantemente, pero en cambio buscaban alivio con preguntas como:

«¿Me amas?»

«¿Estamos bien?»

«¿Estás enojado conmigo?».

Esto también le ocurría a Filomena y, como era incapaz de tolerar la incomodidad resultante, buscaba que Ted le ofreciera alivio reiterando que la relación estaba bien. La *búsqueda de alivio* es el término que utilizan los psicólogos para describir el patrón en que quedan atascados quienes hacen preguntas para obtener validación. La búsqueda de alivio es una forma moderada de evitar emociones y la gente a menudo no la identifica porque se manifiesta con sutileza[29]. Cada vez que Filomena le preguntaba a Ted acerca del amor que sentía por ella y él le aseguraba que la quería, se sentía mejor.

Sin embargo, el dulce alivio no era la única motivación en juego. La conducta de Filomena también se veía afectada por la forma en que había aprendido a relacionarse (o «apegarse») a la gente[30]. Esta noción se ha vuelto bastante popular durante los últimos años y es probable que mucha gente haya oído hablar de los cuatro tipos de apego: ansioso, evitativo, desorganizado y seguro. En la teoría de los apegos, la insistencia de Filomena por recibir una respuesta es descrita como una *conducta de protesta*. La conducta de protesta es cualquier acción realizada para reconectar con una pareja o llamar su atención[31]. Tiendo a pensar en esta clase de conducta como una forma de evitación reactiva porque todos los pacientes que he tenido en una situación similar a la de Filomena describen este deseo en términos que se sienten visceralmente urgentes. Es casi como el equivalente psicológico a «quien no llora no mama», aunque en lugar de leche, reciben una pequeña dosis de alivio emocional. Reaccionan por medio de la protesta y esto les alivia momentáneamente la ansiedad, pero, como verás en el caso de Filomena, a ella también le provocaba una cantidad significativa de conflicto en su relación romántica.

Y nuestra amiga Filomena no está sola: los resultados de 132 estudios sugieren que las personas con un tipo de apego inseguro, como Filomena, a menudo sienten menos satisfacción en sus relaciones[32]. ¿Has sentido un ansia similar en las tuyas? ¿Quizá un deseo urgente de reafirmar en busca de alivio tu conexión con tu pareja? Quizá no le envíes ráfagas de mensajes, sino que la ignores o le niegues la palabra. Quizá trates de poner celosos a padres o amigos.

Como su terapeuta, entendía el punto de vista de Filomena, pero, como persona, empatizaba profundamente con ella porque yo también fui una niña muy ansiosa. Recuerdo tener doce años y suplicarle a mi mamá un día que me dejara quedarme en casa en lugar de ir a la escuela porque estaba convencida de que, si salía, regresaría horas más tarde solo para descubrir que me había abandonado. Estas experiencias difíciles nos forman y, a veces, depende de nuestros yoes adultos el abrir un nuevo camino. Es fácil considerar que esas situaciones son injustas, y quizá lo son, pero es más útil verlas como oportunidades de romper con hábitos obsoletos para construir un modo de ser más sano, para volvernos audaces. Y esto es precisamente lo que aprenderemos a hacer en el próximo capítulo.

Aprender a cualquier edad

La buena noticia para todos nosotros es que podemos seguir fortaleciendo nuestras habilidades de regulación emocional durante toda la vida. Ahora sabemos que el cerebro nunca deja de cambiar[33] y que nunca es tarde para aprender regulación emocional. Las investigaciones han demostrado que no hay diferencia entre jóvenes adultos y personas mayores en lo que a su potencial para aprender a regular sus emociones se refiere[34]. Así que, para los veteranos que lean esto, no es demasiado tarde para aprender trucos nuevos. Tampoco es tarde para quienes hayan sufrido experiencias adversas de la infancia (EAI) o hayan estado viviendo en modo evitativo. Todos tenemos una línea de salida distinta y hay personas a quienes les costará más que a otras, pero cualquiera puede aprender a regular mejor sus emociones. Puedes compararlo con ponerte en forma: quizá cueste más parecer atleta a los cincuenta que a los veinte, pero con el entrenamiento y la dedicación adecuados, nunca es tarde para convertirse en Cuadzilla. Además, mis propias investigaciones han demostrado que es posible desarrollar regulación emocional incluso en las situaciones más difíciles.

Entre 2014 y 2019, nuestro equipo en el Hospital General de Massachusetts (el PRIDE) estuvo trabajando con una organización comunitaria llamada Roca, Inc. Roca fue fundada para ayudar a hombres jóvenes con un alto riesgo de reincidencia criminal y desempleo que no habían podido o querido participar en ningún otro programa. En Roca tenían una excelente comprensión del tipo de persona al que servían. Sabían que los hombres jóvenes de alto riesgo con los que trabajaban necesitaban habilidades de regulación emocional, pero les estaba costando encontrar métodos científicamente probados que pudieran implementar en las calles. Por eso, Roca se asoció con nosotros para cocrear un currículo basado en habilidades de regulación emocional que pudieran aplicar los trabajadores sociales[35].

Durante los cinco años que duró nuestra colaboración, pusimos a prueba y refinamos constantemente el currículo para ajustarlo a las necesidades de Roca y de las personas a las que servía, que eran principalmente hombres jóvenes involucrados con el sistema de justicia criminal[36]. Juntos, creamos un producto final apreciado, factible y efectivo. La evaluación de 980 hombres jóvenes que recibieron servicios de Roca entre 2014 y 2017 reveló que quienes habían tenido al menos una experiencia aprendiendo o aplicando habilidades de regulación emocional tenían un 66 % menos de riesgo de abandonar el programa y un 65 % más de probabilidades de encontrar un trabajo que aquellos que no habían aplicado ninguna de estas habilidades[37]. Permíteme contextualizar esto: cada día que pasa un joven de Roca en el programa es un día que no pasa en la calle ni de vuelta en prisión. Como te imaginarás, estos datos nos entusiasmaron, pero nos motivaron igualmente las historias transformativas que los jóvenes compartieron con nosotros. Uno nos contó:

[Estas habilidades] me han enseñado cómo canalizar mi enojo... [y] concentrarme en mis respuestas, porque normalmente soy muy impulsivo... Siempre... me encuentro en situaciones en que, por decirlo de alguna forma, tengo que pisar el freno y tomar el control de mis pensamientos y acciones... y también de mis emociones.

Y los jóvenes no fueron los únicos en darnos sus testimonios. Los trabajadores sociales de la organización también atestiguan cómo desarrollar habilidades de regulación emocional puede cambiar una vida:

Hoy... mi participante, que tiene increíbles problemas de ira, que destruye propiedad privada y cosas por el estilo...

tuvo una pelea con una chica. Ella lo echó de casa y él se quedó ahí afuera. Me llamó y me dijo: «Estoy surfeando la ola, estoy surfeando la ola» [Una expresión ligada a una habilidad de regulación emocional]. Y se marchó. Por supuesto, todavía [tendrá] muchos problemas emocionales con eso, pero no realizó ninguna acción física. No destrozó nada en su casa, no rompió ninguna ventana... Nunca pensé que lograría que dejara de hacer eso. Así que para mí esto es como: «Muy bien, sí, esto está funcionando».

Como verás, incluso los jóvenes que han estado en la cárcel y que se han enfrentado a una buena dosis de adversidad pueden adquirir las habilidades necesarias para pisar el freno cuando sus emociones tratan de tomar el control. A la postre, las técnicas que compartimos con Roca se basan en la misma ciencia que las técnicas que te enseño en estas páginas.

Si te pareces a mí y reaccionas para evitar —sea escribiéndole a alguien sin pensar o publicando en las redes sociales por reflejo— es imprescindible que entiendas que solo hacemos esto para sentirnos mejor. En esos momentos, nuestras emociones están al volante y manejan desbocadas en un intento de evitar sentir incomodidad. Como hemos visto en este capítulo, el estilo de manejo y sus motivos varían mucho, pero reaccionar como evitación es su denominador común. Ahora que entendemos la ciencia, aprendamos a pisar el freno y activar el cerebro pensante. El truco para combatir la evitación reactiva es afrontar, pero de una forma científicamente probada. Al fin y al cabo, la audacia no surge de «hacer las cosas sin pensar» más que aprender a tocar el piano de «limitarse a golpear las teclas aleatoriamente con los codos». Es una técnica que debemos desarrollar. Y eso haremos ahora.

Capítulo ocho

Una decisión que cambia el juego

Un conductor se te cruza en la autopista a una velocidad peligrosa. Un comentador anónimo te insulta en internet. Tu hijo le prende fuego sin querer al sofá. Te pasas una hora recorriendo todas las extensiones del departamento de Atención al Cliente de tu compañía telefónica solo para que terminen colgándote. Si algo tienen en común todas estas situaciones, es que es probable que provoquen cierta dosis de ira en el ser humano promedio. Lo que ocurra después dependerá principalmente de la capacidad de dicho ser humano de regular sus emociones. Como aprendiste al final del capítulo anterior, la regulación emocional es una habilidad que cualquiera —desde tu bibliotecario local hasta una piloto de cazas— puede aprender. De hecho, ya has aprendido una técnica que puede servir para regular tus emociones: rectificar.

Rectificar transforma tus emociones al modificar tu discurso interior durante los momentos difíciles. Es la capacidad de tomar una nueva perspectiva, como considerar qué diría un amigo, para superar los desafíos. No obstante, existe otra forma de regular las emociones, especialmente las fogosas y reactivas en las que nos hemos estado centrando. Para aprenderla, nos basaremos en uno de los principios de la terapia cognitivo-conductual[1] (TCC) y de la terapia dialéctico-conductual (TDC)[2], la pareja más sexy y poderosa de la ciencia.

La técnica es bastante contraintuitiva: afrontamos los sentimientos difíciles en lugar de evitarlos, haciendo lo contrario de lo que nos pidan nuestras emociones. A esta técnica se le conoce como *acción opuesta*. Cuando alcances cierto nivel de maestría en esta técnica, serás capaz de mantener la compostura en situaciones difíciles o estresantes, y de dejar de reaccionar de formas perjudiciales. Solo hará falta un poco de práctica.

Superar la evitación reactiva descubriendo tus detonantes

Uno de mis juegos favoritos (además de «las galletas son vitaminas») es imaginarme las emociones difíciles como botoncitos por todo mi cuerpo; como los de una mesa de mezclas de DJ, con luces de varios colores. Los hay azules, verdes, amarillos, naranjas y rojos.

Los botones azules son situaciones que experimentamos con niveles bajos de emoción, cuando nuestros cerebros pensantes están conectados y activos. Si una situación pulsa uno de mis

Botones emocionales

Cuando se pulsan los botones rojos, perdemos la capacidad de pensar críticamente, lo que a menudo nos hace reaccionar. Lo que detona un botón rojo o uno verde es único para cada persona. He aquí unos cuantos ejemplos comunes que detonan distintos botones. Pero ten en cuenta que esto es único en ti, así que asegúrate de pensar con ejemplos propios.

Azul	Verde	Amarillo	Naranja	Rojo
«Estoy tranquilo, relajado y compuesto».	«Eso no ha sido ideal, pero estoy bien».	«Esto es duro, pero puedo lidiar con ello».	«Me estoy encendiendo».	«Estoy a punto de explotar».
Pasar tiempo con amigos.	Hacer trabajo doméstico.	Hablar con un amigo que está disgustado contigo.	Dar una conferencia.	Que tu hijo te falte el respeto.
Leer o ver la televisión.	Esperar en una fila.	Visitar a un familiar con un carácter complicado.	Que no te concedan un ascenso.	Que te despidan del trabajo.

botones verdes, quizá tenga una sensación pasajera, como una sonrisa irónica o un destello de exasperación, pero casi nunca haré nada. En cuanto algo pulsa mis botones amarillos, empiezo a sentirme bastante incómoda. Los botones naranjas pueden arrancarme un comentario y quizá incluso levante la voz, pero sigue siendo poco probable que me lance de cabeza a la evitación reactiva. Pero, si pulsas un botón rojo, ¡tenemos un problema! Imagínate a un niño pequeño pisoteando un botón rojo repetidamente: tus emociones se prenden (la música es atronadora) y saltan las alarmas en tu cuerpo. Así que necesitas actuar (¿o debería decir «reaccionar»?) para sacar al niño de ahí y reducir tu temperatura emocional. Esto es la evitación reactiva en pocas palabras.

Pero cuando no sabes qué botones hacen qué en tu mesa de mezclas emocional, es difícil cambiar tu forma de actuar. Así que es importante que empieces identificando qué clase de situaciones pulsan tus botones verdes y cuáles los rojos. Al fin y al cabo, si no sabes qué botón provoca una respuesta negativa, no puedes solucionar el problema. Para descubrirlo, realiza un inventario de las situaciones que actúan como tus detonantes reactivos. La clase de situación de la que la gente dice coloquialmente que le «toca la fibra».

REFLEXIÓN

Identificar tus botones sensibles

El primer paso para aprender a afrontar es hacer una lista de las situaciones que tienden a detonar una evitación reactiva en ti. Esta reflexión está diseñada para ayudarte a ralentizar el proceso entre un evento detonante y tu respuesta. De esta forma, te sugiero que te centres solo en la última semana. Si eres capaz de localizar patrones reactivos en ese periodo, estarás mejor preparado o preparada para implementar una solución.

Situación
Describe una situación que haya pulsado uno de tus botones.

_____

_____

_____

Emociones
Nombra la emoción que sentiste durante la situación.

_____

_____

_____

Intensidad
Nombra la intensidad de tus emociones: azul, verde, amarilla, naranja o roja.

_____

_____

_____

Acciones actuales para gestionar las emociones
¿Qué haces cuando sientes esta emoción?

_____

_____

_____

¿Es esto evitación? (sí o no)

_____

_____

_____

Recuerda: para que una acción cuente como evitación reactiva, debes haberla realizado porque te sentías incómodo/a y la respuesta en sí misma fue diseñada para hacerte sentir mejor deprisa. También debes observar que esta reacción tiende a mantenerte atascado/a.

Los botones sensibles de Angad

Como recordarás, Angad a menudo se comparaba con otras personas, especialmente en redes sociales, y, cuando se sentía ansioso, asustado o temeroso, publicaba varias fotos para tratar de demostrarse a sí mismo (y a los demás) que era _cool_. Sin embargo, sus acciones eran puramente reactivas y nunca lo hacían sentir mejor de verdad, así que terminaba sintiéndose avergonzado y algo sucio. Para ayudar a Angad a entender su evitación reactiva, lo primero que hicimos fue trabajar en identificar sus propios botones sensibles.

Pero, antes de empezar, me hizo una importante pregunta que a menudo expresan mis pacientes: «¿Buscar mis botones sensibles no me hará sentir peor?». Al principio, cuando te detienes a escribirlos, puedes sentir un ligero incremento de la incomodidad, pero solo porque ya no estás evitando (recuerda, ¡la evitación es rápida!). Te animo a que trates de observar estas emociones en lugar de atascarte en ellas. Además, al plasmar tus botones sensibles sobre el papel, activas tu cerebro pensante, lo que significa que le quitas poder a tu cerebro emocional. Mientras escribes, puedes incluso experimentar la fantástica sensación de reducir tu temperatura emocional. Así que confía en que buscar es mil veces mejor que quedarte atascado o atascada en la evitación, y que, sin duda, abrirá un camino fuera de tu patrón de evitación reactiva.

Tras dos semanas de identificar sus botones sensibles, a Angad se le ocurrieron varias situaciones que le provocaban tanta incomodidad que lo conducían a la evitación reactiva para sentirse mejor, y que tenían asociado un coste negativo para él (ver tabla en la siguiente página). Además de las redes sociales, Angad descubrió que cualquier conversación en que un amigo hablara en detalle sobre sus logros activaba su cerebro emocional y le hacía querer reaccionar para calmarse. Durante esos episodios, se dio cuenta de que, o bien hacía algo impulsivo, como publicar en Instagram, o bien empezaba a alardear en la conversación, tratando de demostrar que su vida era lo bastante divertida e interesante para matar de envidia a cualquier ser humano en su sano juicio. Al principio, estas acciones pueden parecer inofensivas, pero, con el tiempo, Angad había empezado a sentir que debía mantener unas redes sociales «activas» o si no se vería asediado por sentimientos de insuficiencia.

Angad estaba atascado porque evitaba sus emociones. Cada vez que subía su temperatura emocional, hacía algo para luchar

Los botones sensibles de Angad

Situación	Emociones	Intensidad	Acción	Evitación
Un amigo hizo una publicación en Instagram sobre un viaje al que no fui.	Arrepentimiento	Amarillo	Publiqué fotos de mis viajes.	Sí
Estaba hablando con un amigo y me di cuenta de que no tenía nada interesante que decir.	Molestia Tristeza	Amarillo	Colgué una historia sobre mi viaje a España del año pasado.	Sí
Me percaté de que mi última publicación en Instagram no tenía muchos «me gusta».	Tristeza Vergüenza	Amarillo	Edité el pie de foto para hacer la publicación más interesante.	Sí
Perdí diez seguidores en Instagram.	Miedo	Rojo	Seguí a cien desconocidos para tratar de aumentar mis métricas.	Sí

contra la incomodidad. Pero no eran las acciones en sí mismas las que lo atascaban. Más bien, estaba atascado debido al motivo por el que realizaba esas acciones, que era evitar sus propias emociones. Si Angad lograba sentir sus emociones y no reaccionar tan deprisa cuando aparecieran, podría desarrollar una nueva relación con ellas.

Lecciones aprendidas

Como has visto con Angad, buscar conduce a encontrar y te otorga la capacidad de descubrir realmente dónde, cuándo y por qué toma el control la evitación reactiva. He aquí cómo terminó la historia para el resto de nuestros protagonistas.

Filomena se dio cuenta de que, siempre que percibía abandono en una situación, trataba de aferrarse a la relación como a un clavo ardiendo, cosa que ocurre cuando alguien tiene apego ansioso[3]. Que Ted no estuviera con ella amenazaba tanto su sensación de seguridad que la hacía disparar un interminable flujo de mensajes para reducir su temperatura emocional tan deprisa como fuera posible. Pero, más allá de Ted, también se comportaba así con su familia y sus amigos más cercanos. Filomena aprendió que, al aferrarse así a sus seres queridos, en realidad estaba formando peores relaciones.

Por último, Oliver descubrió que, siempre que se encontraba en una situación en que no se seguían las reglas (fueran sociales, personales o profesionales), sentía una intensa incomodidad que lo llevaba a explotar. Así que, cuando Martha, su compañera de trabajo, cometía un error, él se sentía ansioso. Para lidiar con su ansiedad, básicamente la maltrataba, obteniendo un alivio momentáneo seguido por unos sentimientos inmediatos de vergüenza y arrepentimiento que, a la postre, lo habían traído hasta mi consulta. Y no ocurría solo en el trabajo. Provocaba situaciones similares en casa. Oliver me contó que, cada vez que alguien de su familia rompía alguna regla no escrita, como cenar más tarde de lo previsto, se descubría levantando la voz (incluso a pesar de ser capaz de reconocer cuán insignificante es cenar media hora tarde). El altercado normalmente resultaba en que volvieran a cenar a la hora habitual, pero también hacía que Oliver se sintiera triste y detestable por haberle gritado a su esposa. Cosas como esta también le ocurrían con sus hijas, de ahí la broma-en-serio de regalarle cinta de embalaje. Su familia lo veía como el «padre temperamental» y todos se sentían como si tuvieran que andar con pies de plomo a su alrededor a riesgo de desencadenar otro arrebato. Quizá bromearan al respecto, pero el impacto que estas conductas tenían sobre la familia era inequívocamente dañino.

Como verás, el proceso de identificar botones sensibles permite a cada persona aprender algo sobre sí misma. La perspectiva adquirida a través de esta búsqueda no es solo un hito intelectual, sino también una importante motivación para cambiar nuestra conducta, pues, como reza el dicho: lo que no se mide, no se puede mejorar. Si alguna vez has llevado un reloj o una pulsera que te cuenta los pasos, ya conocerás este concepto. El mero hecho de saber cuánto (o cuán poco) te has movido puede llevarte a dar el paso (je, je). Y eso no es solo mi increíblemente perspicaz opinión. Un reciente análisis de varios estudios descubrió que los adultos que monitorizan sus propias conductas sedentarias se vuelven más activos[4]. También podemos utilizar la motivadora magia de la automonitorización para prepararnos para afrontar.

De buscar a afrontar

Cuando identificamos nuestros botones sensibles, básicamente hemos encontrado las minas que activan nuestras explosiones reactivas. Con este nuevo entendimiento de lo que nos perturba (y nos hace explotar), debemos aprender a regular estas emociones mediante la acción opuesta.

¿Qué es la acción opuesta? Se define como «actuar de forma opuesta a la acción que nos exige una emoción»[5]. En otras palabras, si la incomodidad nos provoca el impulso de evitar, la acción opuesta es cualquier cosa que hagamos para afrontar la incomodidad y activar nuestro cerebro pensante. La acción opuesta es una poderosa técnica de regulación emocional a menudo utilizada en la terapia dialéctico-conductual (TDC). La TDC fue creada por la doctora Marsha Linehan para ayudar a la gente a gestionar sus respuestas a emociones fuertes de forma productiva y para romper los patrones de conducta que nos atascan. Aunque la TDC fue desarrollada originalmente para individuos diagnosticados con trastorno límite de la personalidad, se ha demostrado que también puede tratar con éxito un amplio abanico de problemas, incluyendo trastornos alimenticios[6], ira y agresividad[7], y abuso de sustancias[8]. Además de abordar una miríada de problemas de regulación emocional, la TDC también funciona con una amplia gama de individuos, desde adolescentes[9] hasta personas mayores[10]. La TDC abarca muchas técnicas diferentes, pero nosotros nos centraremos específicamente en la acción opuesta.

Al efectuar una acción opuesta, estamos dando recursos a la corteza prefrontal para subregular nuestras emociones. En resumen, las emociones fuertes quieren controlar tu conducta y lo hacen a través de la evitación reactiva. En lugar de permitirles ponerse al volante, puedes moverte en dirección opuesta siempre que te enfrentes a tus detonantes. Para ello, debes elaborar un plan para afrontar la incomodidad. Al hacerlo, nuestro cerebro aprende que, sea lo que sea lo que estés experimentando, por muy doloroso que resulte, lo más probable es que sea una falsa alarma[11].

El propósito de la acción opuesta no es evitar las emociones fuertes. Este nunca será el objetivo, hablemos de la TDC o de la meditación. Los pensamientos y las emociones no son más que un subproducto de nuestra biología. Sin ellos, ser un ser humano funcional y experimentar todas las texturas de la vida sería bastante complicado. De hecho, las emociones, independientemente de cuáles sean o de cuán fuertes se sientan, tienen un propósito; pero, cuando controlan nuestras conductas y acciones, a menudo llevan a la evitación. Así, nuestro trabajo es volver a ponernos al volante. No tenemos el control de las emociones que sentimos, pero, siendo conscientes y utilizando la acción opuesta, tenemos voz y voto en cómo respondemos a ellas.

Pero ya lo intenté, doctora Luana

La ira de Oliver lo impulsaba a levantarle la voz a Martha (evitación reactiva). La acción opuesta sería cualquier cosa que sirviera para impedirle hacer eso. Por ejemplo, Oliver podría plantearse expresarle sus sentimientos a su subordinada (en lugar de atacarla). Cuando le describí la acción opuesta a Oliver, me hizo la misma pregunta que me plantean muchos de mis pacientes:

—¿Te crees que nunca he tratado de no gritarle a Martha?

La verdad es que casi todos han probado la «acción opuesta». ¡Y a mí tampoco me resulta extraña! Ya ni recuerdo cuántas veces he tratado de no reaccionar con uno de mis correos explosivos tras la llamada de atención de Susan. Así que, en ese sentido, Oliver no estaba equivocado. Estoy segura de que había tratado muchas veces de no gritarle a Martha. Pero lo que Oliver no entendía era que hay una diferencia entre luchar contra la evitación con el enfoque de «hacerlo sin pensar» —en el que te limitas a apretar los puños para tratar de alejarte de lo que tu emoción fuerte quiere que hagas— y de entrenar a tu cerebro de verdad para no efectuar una evitación reactiva a través de un plan de acción. La diferencia es que, con un plan de acción, estás actuando de forma consciente y metódica en lugar de por el instinto de tu reacción de lucha, huida o parálisis. Y, para adquirir esta técnica, no empiezas practicando *afrontar* en situaciones que pulsen tus botones rojos. Es necesario fortalecer poco a poco la capacidad de tu cerebro para actuar (en lugar de reaccionar).

Es como cuando por fin me uní a la moda y me compré una bicicleta Peloton. Aquel primer día, hice una clase de una hora extremadamente difícil porque, diablos, ¡iba a *afrontar* mi sedentarismo y perder los rollitos de pandemia! Acción opuesta a la falta de ejercicio = ¡Peloton! ¿Resultado? Me pasé los siguientes días casi sin poder andar y terminé evitando el Peloton como la peste. Por algún motivo, decidí que, tras dos años de cero ejercicio, era perfectamente capaz de saltar de inmediato a lo profundo, ¡pero mi enfoque de todo o nada no resultó! En mi caso, no era más que una limitación física, pero muchos de mis pacientes tratan de dejar de evitar su incomodidad excediendo sus limitaciones emocionales. Para prevenirlo, podemos apoyarnos en la ciencia para practicar la acción opuesta como una técnica en lugar de como un acto reflejo.

Preparando las primeras victorias

Aunque suene bastante sencillo, practicar la acción opuesta puede ser todo un desafío. Al fin y al cabo, estamos luchando contra nuestra biología misma. Como Oliver, es probable que alguna vez hayas tratado de aplicar sin éxito alguna versión de esta técnica. Así que decidir correctamente por dónde empezar es crucial para aprenderla. Para ello, te animo a identificar situaciones que pulsen botones sensibles donde podrías lograr primeras victorias fáciles. Básicamente, lo contrario a lo que hice en Peloton: ir con todo y terminar con lo opuesto a una rutina de ejercicios; evité esa maldita bicicleta por lo adolorida que me dejó. Así que, ¿qué sería una victoria fácil? Empezar poco a poco, ser regular e irte fortaleciendo.

¿Cómo se traduce esto a tu caso? NUNCA empieces practicando en situaciones ROJAS. Es fácil que nuestros cerebros tengan una reacción de lucha, huida o parálisis en situaciones de botón rojo y, si no tienes práctica, tu cerebro pensante no estará lo bastante activado para surfear la ola emocional. Escoger una situación naranja para practicar te preparará para un posible éxito, pero no olvides que esto es una técnica, así que tendrás que entrenar. Y, como en cualquier rutina de ejercicio, a veces la clavarás y, otras, te caerás de culo. El truco está en seguir intentándolo.

Practicando la acción opuesta

Angad y sus reacciones en redes sociales

Angad aceptó practicar la acción opuesta modificando sus hábitos en redes sociales. En primer lugar, se comprometió a pasar tan solo media hora al día en Instagram. Lo obligué a, literalmente, poner un cronómetro cada vez que abriera la aplicación. Cuando hubiesen pasado treinta minutos, se acabó. Después, cuando sentía el ansia de publicar algo, tenía que reprogramar su cerebro llamando a un amigo en su lugar. Intercambiar viejos hábitos por unos nuevos es una poderosa técnica para fomentar un cambio de conducta duradero. Por último, en lo que se refería a conversar con sus amigos sobre temas detonantes, su acción opuesta era escuchar y no contraatacar (reaccionar) contando anécdotas de sus éxitos o viajes pasados. Siempre que luchaba contra sus sentimientos de inseguridad tratando de superar a sus amigos, estaba permitiendo que sus emociones se pusieran al volante, así que nuestro objetivo era devolverle el control a su corteza prefrontal. Quedamos en que practicaría estos pasos primero solo con sus amigos más íntimos, quienes sabía que era menos probable que alardearan sobre sus vidas (y que no lo juzgarían si compartía sus problemas), antes de progresar a situaciones más complicadas. Si no podía tolerar una situación, el plan era inventarse una excusa y retirarse educadamente (una visita al baño) hasta haber recuperado la compostura.

—Un momento, ¿si abandono la situación no estoy evitando? —preguntó.

Y tenía razón. Pero, en ese contexto, lo estábamos usando intencionalmente como una pequeña herramienta de un arsenal más amplio para lograr un cambio positivo.

—Lo que no quiero que ocurra, Angad, es una situación donde tu temperatura emocional aumente tanto que no puedas seguir tu plan de acción opuesta. Así que a veces efectuaremos una pequeña evitación calculada para alcanzar un punto donde podamos librarnos totalmente de ella.

Tras varias semanas de practicar y no reaccionar, Angad

empezó a aprender a dominar su impulsividad en redes sociales. Un día, me contó emocionado que un amigo había colgado una fotografía suya en un viaje a Nueva York y, sin embargo, él no había publicado nada en respuesta. No fue fácil, y admitió haber preparado varias publicaciones, pero nunca llegó a publicarlas. ¿Cómo? ¡Porque siguió el plan! Además, había estado practicando la acción opuesta de forma inteligente. Me contó qué, siempre que sentía la necesidad de publicar algo por desesperación, en su lugar abría su carpeta de fotos y se dedicaba a editarlas y organizarlas sin colgar ninguna. Este proceso de revisar sus propias fotos sosegaba sus emociones y, para cuando terminaba con todos los álbumes, ya no sentía la necesidad de publicar nada. Por cierto, eso no fue idea mía. ¡Fue suya! Lo felicité por ello, pues le permitía liberar algo de la presión interna sin publicar nada reactivamente. He visto esto en muchos de mis pacientes: tras haber practicado la acción opuesta conmigo siguiendo el plan que hemos diseñado juntos, terminan creando el suyo propio que, a menudo, no solo es más efectivo, sino que los empodera. Son situaciones como esta las que me indican que mis pacientes están logrando un cambio real en sus vidas.

La acción opuesta de Filomena

Filomena había tratado con todas sus fuerzas de no mandar mensajes a Ted en sus picos de ansiedad por separación, pero, como sabrás, había fracasado. ¿Qué podía hacer entonces en su lugar? Pues bien, redactamos una lista de formas en que podía lidiar con la separación de otras personas sin buscar alivio. Empezamos por crear separaciones cortas y planeadas durante las cuales debía encontrar cosas que hacer que no involucraran a su celular. En los primeros intentos, Filomena y Ted organizaban momentos en los que él se veía con sus amigos por unas horas mientras ella se iba al gimnasio (acción opuesta... ¡sin el celular!). A medida que incrementamos el tiempo que pasaban separados, ella tuvo que empezar a concentrarse seriamente en tolerar su incomodidad planeando la acción opuesta de antemano. Y, cuando Ted y Filomena se reunían, pusimos como norma que ella no podía acribillarlo a preguntas sobre cada detalle de lo que hubiese hecho. Pero, como no queríamos crear nuevas formas de evitación en la relación, Ted aceptó contarle lo que quisiera y permitirle hacer preguntas, pero, en cuanto estas se convirtieran en una búsqueda de alivio en la relación, Ted se lo señalaría y daría por zanjada la conversación. Esta técnica funciona bien en parejas, pero solo si ambas aceptan participar. A menudo les digo a mis pacientes: «Te contestaré cualquier pregunta una sola vez, pero si empiezas a repetirla de formas distintas, lo más probable es que solo estés evitando y buscando alivio, y eso nunca ayuda». Así que le enseñé este truco a Filomena y a Ted, y ellos lograron implementarlo con éxito.

Por desgracia, para cuando empezamos a implementar el plan de acción opuesta de Filomena, su relación con Ted ya estaba muy desgastada y, poco después, él terminó con ella. Filomena me comentó que sentía que el daño a la relación ya estaba hecho y que, por mucho que lo intentara, Ted seguía sintiéndose receloso con ella. Al principio, quedó destrozada y lloraba a menudo en mi consulta, diciendo cosas como: «Si hubiera sabido todo esto antes, podría haber salvado la relación».

Hablamos mucho acerca de que nuestros cerebros siempre quieren darles sentido a las cosas y llegar a una conclusión u otra para minimizar las disonancias, así que era normal que quisiera echarse la culpa. Y no se equivocaba: le di la razón en que no conocer su patrón evitativo había complicado su relación. No obstante, a menudo les recuerdo a los pacientes que se encuentran en mitad de una crisis romántica que dos no se pelean si uno no quiere y, en este caso, era inevitable que Ted también hubiese tenido un rol en la ruptura.

Filomena siguió trabajado en la acción opuesta cuando aparecía su miedo al abandono, incluido con sus padres. Así, me alegré de recibir hace poco un correo suyo donde me contaba que ahora está felizmente casada y acaba de ser madre. Según me dijo, su vida amorosa siguió siendo complicada durante un tiempo, pero al final logró romper su patrón evitativo, ser verdaderamente feliz y (por fin) sentirse cómoda en una relación romántica.

El plan de acción opuesta de Oliver

En lo que respecta al irascible Oliver, la mayoría de sus reacciones eran detonadas por sentimientos de ira y pasaba en segundos de cero a cien antes de explotar. En lo que a la ira se refiere, la TDC enseña un plan claro de acción opuesta que implica unos cuantos métodos distintos. El más sencillo de estos es limitarte a evitar a la persona con la que estás enojado hasta que pase tu enojo. En otras palabras, en cuanto Oliver empezaba a enojarse con Martha por haber cometido un error en el trabajo, su acción opuesta consistía en alejarse de ella —en lugar de lastimarla inútilmente con un ataque verbal— hasta que su secuestro amigdalar hubiese terminado. A veces, esto es demasiado difícil para el paciente, así que, en su lugar, puede tomarse un tiempo muerto donde sustituya «ir a chillarle a alguien» por «dar una vuelta a la manzana». Sea lo que sea, recomiendo que tengas un plan antes de encontrarte al borde de una explosión de ira. Lo creas o no, es bastante difícil formular un plan racional cuando estás a punto de arrancarle la cabeza a alguien. También depende de cómo se sienta el paciente. En el caso de Oliver, esperar tan solo tres minutos para abordar el error de su subordinada podía sentirse como una eternidad, pero, en lo que se refería a la ira que sentía hacia su propia familia, esperar el triple parecía más sencillo.

Por último, la TDC también sugiere que tomes la acción opuesta más extrema, que, en este caso, consistiría en hacer el esfuerzo de ser amable o de tratar de entender a la persona con la que estás enojado/a. Cuando le sugerí esto, Oliver me miró como si tuviera tres cabezas.

—¿Me estás pidiendo que sea amable cuando estoy enojado?

—¡Sí!

—¿Cómo funciona eso? ¡Es imposible!

—Bien, pongamos como ejemplo a tu mujer. Sé que la quieres

mucho incluso cuando te enojas con ella, así que, ¿qué cosa amable podrías decir o hacer en esos momentos? —Oliver me miró,
escéptico—. Oliver, no te compliques. Solo te estoy pidiendo
que digas algo agradable sobre tu esposa.

—Bueno, para empezar, es una cocinera excelente.

—Muy bien. Entonces, por ejemplo, si estás enojado por estar
cenando más tarde que de costumbre, quizá en lugar de levantarle la voz y ponerte sarcástico, podrías decirle algo amable sobre su forma de cocinar.

—Pero ¿no sería eso hipócrita?

—No, si lo dices de corazón. ¿Qué te gusta de su comida?

Entonces, empezó a describirme con todo lujo de detalles los
increíbles platos que sabía preparar y, al hacerlo, se relajó. Se lo
señalé y le expliqué que, cuando practicamos nuevas conductas,
estas activan emociones diferentes. Cuando le sonreímos a alguien, o le elogiamos, nuestra fisiología cambia[12]. Cuando interactuamos con amabilidad, nos sentimos más felices[13]. Cuando
interactuamos por medio de actos violentos, nos sentimos ira-
cundos[14]. Cuando tomas en cuenta que la ira no es más que un
patrón de pensamientos que nos empujan a actuar con base en
ellos, no es difícil ver que, si observamos nuestra ira y le arre-
batamos el control a nuestras emociones, el enojo en sí mismo
dura poco. La única forma de permanecer enojados es pensar en
cuán enojados estamos y responder a ello con ira y una conducta
desproporcionada. No pasa nada por vivir de esta forma si así lo
deseas, pero dudo que nadie que tenga este libro entre las manos quiera ir por la vida a merced de la dirección que dicten sus

pensamientos y emociones. Una cosa es que un perro se ponga agresivo y le ladre a una ardilla o a otro perro, y otra muy distinta es que cualquiera de nosotros pierda años de su vida haciendo desgraciados a sus seres queridos.

Tras meses de implementar su plan de acción opuesta, en el que hizo un esfuerzo por elogiar a su esposa siempre que sentía ira en casa, Oliver estuvo listo para abordar su reactividad en el trabajo. Agarró la cinta de embalaje que le habían regalado sus hijas, tachó su mensaje original y, en su lugar, escribió «SÉ AMABLE» en mayúsculas. Colocó la cinta junto a la puerta de su despacho para tener que verla cada vez que saliera a la zona común de la oficina. Se le ocurrió esto tras unos cuantos incidentes en los que había ignorado su plan por completo y había reaccionado de forma impulsiva y desagradable contra su equipo. Oliver también practicó el empezar las conversaciones en la oficina con algo amable que pensara sobre su interlocutor, aunque estuviera enojado. Oliver por fin se había dado cuenta de que, cuando estaba en alerta roja, no podía ser amable, así que, en esos momentos, su acción opuesta empezaba por evitar a la persona durante un rato hasta que sus ánimos se hubieran sosegado. A la larga, yo intentaría ayudar a alguien como Oliver a reducir esos momentos de alerta roja, pero ir pasito a pasito es importante en lo que a problemas de control de la ira se refiere.

Aunque muchos de mis pacientes, como Oliver, me consideran la «policía de la evitación», con estas cosas no lo veo todo tan blanco o negro. En la práctica, a veces tenemos que darle tiempo a la amígdala para calmarse antes de recuperar el acceso a nuestros cerebros racionales. Así que, ¿qué hacía Oliver durante sus tiempos muertos? Practicaba otra técnica de regulación emocional que me encanta y a la que a menudo se la compara con un reinicio del sistema. Oliver aceptó sujetar un cubito de hielo en la mano siempre que estuviera en alerta roja. Sí, has leído bien: un cubito de hielo. Verás, la ciencia nos enseña que exponernos al frío reduce nuestro ritmo cardiaco[15], un factor clave de nuestra reacción de lucha, huida o parálisis. Así que, por el precio de un solo cubito de hielo, dispones de un estupendo recurso para sosegar rápidamente tus emociones antes de actuar.

Cuando terminé mi trabajo con Oliver, me contó que sus hijas habían reparado en su esfuerzo y lo habían felicitado por su progreso. Incluso Martha, la empleada con la que previamente había tenido mucho conflicto en el trabajo, se había dado cuenta de que estaba cambiando. Ante la duda, un poco de vulnerabilidad hace maravillas. Hay que ser valiente para admitir que hemos cometido un error y que estamos trabajando en cambiar, pero no se me ocurre mejor forma de abrirnos a la bondad de otras personas. Ahora Martha y Oliver son capaces de trabajar hombro con hombro, y, Oliver, en lugar de explotar cada vez que Martha comete el más ligero error, ha empezado a hacerle de mentor para enseñarle sus procesos y así prevenir sus propios arrebatos emocionales. A base de prueba y error, Oliver ha aprendido que hacer de mentor le ayuda porque, cuando ve las cosas desde esa perspectiva, puede utilizar mejor su cerebro racional en lugar de convertirse en un monstruo de la ira.

Más ejemplos de acciones opuestas

Cuando empiezo a trabajar con mis pacientes en su plan de acción opuesta, a menudo veo que se quedan atascados elaborando la acción opuesta «perfecta», como si encontrarla fuera a erradicar toda su evitación. Pero llamemos a las cosas por su nombre: buscar la acción opuesta perfecta mientras la vida sigue su curso a tu alrededor no es más que otra forma de evitación. ¿Por qué? Porque, en esencia, la acción que realizas cuando practicas la acción opuesta es irrelevante. Así que, quiero que implementes la creatividad en tu práctica e intentes cosas distintas teniendo esto en mente: tu objeto es experimentar tus emociones, no huir de ellas. Estos cambios pueden tomar su tiempo, pero el resultado vale la pena. Dentro de poco te descubrirás afrontando en lugar de evitando cuando las cosas se pongan difíciles.

Los botones sensibles de Angad

Emoción	Conducta de evitación reactiva	Acción opuesta
Ira	Gritar	Abstenerte de hablar durante una conversación que te esté disgustando
Timidez	Aislarte	Estar con gente y empezar una conversación
Vergüenza	Anestesiarte con una maratón de Netflix	Dar un paseo o hacer alguna actividad

Crear tu propio plan de acción opuesta

Cuando las emociones toman el control, no podemos planear nada. Así que es importante que prepares de antemano tu plan de acción opuesta. Utiliza los espacios a continuación para diseñarlo. Ten en cuenta que es mejor empezar por una situación que no pulse tus botones rojos. Prepararte para tus primeras victorias te ayudará a no rendirte.

Botón sensible

_____

_____

_____

Conducta de evitación reactiva

_____

_____

_____

Acción opuesta

_____

_____

_____

_____

Recuerda: estos son patrones en los que has caído; salir de ellos se sentirá antinatural, pero liberarte del autosabotaje involuntario será tremendamente satisfactorio.

Como estás aprendiendo una técnica, he aquí algunos ejemplos de la terapia dialéctico-conductual con los que puedes empezar. Plantéate utilizar algunas de estas estrategias para crear tu propio plan de acción opuesta (ver reflexión en la página anterior).

Cambiar las normas: incrementar tu capacidad de regulación emocional

Es importante recordar que, cuando te pongas a prueba para incrementar tu capacidad de *afrontamiento*, puede que a veces las cosas parezcan más incómodas, no menos. Pero aprender a navegar cosas de este tipo supone aprender a vivir una vida «cómodamente incómoda». Puedes compararlo con el ejercicio. Cuando logras levantar cómodamente 45 kilos en peso muerto, no te quedas en eso para siempre. Lo que haces es añadir más peso porque la única forma de seguir mejorando es desafiar a nuestro cuerpo (y, en este caso, a nuestra mente). El truco es encontrar el punto justo de resistencia. Si es demasiado fácil, carecemos del estímulo necesario para crecer; demasiado difícil, perderemos la técnica o nos lesionaremos. Como reza el dicho: resistencia óptima + descanso óptimo = progreso óptimo. Esto es lo que enseño a mis pacientes y lo que espero que este capítulo te ayude a hacer a ti también.

Cómo abordar los obstáculos

Algo importante que señalar es que, por mucho que lo intentes, seguirá habiendo situaciones que pulsarán tus botones con tanta intensidad que te harán reaccionar. Cuando esto ocurra, no te desanimes. En su lugar, hazte algunas preguntas. Primero: «¿Sabía que esta situación pulsaría un botón sensible?». Si no, añádela a la lista. Pero, si sí, pregúntate: «¿Tenía un plan de acción opuesta?». Por último, reflexiona sobre qué puedes hacer si la situación se repite.

Beneficios a largo plazo de practicar la acción opuesta

Aunque al principio aprender la acción opuesta pueda no ser fácil, tiene muchos beneficios a largo plazo. Ya has visto unos cuantos en las historias de mis pacientes. Angad desarrolló una relación más sana con las redes sociales. Aunque Filomena perdió a su novio, la práctica continuada la ayudó a alcanzar un matrimonio feliz. Y, por último, Oliver mejoró su relación con su compañera Martha. Cada una de estas historias refleja el cambio real que ha efectuado alguien. Y sé que tú también puedes experimentar el poder transformador de «afrontar».

Continuemos con nuestro viaje

Afrontar es una técnica diseñada para ayudarnos a identificar nuestra evitación reactiva, para afrontar la incomodidad. ¿Cómo? Diseñando un plan de acción opuesta claro podemos aprender a regular nuestras emociones y vivir más felices. Es mi técnica favorita, pero no es la única en este libro. Para desarrollar resiliencia de forma continuada, es necesario dirigirnos siempre hacia las cosas que más nos importan. Por eso, ahora vamos a zambullirnos en la última técnica en este libro: alinear.

CUARTA PARTE

Alinear

Capítulo nueve

¿Debo irme o quedarme? Resignarse para evitar

Tras quince años viviendo en el centro de Boston, conocía cada calle, callejón y atajo inusual de esa gloriosa y antigua ciudad (según los estándares estadounidenses). Pero, cuando me mudé a las afueras, me descubrí totalmente perdida. Se siente extraño empezar de cero algo tan sencillo como saber moverte en un lugar y, sin embargo, ahí estaba, completamente desorientada e incapaz de indicarle a un desconocido incluso el trayecto más sencillo para llegar a alguna parte. Pero, afortunadamente, ahora los carros vienen equipados con GPS. Me resulta increíble pensar que ahora tenemos esto en nuestros celulares, e incluso en las muñecas, si poseemos un sofisticado reloj inteligente. Es una herramienta maravillosa... si todo va bien, por supuesto.

Sin embargo, unas semanas después de llegar a los suburbios, me encontré en una encrucijada, literal y figuradamente. Estaba en una transitada intersección de camino a Boston para una reunión. Llegaba tarde, así que ya estaba algo nerviosa. El GPS me informó de que había habido un importante accidente en la autopista I-90 este en dirección a la ciudad, así que me hizo dar un rodeo. Mientras esperaba en un semáforo, reparé en que había una hilera de carros tras de mí —supongo que sus GPS también se habían recalibrado— y empecé a ver claro que esta nueva ruta también tendría mucho tráfico. Mientras aguardaba, nerviosa, a que el semáforo se pusiera en verde, ¡mi GPS se desconectó! Me quedé sola con el terror en la boca del estómago y la pantalla ocupada solo por el inútil mensaje de: «Recalculando... recalculando... recalculando».

Para entonces, mi corazón latía desbocado y mis pensamientos estaban fuera de control. Sabía que no tenía más de un minuto para decidir qué dirección tomar antes de que el semáforo cambiara de color. El problema era que no había estado prestando atención y no había hecho más que seguir ciegamente a mi GPS, así que no tenía ni idea de hacia dónde quedaba Boston. ¿Izquierda? ¿Derecha? ¿Todo recto? Realmente no sabía qué hacer. En los segundos subsiguientes, mi cerebro se paralizó. Al final, realicé un rápido cálculo mental: en algún momento el GPS tendría que volver a conectarse (aunque la pantalla estuviese congelada), así que quizá podía quedarme ahí un instante. *Sí, provocaré un embotellamiento, pero será solo un momento*, me dije. *¿Cuán grave puede ser bloquear una hilera de carros en hora*

punta? Aunque trataba de tranquilizarme, mi ansiedad no dejaba de incrementarse.

Los segundos pasaban y yo solo tenía un deseo: llevar conmigo una brújula. (De hecho, tenía una en el iPhone, pero resulta
que fui la última persona del planeta en enterarse). Quizá te preguntes qué hago hablando de brújulas. Es porque me parece que
la brújula es uno de los dispositivos más audaces inventados por
la humanidad. Antes de empezar con el discurso de ventas, permíteme subrayar brevemente la diferencia clave entre un GPS y
una brújula, y explicar por qué hubiese preferido tener una brújula aquel día.

Los peligros de usar un GPS

Además de la clase de apuro que acabo de describir, el GPS
también te puede hacer perder si, por accidente, introduces
la dirección en la población equivocada. Claro, te llevará a tu
destino, pero no llegarás adonde querías. Este desafortuna-
do defecto del GPS era uno de los motivos por los que algunos nuevos pacientes llegaban tarde a nuestra primera sesión
en mi consulta del centro de Boston. Tecleaban «Cambridge
Street» y, por defecto, el GPS los llevaba a «Cambridge Street,
Cambridge, Massachussets» en lugar de a «Cambridge Street,
Boston, Massachussets». Normalmente, cuando se percataban
de que iban en dirección equivocada, ya habían cruzado el río en
Cambridge y llegaban media hora tarde a una sesión de cuarenta

y cinco minutos. Cuando esta situación se hubo repetido unas cinco veces, empecé a mandarles un recordatorio a los nuevos pacientes para ayudarlos.

Por su parte, una brújula es un instrumento de navegación diseñado para ayudarte a determinar tu orientación en relación con los polos magnéticos de la Tierra. Como la brújula no piensa por ti, siempre tienes que ir mirando por dónde vas (por un barranco, contra un árbol, al fondo de una sima). La brújula está diseñada para guiarte en tu viaje. Ahora entenderás por qué, aquel aciago día, una brújula me hubiese sido mucho más útil en cuanto a que al menos me habría llevado en la dirección aproximada de Boston. Sí, me hubiese demorado más mientras encontraba la ruta hacia el este, pero hubiese sido mil veces mejor que un GPS desconectado.

Resignarse para evitar

Te confieso mi desafortunada anécdota en la carretera porque ilustra perfectamente cómo muchos nos quedamos atascados en la vida cuando operamos mediante un GPS exterior. Así es como me parece que se ve la resignación evitativa: cuando te atascas en un lugar junto a la amenaza percibida, te congelas. Sabemos que el *statu quo* no nos conviene y, sin embargo, estamos demasiado paralizados para hacer algo al respecto. Una persona con problemas de resignación a menudo se queda atascada haciendo lo mismo una y otra vez a pesar de sentirse agotada. He aquí unos

Resignarse

A veces, especialmente cuando percibes una amenaza, tu cuerpo se bloquea y te congelas. Cuando esto ocurre, tu cerebro se siente atascado, como si no pudieras pensar ni sentir con claridad, y fueras incapaz de imaginarte haciendo nada en absoluto. He aquí unos cuantos ejemplos de formas en que puedes estar resignándote:

- Dejar de participar en una conversación.
- Permanecer en una relación malsana, sea platónica o romántica.
- Ser incapaz de contestar cuando un superior te hace una pregunta.
- Permanecer en el mismo trabajo, aunque te haga infeliz.
- Pasar largos periodos sin hacer nada.
- Disociar y quedarte con la mirada perdida.
- Retrasar la toma de decisiones profesionales.
- Permanecer en una situación de convivencia malsana.

cuantos ejemplos de formas en que he visto a mis pacientes resignarse para evitar.

Dado que la resignación supone inacción y quedarnos quietos a pesar de la incomodidad, a veces puede ser difícil de identificar. Sin embargo, nunca he conocido a una persona que se estuviera resignando y no supiera que estaba un poco atascada. Por lo general, sencillamente no saben qué hacer. La resignación es el tipo de respuesta de un cervatillo frente a los faros de un carro, y puede ocurrir en muchas áreas de la vida. Para identificar formas en que te resignas, completa la siguiente reflexión.

REFLEXIÓN

Resignarse para evitar

Tómate un momento para reflexionar sobre tus circunstancias vitales vigentes. ¿Hay situaciones en las que permaneces, aunque ya no sean ideales? ¿Tu situación actual te parece frustrante o agotadora, pero la idea de cambiarla te resulta paralizante? Normalmente, nos resignamos en áreas concretas de nuestras vidas. Por ejemplo:

- ¿Has estado alguna vez en una relación romántica que sabías que ya no funcionaba para ti, pero no has sabido si debías terminarla o cómo hacerlo?

- ¿Has estado en un trabajo que ya no te satisfacía, pero permanecer en tu puesto te ha parecido más razonable que explorar lo desconocido?

- ¿Te has descubierto alguna vez quejándote siempre de lo mismo con tus amigos, una y otra vez, sin cambiar nada?

- ¿Has querido reinventarte alguna vez —quizá tus hijos se han ido a la universidad y has querido cambiar de carrera— pero no has sabido por dónde empezar?

Tras haber reflexionado sobre estas preguntas, tómate un momento para escribir sobre una situación en que te hayas resignado.

_____

_____

Como la evitación nos impide vivir con audacia, imagina por un momento que pudieras superar la parálisis. ¿Cómo cambiaría tu vida?

_____

_____

Tu brújula interior

Completar esta reflexión nos ayuda a identificar las áreas de nuestra vida que navegamos por medio de un GPS. Si lo seguimos a ciegas, terminaremos inevitablemente atrapados y atascados (al fin y al cabo, hasta la mejor tecnología nos falla a veces). Pero no tiene por qué ser así, pues resulta que siempre tenemos acceso a nuestra brújula interior: nuestros valores.

Los valores son una herramienta de navegación increíblemente poderosa para la vida. Cuando reflexiono sobre qué es exactamente un valor, recuerdo el trabajo del doctor Steven Hayes, el creador de la terapia de aceptación y compromiso (ACT, por sus siglas en inglés)[1], psicólogo clínico y autor de más de cuarenta y siete libros (y contando). La ACT fue diseñada para ayudar a las personas a darles sentido a sus vidas, aceptando también el inevitable dolor que las acompaña. Las principales prácticas de la ACT incluyen la defusión (una técnica diseñada para separarnos o desconectarnos de nuestros pensamientos o emociones), la aceptación (enfrentarnos a nuestros pensamientos y sentimientos tal como son), la experiencia presente, el yo observador, la acción comprometida y —la más relevante para este capítulo— los valores[2]. Hace unos años, en una conferencia académica, escuché al doctor Hayes describir los valores como: «La cualidad de ser y hacer según la cual vivirías si fuese un secreto entre tú y tú mismo». En otras palabras, los valores son brújulas morales interiores intrínsecas que guían nuestras decisiones, actitudes y conductas, y que son únicas para nosotros. Por ejemplo, quizá la humildad sea muy importante para ti, pero para otra persona lo más importante sean los logros.

Si buscas en internet, encontrarás cientos de listas de valores distintos. Sorprendentemente (o quizá no sea ninguna sorpresa, dadas las peculiaridades de los seres humanos), el mundo no se ha puesto de acuerdo en una lista definitiva, aunque Shalom H. Schwartz y su equipo de investigación intercontinental han identificado diecinueve valores comunes a casi treinta países[3]. Para darte una idea de los valores comunes que a menudo veo en mis pacientes, he redactado una lista tentativa en la página siguiente.

Tómate un momento para reflexionar sobre esta lista. ¿Hay algo que te llame la atención? ¿Algún valor que te parezca más importante que los demás? ¿Alguno que te dé más igual? ¿Alguno que te haga falta? ¿Existe algún valor que puedas utilizar como brújula interior para liberarte cuando te quedes atascado/a?

Al final, no pasa nada si resuenas o no con cada elemento de esta lista (es incluso de esperar que no lo hagas, pues nuestros valores son personalizados para cada cual). Tampoco pasa nada si te han llamado la atención varios de ellos. Raramente tenemos un solo valor. Por lo general, varios valores distintos nos parecen importantes, incluso si no tienen relación entre ellos. El truco de utilizar tu brújula interior para navegar la vida consiste en escoger qué valor es más importante en cada momento concreto.

Sin embargo, el mero hecho de identificar tus valores cambiará tu vida. Para muchos de nosotros, nuestros valores existen como un cuadro en una casa: es agradable mirarlos y reflexionar

Valores comunes

Amabilidad	Fama	Perseverancia
Ambición	Familia	Pertenencia
Amistad	Fe	Pragmatismo
Amor	Franqueza	Presencia
Apertura de mente	Frugalidad	Productividad
Autenticidad	Generosidad	Reconocimiento
Autoexpresión	Gratitud	Respeto por uno
Aventura	Honestidad	mismo
Belleza	Humildad	Riqueza
Carisma	Igualdad	Sabiduría
Compasión	Impacto	Salud
Compromiso	Imparcialidad	Seguridad
Comunidad	Inclusividad	Sentido del humor
Confiabilidad	Individualidad	Simplicidad
Creatividad	Justicia	Sostenibilidad
Crecimiento	Lealtad	Toma de riesgos
Curiosidad	Libertad financiera	Trabajo en equipo
Decisión	Logros	Tradición
Disciplina	Optimismo	Valentía
Diversidad	Paciencia	Vulnerabilidad
Diversión	Pasión	
Excelencia	Perdón	

sobre ellos, pero no tienen ningún rol activo en el día a día. Los conocemos mejor o peor (o al menos tenemos una corazonada sobre cuáles podrían ser), pero en realidad no los consultamos a menudo. Cuando ignoramos nuestros valores, regresamos a la vida GPS en la que permitimos que algo exterior (la cultura, la sociedad, nuestros amigos o familia) nos diga cómo debemos avanzar, sin que nunca tengamos claro por qué hacemos lo que hacemos... y así es cómo nos perdemos.

Cómo me perdí

Al principio de mi carrera, tenía un valor claro que guiaba la mayoría de mis acciones, tanto personales como profesionales: la ambición. Para mí, la ambición implicaba trabajar duro para alcanzar el éxito y creía que, siendo ambiciosa, podría evitar cualquier posibilidad de volver a caer en la pobreza. Cuando te crías en condiciones tan difíciles como las mías, solo puedes pensar en huir de tu situación de una vez y para siempre. Puede no ser la perspectiva más espiritual del mundo, pero, según de cuán abajo partas, el dinero sí que puede comprar la felicidad. Más allá de eso, me di cuenta de que, si triunfaba profesionalmente, podría llegar a estar en posición de mantener a mi familia. Así que la ambición me impulsaba y fue uno de los principales motivos por los que vine a los Estados Unidos.

La ambición es un valor legítimo y los estudios demuestran que, cuando nuestras acciones en la vida reflejan nuestros valores, nuestros sentimientos de estrés, ansiedad y depresión se reducen[4]. Y eso es exactamente lo que experimenté como estudiante de posgrado y en los primeros años de mi carrera académica. Me embriagaba de trabajar duro y, cuanto más ambiciosa me volvía, mejor me sentía. No soy de salir a correr, pero probablemente no fuese distinto al famoso subidón del corredor del que siempre hablan los corredores de resistencia. Me marcaba objetivos desde las alturas de mi ambición, como «entra en un programa de doctorado» o «trabaja en el departamento de psiquiatría más prestigioso de los Estados Unidos», entre muchos otros. Así que, a efectos prácticos, la ambición me mantenía centrada en mis metas y, en aquellos primeros tiempos de mi carrera, no se trataba en absoluto de evitación. Realmente viví alineada con mis valores... por un tiempo.

En algún punto de mi carrera, esto cambió. ¿En qué momento mis acciones pasaron de «alinearse con mis valores» a convertirse en evitación? Es difícil determinar exactamente cuándo ocurrió, pero sin duda fue hacia la mitad de mi vida laboral. Dejé de prestarle atención al porqué (mi valor) de lo que hacía y empecé a centrarme solo en qué (véase, los objetivos) sentía que debía lograr. Estaba tan concentrada en lo que la gente me decía que debía ser mi siguiente meta que prácticamente solo vivía según su idea de éxito, no la mía. No dejaba de trepar, pero ya no iba hacia mis sueños.

En otras palabras, había perdido el rumbo al tratar de navegar la vida sin consultar mis valores. El problema de ignorar nuestra brújula interior es que solemos terminar yendo en una dirección que no refleja lo que más nos importa. Y recorrer un camino que no está alineado con nuestros valores tiende a ser incómodo.

Por ejemplo, si te importa la honestidad y, a pesar de todo, te descubres mintiendo, sentirás incomodidad. De igual manera, si te importa profundamente la creatividad, pero en tu trabajo optan por hacer las cosas como se han hecho siempre, sentirás insatisfacción. Si la salud es un valor central para ti y, sin embargo, comes demasiado y no haces ejercicio, te sentirás terrible.

Cuando notamos la conocida punzada de la incomodidad, nos resignamos. A menudo nos limitamos a seguir haciendo lo que siempre hemos hecho porque nos parece lo único que podemos hacer; y, a veces, redoblamos nuestros esfuerzos, como si más de lo mismo fuera a arreglar las cosas. (¡Me declaro culpable!). Nos decimos que todo irá mejor, pero parece no ser así. Esta es le esencia de resignarse como forma de evitación: mantenemos el rumbo, aunque eso signifique alejarnos más y más de la vida que queremos. No huimos ni contraatacamos; simplemente permanecemos en nuestros patrones vigentes. Por supuesto, no cambiar de rumbo te hace sentir bien por un momento, porque resignarse es evitación y, como ya hemos visto, la evitación funciona a corto plazo. Pero perder de vista nuestro norte verdadero tiene un coste para nuestra salud física y emocional. Esto puede ocurrirle a cualquiera y, mientras seguía persiguiendo metas sin pensar en lo que más me importaba, me ocurrió a mí.

¡Carajo!, ¿me está dando un ictus?

Sabía que lo que hacía tenía un coste emocional y, normalmente, me enfrentaba a él a altas horas de la madrugada, en esos tranquilos y solitarios momentos en que, por una vez, me permitía asomarme tras el telón de esa rueda de hámster orientada hacia la ambición a la que llamaba carrera. A menudo me encontraba en la cama, incapaz de dormir, ansiosa y mirando al techo mientras mis pensamientos rompían en las costas de mi cerebro.

¿Qué estoy haciendo?

¿Me sentiré siempre así de ansiosa si sigo adelante?

No hay otra manera. ¡Tengo que seguir con esta carrera!

Solo tengo que pedir otra beca y me sentiré mejor.

¿Por qué hago esto?

¿Por quién hago esto?

¿Por qué me siento tan desgraciada cuando he logrado tanto?

No tengo derecho a sentirme desgraciada con lo afortunada que soy.

Si dejo este trabajo, ¿en quién me convertiré?

Pero, a largo plazo, el estrés también se manifiesta en tu cuerpo. Según la Asociación Estadounidense de Psicología, el estrés afecta directamente a los sistemas musculoesquelético, cardiovascular, respiratorio, endocrino, gastrointestinal, nervioso y reproductivo[5]. A riesgo de sonar alarmista, vale la pena subrayar que el estrés puede provocar la muerte. Estudios realizados en Inglaterra han demostrado que incluso niveles bajos de angustia están vinculados con un incremento del 20 % del riesgo de mortalidad[6].

A principios de 2021, los efectos físicos del estrés terminaron por alcanzarme. Estaba en casa, preparando una solicitud para una beca de investigación, cuando de golpe empecé a perder la sensibilidad en un lado de mi rostro. Mi primer pensamiento fue: *Tranquila, solo estás algo estresada. Esto no es más que una simple reacción fisiológica, relájate, no pasa nada, solo es ansiedad.* Pero tras unos minutos había perdido toda la sensibilidad en la mitad de mi cara y empezó a cundir el pánico. *Dios mío... ¡estoy teniendo un ictus!* Se me escaparon unas cuantas lágrimas mientras trataba de no perder la calma y no dejaba de repetirme: *¿Es esto ansiedad o de verdad estoy teniendo un ictus?* Con el último pedazo de cerebro pensante que me quedaba, llamé a mi médico y hablé con una enfermera. Le describí mis síntomas: entumecimiento del lado derecho de la cara, un cosquilleo en brazos y piernas, un ritmo cardiaco de 150 pulsaciones por minuto (sentada en mi escritorio). A pesar de su intento de moderar su tono de voz, la persona al otro lado de la línea parecía alarmada y mi cerebro saltó inmediatamente a...

Dios mío, ¡estoy teniendo un ictus de verdad! Perderé todo por lo que tanto he luchado.

Tuve que hacer un esfuerzo por seguir hablando con la enfermera a través de mis sollozos. Esta me instó a correr a la consulta tan deprisa como me fuera posible. Mi cerebro estaba fuera de control y lo único que pude hacer fue pedirle a David que me llevara. Mientras manejaba, mis pensamientos fueron un torbellino que hizo pasar toda mi vida frente a mí.

Mi médico de cabecera se apresuró en evaluarme y determinó que podía estar sufriendo un ictus. Pero no estaba claro, así que me mandó realizarme un escáner cerebral. Aquella misma tarde ya estaba en un hospital satélite metida en una máquina gigante de IRM. Recuerdo perfectamente pensar: *Estoy en bancarrota emocional y no hay marcha atrás.*

Las siguientes veinticuatro horas estuvieron envueltas en una neblina en la que mi cerebro predecía el peor desenlace posible mientras yo trataba de mantener la compostura frente a mi hijo. Al final, determinaron que no había tenido ningún ictus y nadie supo decirme exactamente qué había ocurrido. Quizá una migraña severa, me dijo el neurólogo. Pero daba igual lo que me hubiese ocurrido físicamente aquel día; emocionalmente, esa fue la gota que colmó el vaso. Ya no podía ignorar que esa vida de correr en una rueda de hámster persiguiendo siempre la ambición ya no valía para mí, y que estaba pagando un precio muy alto.

El coste de ignorar nuestros valores

La ansiedad, el estrés y el miedo incapacitantes que sentí aquel día son exactamente lo que experimentan mis pacientes. Es casi como si pudiera ver su estrés amontonándose tan pronto empiezan a comprometer sus valores. Y, por lo general, ellos también lo sienten: no duermen bien, se sienten algo más irritables o incluso enojados después del trabajo, están constantemente estresados y, lo peor, no logran identificar exactamente por qué ocurre todo eso. Esta sensación de que algo no va bien es el precio de navegar sin brújula. Es un coste que a menudo está oculto hasta que nos damos contra un muro, y ya no podemos seguir como hasta entonces.

Una forma en que a menudo se manifiesta el coste de resignarse para evitar es el llamado *burnout*. La Red de Coordinación y Harmonización de Cohortes Laborales Europeas llevó a cabo un extenso análisis de la literatura académica para desarrollar una definición única del *burnout*, aprobada por expertos de veintinueve países: «El *burnout* es un estado de *agotamiento emocional* debido a la exposición prolongada a problemas relacionados con el trabajo[7]». Pero el *burnout* no tiene solo que ver con el trabajo. También puedes sufrirlo tras exponerte de forma prolongada a estresores vitales (por ejemplo, cuidar de alguien). Según la Organización Mundial de la Salud, algunos síntomas comunes del *burnout* incluyen sentir agotamiento o fatiga, experimentar sentimientos de negatividad hacia el trabajo o distanciamiento emocional de este y pérdida de productividad[8].

La ironía es que, cuando sufrimos un *burnout* (debido a la resignación), hay quien (yo incluida) se limita a seguir adelante, haciendo lo mismo con la esperanza de obtener resultados distintos. ¡Seguimos evitando! Huimos incluso de la incomodidad potencial al escoger lo malo conocido en lugar de contemplar el abismo de lo desconocido que acompaña a cualquier cambio drástico en la vida. Quiero que te preguntes: «¿Ha habido algún momento en mi vida en que haya seguido haciendo lo mismo de siempre, aunque doliera?». Si ha sido así, no dudes que nos ha pasado a todos. Empresas de todo el mundo, con miles de empleados, han realizado encuestas para medir sus tasas de *burnout*; entre ellas, McKinsey & Company, que señaló que el 49 % de los encuestados declaró sentir cierta dosis de *burnout*[9], y Deloitte, que afirmó que el 77 % de los encuestados había sentido *burnout* alguna vez en su puesto actual[10].

Normalmente, si hemos llegado al *burnout* es que llevamos

un tiempo evitando. Nos hemos acostumbrado a ignorar lo que más nos importa y nos hemos ido sintiendo cada vez peor. Y, cuanto peor nos sentimos, más difícil es recuperar el rumbo, de forma que, cuando nos topamos con alguna clase de obstáculo, seguir adelante parece imposible.

Tomar una decisión (sin brújula) duele

Los obstáculos a los que nos enfrentamos a menudo aparecen en forma de una encrucijada o bifurcación en el camino, donde ocurre un choque de valores, y tenemos que tomar una decisión. Por ejemplo, son las nueve de la mañana y tienes una reunión con tu equipo, pero tu hijo quiere un abrazo, un beso y toda tu atención. ¿Llegas tarde a tu reunión para atenderlo o lo disgustas y priorizas el trabajo? Para muchos de nosotros, la familia y el trabajo chocan a menudo, y, cuando lo hacen, a veces tomamos una decisión concebida solo para hacernos sentir bien deprisa y en el momento (léase, evitamos).

De la misma forma en que no podemos ir hacia el este y el oeste al mismo tiempo, tampoco podemos hacer dos cosas a la vez. Da igual a qué te dediques, en lo que se refiere al trabajo, la familia y la salud, cuando haces una cosa, no estás haciendo el resto. Tiempo, atención y energía son piezas de un juego de suma cero, y, cuando gastamos una porción de esta divisa limitada, está perdida para siempre. Así como no podemos comprarnos un sándwich y una pizza al mismo tiempo con el mismo billete de diez dólares, debemos elegir qué queremos priorizar en la vida. Y, cuando estamos estresados, ansiosos y atascados en un extenso patrón evitativo, a menudo tomamos las decisiones según cómo nos sintamos en un momento dado —en nuestras emociones—, en lugar de pensar en lo que puede ser mejor a largo plazo. Al fin y al cabo, queremos sentirnos mejor cuanto antes.

Así es precisamente cómo vivía a diario mi paciente Ricardo. Se describía como todo un padre de familia. Cuando lo conocí, le brillaban los ojos al hablar de sus dos hijos y de su esposa, de sus comienzos como familia y de sus preciadas vacaciones familiares. Incluso sacó inmediatamente su celular para mostrarme orgulloso fotografías de sus hijos, que en aquel momento tenían siete y cinco años. La familia era lo más importante para él: su norte verdadero, me dijo. Este monólogo que daba tanta importancia a la familia me confundió, porque, cuando Ricardo acudió a mí, su esposa acababa de presentarle los papeles del divorcio. Le pedí que me explicara esa contradicción aparente.

Ricardo suspiró y me describió la tarde del viernes anterior a nuestra cita, pues era un claro ejemplo de por qué estaba atascado. Iba con retraso en el trabajo y no dejaba de mirar nerviosamente el reloj porque la hora límite para recoger a sus niños de la escuela era a las cuatro y media. Aunque su esposa le había pedido el divorcio, seguían compartiendo las tareas del hogar y se dividían las responsabilidades con sus hijos 50/50.

Es importante señalar que Ricardo era el vicepresidente de una compañía financiera. Le encantaba su puesto de alto perfil y tener la oportunidad de destacar en un área difícil. La tarde

del viernes en cuestión, Ricardo estaba en mitad de la negociación de un acuerdo potencialmente enorme con un nuevo cliente. Llevaba un par de años tratando de atraerlo —llamémosle
Mark— a su empresa y este por fin se había decidido a mover
todas sus inversiones a la compañía de Ricardo. Esto sería un
gran éxito para la firma, además de un tremendo bonus al final
del año para él; algo que necesitaba ahora que estaba a punto de
divorciarse.

Ricardo se disponía a salir de la oficina para recoger a los
niños, sintiéndose el rey del mundo, cuando empezó a sonar el
teléfono de su despacho. Era Mark. A Ricardo se le cayó el mundo al suelo. ¿Y si a Mark le habían entrado dudas que necesita-
ra aclarar? Si no contestaba, corría el riesgo de perder el trato
con él. Pero, si lo hacía, llegaría tarde a recoger a sus hijos. Tras
un cálculo rápido, Ricardo contestó y le mandó un mensaje a
su esposa para preguntarle si podía ir ella por los niños. A esas
alturas, aquello era un favor enorme, pues su relación estaba bastante tensa e incluso los conflictos más pequeños tendían a escalar a peleas en toda regla. Ricardo sabía que priorizar el trabajo
era correr un riesgo con su esposa, pero se trataba de un cliente
potencial tan importante que sintió que no tenía más remedio:
debía priorizar el trabajo, ese era el fuego que había que apagar.
Pero, mientras hablaba con Mark, solo podía pensar en el sentimiento de horror que lo invadía.

—¿Y qué ocurrió después? —le pregunté a Ricardo.

—Pues resulta que mi esposa —se lo vio triste pronuncian-
do esa palabra— también estaba en una reunión y no vio mis

mensajes, así que los niños se quedaron abandonados en la escuela. Por suerte, no estaban solos porque sus maestros se quedaron con ellos veinte minutos más, pero, diablos, estaban furiosos cuando llegué. —Los ojos de Ricardo se llenaron de lágrimas—. ¡No es como si hubiese puesto conscientemente el trabajo por delante de mi familia! A veces estas cosas pasan y termino escogiendo lo que en el momento me parece más urgente. La verdad es que creo que por eso mi esposa me ha dejado. Dice que no soy un compañero de verdad, alguien en quien pueda confiar. Y, tras ocho años, dice que se ha hartado. No creo que pueda hacerle cambiar de opinión, pero tengo que encontrar la forma de comportarme de otra manera, porque sé que, aunque solo quiera lo mejor para mi familia, ellos no lo ven así, y eso me mata.

Para Ricardo, decidir entre el éxito laboral y que su familia pudiera confiar en él había sido especialmente doloroso, pues a menudo se descubría escogiendo el éxito a costa de su vida familiar. Cuando su esposa terminó por pedirle el divorcio, se sintió destrozado porque en realidad la amaba de corazón y entendía perfectamente por qué estaba enojada. De hecho, ¡compartía su frustración con su propia conducta! Quería cambiar, pero no sabía cómo dejar de evitar haciendo lo que había hecho siempre.

A menudo me quedo atascada en lo mismo que Ricardo y, quizá, tú te sientas igual. Me despierto cada día pensando: *¡Esta mañana voy a hacer ejercicio!* Entonces, antes de que me dé cuenta, Diego se levanta, me da un abrazo, me dedica una hermosa sonrisa y me pide: «*Mamãe, vamos brincar?*» («Mamá, ¿vamos a jugar?»). En este punto, se me derrite el corazón y lo único que quiero hacer es pasar cada segundo del resto de mi vida con él, así que toda esperanza de pasarme la mañana subida a una máquina escaladora o levantando pesas se va por el desagüe. En ese momento (y en todos los momentos similares), lo priorizo a él y se siente bien... ¡temporalmente! Porque la situación también tiene una desagradable peste a evitación, dado que la decisión me atasca donde estoy, haciendo lo que siempre hago, con dieciocho kilos de más y sintiéndome físicamente cansada y dolorida, cosa que cada vez será más difícil de arreglar.

Por suerte, no tenemos que esperar a llegar a un punto de inflexión para identificar las áreas de nuestra vida donde nuestros valores chocan. Estas tienden a estar llenas de evitación. Así que tómate un momento para completar la reflexión de la siguiente página y descubre en qué área de tu vida puedes estar llegando a una encrucijada.

¿Es resignarse siempre evitación?

Cuando enseño la idea de que a veces nos quedamos en ciertas situaciones como forma de evitación, una de las preguntas que a menudo me hacen mis alumnos es: «¿Está diciendo que una persona atrapada en una situación de violencia doméstica está evitando?». La violencia doméstica es una situación seria y multifacética. Sé esto no solo como una experta que ha tratado a muchas sobrevivientes de trauma a lo largo de las últimas dos décadas, sino como alguien que vio a su madre sufrirla durante

REFLEXIÓN

Identificar las encrucijadas donde chocan nuestros valores

El estrés que experimentamos cuando hay un choque de valores no es algo que solo nos ocurra a Ricardo y a mí. Todos lidiamos con esto constantemente. El problema no es el choque; el problema es cuando sentimos la tensión de tener que tomar una decisión y, en lugar de hacerlo conscientemente, evitamos. Revisa los valores que has identificado al principio del capítulo y piensa en alguna situación reciente en que dos de ellos hayan chocado. Después, reflexiona sobre las siguientes preguntas:

Cuando mis valores chocaron, ¿qué hice?

_____

_____

¿Cómo me sentí después de actuar?

_____

_____

¿Es esto algo que haga una y otra vez?

_____

_____

¿Cuál es la consecuencia a corto plazo de mi acción?

_____

_____

¿Escoger alguna acción en concreto relacionada con uno de mis valores me mantiene en el atasco a largo plazo?

_____

_____

años. En lo que se refiere a situaciones de vida o muerte, solo hay una cosa clara: la seguridad es lo primero. Así que, si estás leyendo este libro y te encuentras en esta situación, te urjo efusivamente a que busques a un profesional o alguien cercano, y que pongas tu seguridad por encima de todo. Aunque imagino que es difícil salir de algo así, vi todo lo que cambió mi madre en cuanto estuvo en un lugar seguro. No me malinterpretes, no fue fácil. Pero condujo a una vida mejor para todas nosotras.

He aquí otro ejemplo de alguien que permanece en el mismo sitio, pero que no está evitando. Kate, una paciente mía, me llamó el otro día para ponerme al día y preguntarme si lo que estaba haciendo era o no evitación. Cuando nos conocimos, Kate estaba en un ambiente laboral muy abusivo e infeliz, y estaba paralizada. Había subido 45 kilos a lo largo de los años y se sentía terriblemente mal. Mientras trabajamos juntas, logró encontrar otro empleo. Fue feliz durante un tiempo, pero, tras un año en el puesto, vio que ahí las cosas tampoco iban bien. Igual que en el primer trabajo, decidió aguantar, pero le preocupaba estar evitando. Así que le pregunté por qué había decidido quedarse.

—A pesar de no ser un trabajo ideal —me contestó—, si aguanto otros seis meses me darán un bonus importante, cosa que me hace falta para ayudar a mi familia a saldar sus deudas. Así que he decidido quedarme ese tiempo, hacerlo lo mejor que pueda y, cuando se acerque la fecha, empezar a buscar otro empleo.

—¿Cómo te sentiste cuando tomaste la decisión? —repuse.

—Sigue sin gustarme el trabajo, pero tomar la decisión hizo

más soportable la lucha diaria. Supongo que siento que tengo un plan y solo tengo que seguirlo. ¡Podría decirse que estoy cómodamente incómoda!

En este punto, tanto Kate como yo entendimos que no estaba evitando, sino haciendo lo que podía hasta que surgiera una situación mejor. La vida es dura y a veces, en un momento dado, no hay ningún camino bueno. Así que quedarte no implica necesariamente que estés evitando. Si te preguntas si tu situación y conducta específicas constituyen evitación psicológica, te animo a que consultes de nuevo el diagrama de la página 53.

Lo malo conocido sigue siendo malo

Cuando vivimos centrados en un solo objetivo sin comprobar de qué manera nos sirve, nos arriesgamos a convertir nuestras vidas en un ciclo interminable de estrés y *burnout*, como me ocurrió a mí cuando estaba en la rueda de hámster académica. A pesar de que la trayectoria que seguía ya no encajaba con lo que deseaba en mi vida, seguí adelante. Así que, volviendo al viejo dicho, creo que es mucho más seguro encarar lo malo conocido porque hay un cierto grado de certeza en ese enfrentamiento. Así que, en el día a día, puede ser duro enfrentarnos a ello, pero sabemos cómo actuar y qué esperar. Sin embargo, sigue siendo malo. Y, en cuanto algo malo se convierte en parte de lo que te mantiene atascado, empiezan a aparecer consecuencias negativas a largo plazo. Tuve que estar al borde de un ictus para despertar y llamar a lo malo por su otro nombre: *evitación*.

Trabajar demasiado a pesar del coste que comporta es solo una de las maneras en que terminamos resignándonos como forma de evitación. A veces nos quedamos atascados porque nuestros valores chocan. A Ricardo le importaba su familia, pero a menudo no lograba estar presente porque se centraba en su trabajo. Y yo pongo a mi familia por delante a costa de mi salud. Si resignarse para evitar termina siendo más dañino a largo plazo, ¿por qué seguimos haciéndolo? Vamos a zambullirnos en la ciencia tras esta clase de evitación en el próximo capítulo.

Capítulo diez

Pero ¿por qué me quedo?

Si tenemos una brújula interior —nuestros valores—, ¿por qué no la utilizamos en lugar de evitar? Parece lógico que debiéramos navegar el mundo y tomar decisiones según lo que más nos importe. Sin embargo, a veces nos quedamos atascados en nuestras viejas costumbres para evitar la posibilidad de la incomodidad. Según mi experiencia trabajando con cientos de pacientes de todo el mundo, hay tres guías sustitutas en las que nos apoyamos habitualmente en su lugar: emociones, metas y otras personas. Para entender cómo estas problemáticas guías terminan marcando nuestro camino en la vida, déjame empezar contándote una breve anécdota personal.

Cuando llegué a los Estados Unidos, me costó especialmente

entender a qué se refería la gente cuando me preguntaba: «¿En qué estás pensando?» cada vez que dejaba de hablar en una conversación. La idea de centrarme en lo que me decía en lugar de en cómo me sentía me parecía extraña. Cuando te crías en un país latino, eres tus emociones: definen la cultura, al individuo y cómo responder ante cualquier cosa. Vamos con el corazón por delante. Si no sabes cómo se ve algo así, solo tienes que mirar a la hinchada brasileña durante el Mundial de fútbol: lágrimas, emociones fuertes, gritos... así somos. (Aunque debo admitir que los brasileños no tenemos el monopolio de llorar durante los partidos de fútbol. Te estoy mirando a ti, Italia).

Como estudiante de intercambio, recuerdo haber cursado una materia de debate durante mi primer semestre (¡qué desastre!) y todavía no se me ha olvidado cómo planteaba argumentos que se sentían muy lógicos en mi cerebro: «¡Siento que las mujeres deberían ganar lo mismo que los hombres!». Todavía creo que mujeres y hombres deberían ganar lo mismo, pero defender la igualdad salarial únicamente con base en mis sentimientos no resultó demasiado convincente e ignoró muchos matices de un tema complicado. Me río de mí misma cuando cuento esto porque, como adulta, es probable que le repita mil veces al día a mis pacientes y a mi hijo que: «Las emociones son válidas, pero no son hechos». Pero, como estudiante de intercambio de dieciocho años, jamás hubiese admitido que mis sentimientos no eran hechos. Los sentía, luego debían ser ciertos. Durante aquellos tiempos, mis profesores no dejaban de pedirme amablemente que planteara argumentos lógicos basados en datos. Pero ¿no eran mis sentimientos datos lo bastante buenos para un debate? ¿Repuesta rápida? No. ¿Te imaginas cuántas discusiones políticas a lo largo de los últimos años hubiesen sido cortadas de raíz si a ambos participantes se les hubiese exigido que dejaran sus emociones en la puerta y se basaran solo en lógica, empirismo y datos? ¡Imagina cuántos Días de Acción de Gracias hubiesen podido salvarse!

Aunque esta situación en la clase de debate ahora resulte chistosa, por aquel entonces me fue muy frustrante. Aprender inglés había sido mi boleto para salir de Brasil y, por lo tanto, era algo que me importaba mucho. Sin embargo, recuerdo innumerables ocasiones durante mi primer semestre en los Estados Unidos en que mi cerebro sencillamente me falló. Incluso cuando sabía las palabras y tenía la frase casi formada en mi mente, seguía sin poder articularla, aunque mi vida dependiera de ello. Recuerdo vívidamente pararme frente a toda la clase para debatir con un chico ruso muy guapo. El profesor nos puso a cada uno en un estrado y yo organicé las fichas que había escrito la noche anterior y que mi mamá-anfitriona me había ayudado amablemente a preparar. Aquella mañana me había sentido confiada y estaba segura de que, gracias a la ayuda de mi familia anfitriona con el inglés, podía ganar el debate. No obstante, en cuanto empezamos, el mundo se me vino encima.

Decir que tenía el corazón desbocado sería un eufemismo: se sentía como en los dibujos animados antiguos, cuando a alguien el corazón se le sale del pecho al latir. Pensé que todo el mundo vería cuán ansiosa estaba y se desencadenó en mí toda la reacción de lucha, huida o parálisis. Fue como si mis emociones hubiesen raptado a mi cerebro pensante y no fuera capaz de producir nada lógico. Así que, ¿qué hice? Probablemente te lo imagines: me quedé en mi lugar, bloqueada, sin decir nada, tan solo resignada evitando. Miré a mis compañeros tratando de no hacer contacto visual con aquel chico tan guapo. No sentí cierto alivio sino hasta que regresé a mi silla al final del debate. El profesor se apiadó de mí y me aprobó (para ser sinceros, era una clase que solo tenía aprobado o suspenso, así que tampoco era ninguna alabanza).

Como científica, ahora entiendo qué ocurrió en mi cerebro: mi amígdala expulsó a mi corteza prefrontal y tomó a mi cerebro de rehén. De esta forma, a efectos prácticos, era imposible plantear ningún argumento lógico en aquel momento. Pero entonces no sabía nada de la ciencia tras todo aquello. Solo sabía que «las emociones me hacen sentir mal» y, por lo tanto, tenía que calmarme evitando.

Emociones fuera de control

Las emociones son poderosas y normalmente la forma más rápida de reducir su intensidad es evitando. Esta clase de conducta reflejo es a lo que los psicólogos a menudo se refieren como *conductas emocionales*. Estas son conductas que dan cuenta directamente de nuestro estado emocional en el momento presente[1]. En otras palabras, cuando una persona está disgustada o estresada, es susceptible de apresurarse a hacer algo de lo que luego se arrepentirá para sentirse mejor.

Cuando actuamos obedeciendo a una emoción, no utilizamos nuestro cerebro pensante[2], lo que puede llevarnos a beber más de la cuenta, comer en exceso, ignorar nuestras responsabilidades e incluso serle infiel a nuestra pareja[3]. Algunas de estas acciones pueden no parecer particularmente problemáticas mientras las llevamos a cabo, pero son susceptibles de tener consecuencias a largo plazo. Los patrones de conducta impulsivo y reactivo pueden desembocar en problemas de abuso crónico de sustancias, aumento de peso, pérdida del empleo, divorcio, aprietos económicos y delincuencia. Todas estas situaciones son ejemplos de lo que ocurre cuando navegamos nuestras vidas con base en las emociones. Y la trampa es que estas consecuencias provocan más emociones intensas, ¡que es lo que tratábamos de evitar!

Cuando Ricardo se sentía estresado en el trabajo, a menudo se quedaba hasta tarde, contestaba al teléfono cuando estaba a punto de salir o hacía una última cosa antes de irse. Se resignaba a quedarse en su oficina para evitar. Estas conductas le brindaban un alivio momentáneo. Pero, entonces, llegaba tarde a cenar con su familia, lo que provocaba otra pelea con su esposa y la decepción de sus hijos. En esos momentos se estaba dejando guiar por sus emociones. No ponía el trabajo por delante porque quisiera hacerlo conscientemente, sino porque sentía que era la única forma de lidiar con su incomodidad en un momento dado. Y el resultado fue su divorcio.

A menudo yo misma tengo dificultades con mis conductas emocionales. Como ya he mencionado, tengo tendencia a priorizar mi tiempo con Diego, lo que es maravilloso, pero, para ser sinceros, lo hago según cómo me hace sentir en el momento: sus dulces ojos, sonrisas, besos y abrazos cada mañana me hacen sentir tan amada que elijo pasar tiempo con él, aunque sepa que utilizar algo de ese tiempo para ir al gimnasio me haría sentir mejor a largo plazo. Debo confesar que me cuesta. A menudo me descubro siendo presa de mis emociones pasajeras. Entonces, más tarde, termino enojada conmigo misma cuando me duele la espalda o no quepo en mis pantalones. En momentos como ese, mi cerebro me echa la bronca: *¡Hipócrita! ¿Qué ha sido de predicar con el ejemplo?*

En esas situaciones, Ricardo y yo actuamos según cómo nos sentimos, no según lo que valoramos. Y por eso las conductas emocionales son problemáticas en lo que respecta a vivir alineados con nuestros valores: nos arrebatan la oportunidad de avanzar hacia lo que más nos importa. Por eso a menudo me refiero a estas como al *enfoque del extintor.* Claro, quizá logremos apagar el fuego más cercano, pero quizá también perdamos la oportunidad mayor de salvar lo que más nos importa.

¿Son malas todas las emociones?

¡En absoluto! Nuestras emociones tienen funciones importantes. Si has visto la conocida película de Pixar *Intensa-Mente*

(Inside Out), probablemente ya sepas a qué me refiero. No puedes limitar tus emociones a solo unas cuantas y todavía vivir una vida rica y plena. La existencia humana debe estar abierta a todas nuestras emociones. Además, estas contienen información sobre el entorno que nos ayuda a protegernos del daño. En la naturaleza, si nos encontramos frente a frente con un león, nuestro miedo nos impulsará a largarnos de ahí. En casa, el asco que sentimos al oler la leche del refrigerador nos protege de beber leche agria y tener una terrible indigestión.

Las emociones no solo nos benefician a nosotros mismos, sino que también pueden ayudar a otras personas. La expresión emocional de otros también contiene detalles sobre nuestro entorno que nos ayudan a escoger nuestro siguiente paso. Por ejemplo, si ves a un niño llorar, harás algo para calmarlo. Si llegas tarde a una reunión y tu mejor amiga de la oficina te dedica una mirada de advertencia, irás con cuidado y tratarás de sentarte discretamente sin que tu jefe te vea. Si te sorprenden unos fuertes golpes en la puerta acompañados de los inconfundibles gritos que indican peligro, quizá pienses dos veces antes de abrir.

Estos son solo unos pocos ejemplos de los casi incontables datos que pueden transmitir las emociones, pero regresemos a la máxima de que las emociones son válidas, pero no son hechos. Aunque experimentar emociones fuertes forma parte de ser humano —e incluso puede aportarte información valiosa—, estas no acostumbran a contener toda la información. Por ejemplo, si vemos a alguien irrumpir en una habitación jadeando y con los ojos abiertos de par en par, quizá se nos acelere el pulso y el miedo nos contraiga los músculos antes de saber si la persona está huyendo de algo aterrador, emocionada por compartir buenas noticias o simplemente cansada tras una carrera de seis kilómetros. De esta forma, aunque es cierto que deberíamos tratar de utilizar nuestro cerebro pensante cada vez que sea posible, esta no es siempre la forma de responder ante la vida, sobre todo cuando experimentamos emociones fuertes. Las emociones en sí mismas no son ni buenas ni malas; los problemas aparecen cuando determinamos nuestras acciones basándonos únicamente en ellas para evitar sentirnos incómodos.

Que se j*dan tus metas

Las emociones (aunque muy útiles y necesarias) pueden impedirnos vivir la mejor versión de nuestra vida, pero no son la única causa por la que ignoramos nuestros valores. Clínicamente, uno de los motivos por los que veo a más gente atascada es que confunden los valores y las metas. Las metas son lo que planeamos hacer, mientras que los valores son los motivadores intrínsecos que guían nuestras acciones. Muchas culturas de todo el mundo valoran el cumplimiento de metas[4] y a menudo enseñamos a nuestros hijos a perseguirlas —«Entra en el equipo de fútbol», «Estudia mucho para que te acepten en una buena universidad», «Haz horas extra para que te concedan un aumento»—, pero muchas veces estas no están ancladas a valores personales. Por ejemplo, me convencí de que me motivaba la ambición, pero en realidad solo estaba viviendo centrada en mi siguiente meta. Durante un tiempo esto me fue bien, pero al final terminé atascada, persiguiendo una meta tras otra e ignorando su coste emocional.

Mi experiencia de pagar el coste de seguir ciegamente las metas está respaldada por la investigación. Por ejemplo, en 2017, *Psychiatry Research* (una revista académica de renombre) publicó un estudio que demostraba que las personas que vinculan sus metas a su autoestima y las persiguen a toda costa tienen más probabilidades de sufrir síntomas de depresión[5]. ¿Por qué? Bien, supongo que los sujetos de este estudio se movían en la vida hacia el qué e ignoraban el por qué. Claro, alcanzar una meta siempre es satisfactorio, pero ¿cuánto dura esta satisfacción si no está alineada con lo que nos importa? ¿Alguna vez te han dado un ascenso que llevabas tiempo deseando y solo has sido capaz de preguntarte «¿Y ahora qué?» en lugar de disfrutar del momento? Este sentimiento de vacío es el resultado de navegar la vida por medio de las metas, usando un GPS focalizado solo en el destino y no en el camino.

Quizá te preguntes: «¿Por qué sigo persiguiendo mis metas sin descanso incluso cuando sé que ya no son lo que de verdad quiero?». Yo misma me he hecho muchas veces esta pregunta. Uno de los motivos por los que seguimos persiguiendo metas es para evitar cualquier resultado negativo[6]. El camino en el que ya estamos se siente más seguro que lo desconocido. En mi caso, estaba acostumbrada a escalar la jerarquía académica; era difícil, sí, pero era un desafío conocido. Desviarme para perseguir otra carrera era arriesgado porque nunca lo había hecho antes.

Así que dejé de lado mis valores y traté de centrarme en mi siguiente meta. Pero eso era una espada de doble filo: para seguir alcanzando mis metas, debía lidiar con la incomodidad que me provocaba seguir persiguiendo algo que ya no me llenaba. Quizá cuando nos percatemos de esto ya sea demasiado tarde, como me ocurrió cuando mi salud empezó a resentirse. En aquel momento, sentí —y probablemente tú también lo hayas sentido muchas veces— que no tenía otra alternativa.

Oriente y Occidente se encuentran

La tercera guía que solemos seguir son los valores de los demás en lugar de los nuestros, especialmente cuando nos enfrentamos a obstáculos reales (por ejemplo, mudarnos a un nuevo país, cambiar de carrera o casarnos). A menudo, estos obstáculos son complicados porque provocan un conflicto entre nuestros valores personales y los del grupo, lo que inevitablemente conducirá a desafíos interpersonales. Para que veas a qué me refiero, te presento a Stephanie.

Stephanie es una joven inmigrante china de primera generación con la que trabajé hace unos años. Su nombre de nacimiento era 梓涵 (Zǐhán), pero fuera de su país prefería que la llamaran Stephanie, aunque me contó que le ocultaba eso a sus padres porque no aprobaban ninguna clase de «americanización».

Stephanie había nacido en la China continental y su familia se había mudado a Boston cuando era bebé. Sus padres apenas hablaban inglés, así que en casa se comunicaban exclusivamente en mandarín. Por el contrario, el inglés de Stephanie era impecable, cosa de la que admitió enorgullecerse el día que nos conocimos. Describió a sus padres como personas cariñosas, que deseaban que aprovechara las oportunidades que le ofrecían los Estados Unidos (pero no el «Sueño Americano», porque no querían de ninguna manera que su hija fuera estadounidense en ningún aspecto importante). También eran muy estrictos en lo que se refería a sus costumbres culturales chinas. Por ejemplo, insistían en que Stephanie celebrara todas las festividades importantes de su país.

De niña, Stephanie había obedecido estas exigencias de sus padres e incluso había disfrutado de las elaboradas tradiciones festivas chinas, pero, para cuando se convirtió en una estudiante universitaria en la veintena (viviendo con sus padres y desplazándose a diario hasta la universidad) empezó a rebelarse y a preferir pasar el tiempo con sus «amigos americanos». Lo pongo entre comillas para mostrar cómo Stephanie hablaba de esto en nuestras sesiones: sus padres no aprobaban a sus amigos no chinos y separaban toscamente a la gente en categorías. Esto a menudo hacía que Stephanie se sintiera culpable por querer pasar tiempo con sus amigos de la universidad, como si estuviera traicionando a su familia. Sin embargo, era lo que deseaba hacer. Cuando le pregunté por qué había decidido venir a hablar conmigo, me dijo que uno de sus profesores, que resultó ser un buen amigo mío, le había insistido en que buscara ayuda porque se estaba aislando y sus notas se resentían.

En nuestra primera sesión, Stephanie me contó que

últimamente sentía mucha ira. No sabía de dónde provenía, pero estaba segura de que, si lograba ayudarla a «librarse de ella», volvería a ser feliz. Como respuesta, le conté mi querida analogía del síntoma y la infección, y le dije que no perderíamos el tiempo tratando su ira durante la terapia. Lo que sí trataríamos de encontrar, continué, sería la forma de resolver el origen de su ira.

Le pedí que me describiera cómo era su vida en casa. Me habló de los muchos valores admirables que sus padres le habían inculcado y de cómo estos la habían llevado a esforzarse en los estudios, honrar la cultura china y poner a su familia por encima de todo. Todo esto había instilado en ella una visión más colectivista del mundo en oposición al individualismo de los Estados Unidos[7]. Para ser tan joven y provenir de un contexto de precariedad, había logrado muchas cosas, pero, más allá de su gratitud, sentía que su crianza y su vida familiar habían sido bastante limitantes.

—Es como si, cuando estoy en casa, debiera ser lo más china posible y no pudiera ser otra cosa. —Le pedí que desarrollara eso. Hizo una pausa, como si estuviese a punto de traicionar a su familia—. Muy bien. Por ejemplo, incluso cosas triviales como los programas de televisión que veo tienen que estar en chino. Mis padres no quieren que vea la televisión americana, así que solo me permiten ver cosas en mandarín. Quiero poder ver las mismas series que mis amigos, pero en casa no me lo permiten y, aunque pueda parecer una tontería, impide que me sienta integrada en clase.

—¿Qué ocurre en clase? —pregunté.

—Cuando estoy en el campus, me maquillo, me peino como me apetezca... lo que sea. Puedo actuar y verme como quiera. Es como si pudiera ser más americana... o, al menos, más americana que la carrera que elija. Pero entonces mis padres empezaron a ponerse pesados con esto y me hicieron «suavizarlo», lo que me resultó increíblemente frustrante.

En este punto, pasó al mandarín sin darse cuenta y me describió en detalle una discusión entera entre ella y sus padres. Durante los siguientes cinco minutos, escuché pacientemente sin entender una sola palabra. (Yo también suelto peroratas en portugués cuando me enojo, así que podía comprenderla).

Al final, Stephanie me miró y se dio cuenta de que yo no tenía ni idea de qué me estaba contando, y ambas nos reímos. Pero le dije que, en esencia, lo había entendido. Hay cosas que van más allá del lenguaje y una de ellas es la forma en que, por mucho que las queramos, nuestras familias a veces nos vuelven locos.

—Suena como si te encontraras dividida entre dos grupos de valores culturales opuestos y no encajaras del todo en ninguno. Debido a ello, tus notas y tu felicidad se resienten.

—¡Exacto! Siento que no hay ninguna buena solución para esto. Si escojo una, sacrifico mi felicidad y, si escojo la otra, le doy la espalda a mis orígenes.

Como vivo y trabajo en Boston, una ciudad universitaria internacional, he tenido muchos pacientes como Stephanie, cuyos valores culturales de origen (sea cual sea este) chocan con los nuevos valores culturales que experimentan en los Estados Unidos. Y esta tensión crea un buen número de dificultades interpersonales. De hecho, la comunidad científica, a la que le encanta inventarse palabras, tiene un término para esto: *estrés aculturativo*[8]. La forma en que las familias responden al proceso de aculturación tiene un impacto directo sobre el nivel de estrés experimentado. Un estudio (realizado con estudiantes universitarios asiáticoestadounidenses), descubrió que el conflicto familiar aculturativo está vinculado directamente con un incremento del estrés[9].

Conozco bien cómo se siente el choque de valores culturales. Cuando vine a los Estados Unidos, no había nada que deseara tanto como ser estadounidense (recordarás cuánto me horrorizó que mi colega me dijera que «me veía muy latina»). Durante muchos años, me ofendía que la gente reconociera mi acento o me mirara y pasara a hablarme en español. No solo no era mi idioma, ¡sino que quería ser aceptada como estadounidense! Siempre que ocurría —y ocurría a menudo— mi cerebro entraba en bucle y solo deseaba gritar: «¡¿No ves que soy estadounidense?!».

Mi propio proceso de aculturación se demoró años, pero recuerdo una anécdota graciosa de mis primeros tiempos en Boston que representa el momento en que empecé a sentirme lo bastante segura de mí misma para integrar mi identidad brasileña con mi reciente identidad estadounidense. Me esforzaba mucho por ser estadounidense, pero, una soleada tarde de invierno durante mi primer año en el hospital, estábamos hablando de identidad cultural; una conversación que, como supondrás, no estaba preparada para tener y en la que no quería participar. Era casi la primavera de 2005 y, por aquel entonces, apenas tenía consciencia de mi propia identidad étnica. Así que, cuando la directora de nuestro programa empezó a recorrer la sala preguntándole a la gente por ella, empecé a sentirme muy ansiosa. Cuando me tocó a mí, solo logré soltar: «¡Soy latina!». Mi gran amiga, la doctora Molly Colvin, una fantástica neuropsicóloga y una de las personas más perspicaces que conozco, me miró y me dijo: «¡Diablos, Luana! Debes estar teniendo un día terrible. ¡Nunca te identificas como latina!». ¡Y tenía razón! En ese momento, me di cuenta de que necesitaba encarar mi proceso de aculturación. Solo que no estaba segura de cómo gestionarlo. Y por eso llegué a entender tan bien a pacientes como Stephanie.

Así que, cada una a su manera, tanto Stephanie como yo habíamos tenido que lidiar con un choque cultural, un conflicto que nos alejaba de lo que de verdad nos importaba. Debido a esto, a menudo permitíamos que la cultura dictara nuestras acciones sin preguntarnos el porqué ni considerar nuestros propios valores intrínsecos. Volviendo a la evitación, planteémonos una importante pregunta: ¿de qué manera la conducta de Stephanie era una forma de evitación? Pues bien, cuando la cultura obstaculizaba sus valores personales, Stephanie permitía que las normas de la cultura china dictadas por sus padres determinaran sus acciones. (En mi caso, la cultura estadounidense dictaba mi deseo de pertenencia). ¿Nos hacían sentir temporalmente mejor nuestras acciones? Sí, pero nos alejaban de una vida basada en nuestros valores porque operábamos en piloto automático, siguiendo un valor cultural que quizá ya no era nuestro. La cultura, la brújula de otros, puede ser un factor que nos impida vivir alineados con nuestros propios valores.

Deja que los valores sean tu guía

Lo opuesto a una vida controlada por las emociones, las metas u otras personas es una vida dirigida por los valores; una en la que estos funcionan como una brújula interior que te guía hacia y te ayuda a definir tus metas. Vivir según nuestros valores es a veces mucho más complicado que dejar que nos controlen nuestras emociones, nuestras metas u otras personas, pues supone enfrentarnos a la evitación, identificarla y, a menudo, recalibrar nuestras vidas hacia lo que más nos importa. Para ello, deberemos tomar decisiones que, en el momento, pueden provocarnos más incomodidad, aunque a la larga nos satisfagan más. Por ejemplo, escoger el gimnasio por la mañana siempre chocará con mi tiempo con Diego y, para ser sincera, es menos gratificante en lo inmediato que sus besos, pero, al escoger alinear mis acciones diarias con la salud como mi valor, es mucho más probable que tenga una vida más larga y saludable, y que, a la larga, pase más tiempo con él. De hecho, más de cien estudios centrados en la terapia de aceptación y compromiso (ACT; la terapia que introduje brevemente en el capítulo anterior) han documentado el impacto positivo de las conductas basadas en los valores[10]. Quienes aprenden a llevar una vida basada en sus valores sufren menos ansiedad, depresión, abuso de sustancias e incluso dolor físico. Aunque esta pueda ser complicada en lo inmediato, a largo plazo nos hará sentir más plenos. Para vivir con audacia, es imprescindible alinear nuestros valores con nuestras acciones, y eso es lo que haremos en el próximo capítulo.

Capítulo once

Calibrando tu brújula interior

Ahora que nos acercamos al último capítulo de *Vivir con audacia*, debo confesar algo. Durante los primeros años de mi carrera, nunca les hablaba a mis pacientes sobre sus valores, aunque a menudo pensaba mucho en los míos. Me había formado en lo que la psicología llama ahora la «segunda ola» de la terapia cognitivo-conductual[1], lo que significa que me centraba sobre todo en los pensamientos y las acciones de mis pacientes, y me dedicaba principalmente a crear planes claros para enseñarles a sus cerebros a no reaccionar a falsas alarmas (ver la segunda y tercera parte de este libro). Y, a pesar de que muchos estudios apoyan esta metodología[2] (por no hablar de que muchos de mis pacientes mejoraban), tras un tiempo empecé a sentir que faltaba algo. Era como si les hubiese enseñado a mejorar su salud a través del ejercicio y hubiese ignorado la dieta y el reposo.

Hablando de eso (y a riesgo de destrozar esta última analogía), invertía bastante tiempo en hablarles a mis pacientes sobre lo que comían, cuánto deporte hacían y cuánto dormían, porque cuidar de tu salud física ayuda a mejorar tu salud mental[3]. En un estudio publicado en *The Lancet Psychiatry*, que con frecuencia se posiciona entre las tres mejores revistas sobre salud mental, una encuesta a 1,2 millones de adultos en los Estados Unidos mostró que las personas que hacen ejercicio regularmente experimentan 43 % menos días de mala salud mental[4]. Los investigadores realizaron análisis posteriores para encontrar el punto justo para beneficiar a la salud mental: entre treinta y sesenta minutos de ejercicio, de tres a cinco veces por semana. Incluso levantarte e ir a pasear por la mañana en un día soleado tiene increíbles beneficios. ¡Menudo truco!

Además de asegurarme de que mis pacientes comieran, durmieran e hicieran ejercicio con regularidad, también me fijaba en su capacidad de estar presentes y conscientes, y los ayudaba a prestarle atención al momento sin juicios de valor[5]. En 1998, empecé a interesarme por la investigación en *mindfulness* y durante años asistí a todos los talleres impartidos por Jon Kabat-Zinn. Me alegro de haberme centrado en esta área, porque ahora hemos demostrado científicamente cuán importante pueden ser la consciencia y la meditación para nuestra salud emocional. El estudio y análisis de 142 ensayos controlados aleatorizados (léase, experimentos que asignaron aleatoriamente a sus pacientes, o bien una terapia basada en el *mindfulness*, o bien cualquier otro tratamiento) encontró que las intervenciones basadas en el *mindfulness* eran igual de efectivas que cualquier tratamiento científicamente probado de salud mental[6]. Estos resultados no sorprenderán a nadie que haya tratado alguna vez de hacer dos cosas a la vez. Cuando nuestra atención se divide entre dos actividades, podemos pensar que estamos haciendo más, pero en realidad nuestro desempeño se reduce[7]. El lugar donde esto ha podido observarse más ha sido en el aula. Los alumnos que chatean, acceden a internet o chequean sus redes sociales durante las clases tienen peores calificaciones y promedios más bajos[8].

Así que, aunque apoyaba a mis pacientes ayudándolos a rectificar su forma de pensar, a afrontar en lugar de evitar, a tener hábitos saludables y a observar el momento presente, sabía que me faltaba algo. Cuando me di cuenta, decidí sumergirme más a fondo en la terapia de aceptación y compromiso (ACT)[9]. (Quiero recordar que la ACT es un tratamiento científicamente probado[10] que se centra en darle sentido a la vida, aceptando al mismo tiempo el dolor y la incomodidad que inevitablemente la acompañan). Específicamente, me interesaba la idea de cómo los valores podían complementar el trabajo que había estado haciendo con mis pacientes.

Y lo que descubrí fue que, cuando incorporaba los valores a la terapia, tardaba menos en darlos de alta. ¡Todo un éxito! Al fin y al cabo, siempre he pensado que la parte más importante de mi trabajo es hacerlo tan bien que pierda una y otra vez a mis clientes. Y no era solo que sus síntomas mejoraran, sino que, con un plan basado en sus valores, estaban mejor preparados para lidiar con las dificultades futuras. Y este es también mi deseo para ti cuando termines de leer este capítulo.

Si nuestros valores nos sirven como brújula interior, entonces la meta es vivir de forma que estén alineados con nuestras acciones lo más a menudo posible. Eso no solo reducirá el estrés que sentimos, sino que también dará sentido a nuestras vidas. Cuando enseño a mis pacientes los pasos para alinear, me ayuda pensar en el ritmo de los partidos de tenis, «Juego, set y partido». En su lugar, los llamamos *nombra, fija, aúna*. En el juego de la vida, empezarás por *nombrar* tus valores, porque no puedes avanzar sin tener claro cuál es tu brújula. Después, *fijarás* una visión audaz para tu brújula interior. Esto te inspirará, permitirá a tu cerebro salir del hoyo y hará que sepas hacia dónde ir según tus valores. Por último, *aunarás* tus valores con tus acciones diarias.

La masa muscular entre tus oídos también necesita ejercicio

Nombrar, fijar y *aunar* requieren esfuerzo y práctica. Si de verdad estuviésemos jugando al tenis (en lugar de aprendiendo técnicas de salud emocional), quizá ya sabrías por dónde empezar. Hemos aprendido miles de formas de ejercitar nuestros cuerpos y tenemos incontables guías que nos dicen qué clase de ejercicio hacer, cuánto y cuán a menudo. (Respecto a esto, hay mucha buena información que se cruza con información terrible). El mundo nos enseña que, para hacernos más fuertes, estar más en forma y prevenir la fragilidad, debemos mover nuestros cuerpos y hacerlo con un plan. Y, sin embargo, nuestra cultura moderna ha separado la salud física y la emocional.

Por algún motivo, hemos decidido ignorar colectivamente que el cerebro no es más que otro órgano. Y, como tal, también necesita «ejercitarse». Claro, no puedes hacer flexiones con tu cerebro, pero, si trabajas en las técnicas en este libro, crearás *flexibilidad cognitiva*. Pero solo porque estemos hablando del universo de las ideas y los conceptos no significa que vayas a «captarlo» de la noche a la mañana. Debes entender esto como cualquier otra técnica, sea cómo hacer una buena sentadilla con peso o aprender un nuevo idioma. Te entiendo: esperar es insufrible. Y, como probablemente muchos de mis lectores, yo también he tratado de colarme en la fila.

En el año 2000, cuando empecé mi posgrado, mi gran amiga Berglind me habló del yoga y de lo bien que le había ido. Me animó a acompañarla a una clase para principiantes. Me encantó y me ayudó a enraizarme (y lo sigue haciendo tras veintidós años). Pero, cuando terminé la primera clase, me acerqué a la profesora y le pregunté: «¿Qué tengo que hacer para subir al siguiente nivel? ¿Podría lograrlo para el final del semestre?». En otras palabras: «¡Quiero alcanzar la iluminación, unos abdominales de acero y la movilidad de una gimnasta AHORA MISMO!».

La bondadosa y dulce profesora me miró y me respondió: «Esto es un camino, no un destino». Odié escuchar esa clase de manido mantra, pues todavía entendía la vida como una serie de metas que debían alcanzarse despiadadamente. ¡Al diablo con esa tontería del camino! Pero seguí yendo a yoga y esforzándome en cada clase. Y me alegro de haberlo hecho, porque sin ello nunca hubiese sobrevivido al posgrado. Para cuando terminó el semestre, aunque no había aprendido el secreto de la levitación, sin duda había progresado e incluso me sentía cómoda intentando cosas como pararme de cabeza (algo que, al principio, me había aterrado).

Te cuento esto para animarte a integrar tus valores, no solo durante la lectura de este libro, sino también mientras transitas el camino de la vida. Espero que esto pueda ser algo a lo que regreses siempre que te encuentres en una encrucijada o en un momento de transición vital. Quizá sean manidas tonterías que suenan mejor en un estudio de yoga, pero el camino de verdad importa. O, si lo prefieres, di que el progreso es más importante que el resultado. Así que progresemos. Que empiece el partido.

Nombra tus valores

Nombrar tus valores es el primer paso hacia una vida donde estos se alineen con tus acciones cotidianas. Aunque una sencilla lista pueda bastar para identificarlos, existe una forma incluso más poderosa y científicamente probada de hacerlo: escribe sobre lo que más te importa[11]. Los dos ejercicios de identificación de valores que encontrarás más adelante son los que la ACT utiliza más a menudo[12]. Se los conoce como los ejercicios «dulce y amargo», y yo los he adaptado según mi experiencia clínica para asegurarme de que puedas trabajarlos en este capítulo[13]. Uno está diseñado para ayudarte a identificar tus valores centrales a través de una técnica que te permite examinar un momento de alegría (léase, el ejercicio dulce) y el otro está pensado para que reflexiones sobre un momento doloroso (léase, el ejercicio amargo) e identifiques por qué dolió. Ambos nos ayudan a desentrañar los valores que más nos importan. Como estos ejercicios son dos caras de la misma moneda, no es necesario que hagas ambos para descubrir tus valores centrales. Para decidir en cuál quieres trabajar, déjate guiar por el que te haya llamado más la atención. Y, ante la duda, empieza con el momento dulce y descubre adónde te lleva.

Cuán dulce es vivir según tus valores

Dado que los momentos más deliciosos de la vida a menudo albergan en su interior nuestros valores, empecemos centrándonos en una situación específica en la que nos haya ido bien durante el último par de meses (ver reflexión a continuación). Si estás pasando por un momento especialmente duro y no se te ocurre nada, salta a la siguiente reflexión, que se centra en identificar los valores en los puntos de dolor de la vida.

Viviendo la dulzura

Piensa en un momento dulce específico que hayas vivido en el último par de meses. Puede haber sido pasajero o durado un día entero. Eso da igual. Visualiza el momento como si fuera una película y trata de capturar su esencia. No censures tu cerebro o trates de interpretar el momento con conceptos innecesarios. Limítate a retrotraerte con tanta presencia como sea posible por medio de todos tus sentidos. En cuanto hayas creado la película en tu cabeza, quiero que agarres un trozo de papel y escribas sobre ella durante diez minutos. Para asegurarte de cumplir con esto, pon un temporizador. Dedícate a escribir sin pensar, nada elaborado. Escribe lo que se te ocurra sobre ese momento genial en tu vida. Por si te quedas atascado o atascada, he aquí algunas preguntas que te pueden ayudar a desbloquearte:

¿Qué hacías?

¿Con quién estabas?

¿Qué sentías?

¿Cómo te sentiste después?

¿Cómo le describirías ese momento a tus amigos?

Te animo a esforzarte al redactar tu narrativa, porque la utilizaremos para ayudarte a identificar algunos de tus valores centrales en el próximo ejercicio.

El momento dulce de Ricardo

Regresemos a Ricardo para ver cómo identificó sus valores a través de este ejercicio. A pesar del dolor que le causaba su inminente divorcio, el ejercicio resonó mucho con él y le sirvió para entender mejor sus valores. Ricardo se centró en su familia y describió un momento durante unas vacaciones en que recordaba sentirse vivo y presente con sus hijos, Gabriel y Julia, y su esposa, María. He aquí un fragmento de las muchas páginas que escribió:

> Tengo a Gabriel y a Julia agarrados de las manos mientras paseamos por la costa en Miami. Es un día soleado y caluroso, y hay mucha gente en la playa. Miro a María y me regala una amplia sonrisa. Me siento pleno, como si la vida pudiera terminar en ese momento porque ya he conseguido casi todo lo que quería. El sol me ilumina la cara y me siento vivo, como si ese momento fuera lo único que importara en el mundo. Mis pies tocan la arena y siento que el mundo se mueve en cámara lenta. Cuando escucho la risa de Gabriel provocada por un chiste tonto que le he dedicado, me recuerdo cuán valiosos son estos momentos y cuánto adoro estar con ellos.

Ricardo continuó describiendo en detalle una conversación que tuvo con María aquel día, cuánto valoraba ella su tiempo de vacaciones juntos y cómo él había logrado centrarse en su familia aquella mañana y ser el padre y marido que quería ser sin que el trabajo lo distrajera.

Tras leerme Ricardo el texto en voz alta, trabajamos juntos una serie de preguntas de reflexión para identificar qué valores eran de verdad importantes para él en esta área.

He aquí algunas de las preguntas que examinamos:

¿Qué es lo que me importa en esta área?

¿Qué sugiere este momento sobre la vida que quiero?

¿Qué cualidades saca a relucir este momento que ilustran la vida que quiero?

Para Ricardo era muy importante el sentido de pertenencia con su familia y sentirse conectado a ella. Este momento le mostró lo que podría ser la vida si fuera capaz de estar totalmente presente con su familia en todo momento y le hizo sentir que estaba siendo el mejor padre y marido posible. Ricardo mencionó que, aquella mañana, había dejado su celular de trabajo en el hotel, algo que quizá había contribuido a hacer ese momento tan especial para él. Era algo que no hacía a menudo (y dudo que sea el único), así que, de costumbre, cuando estaba con su familia dividía su atención entre ella y las incesantes notificaciones de su ubicuo celular.

A Ricardo le costaba mucho centrarse en una sola cosa a la vez y, en nuestras sesiones, a menudo me decía (o quizá se lo estaba diciendo a sí mismo) que, para tener éxito, necesitaba hacer muchas cosas al mismo tiempo. Sin embargo, este recuerdo vacacional era diametralmente opuesto a estas creencias aprendidas. Al profundizar en su reflexión, Ricardo se dio cuenta de que, al haber estado presente aquel día, había sido más feliz y reducido su ansiedad, lo que lo sorprendió. Cuando examinamos en detalle los valores que permitieron a Ricardo sentir la dulzura de aquel momento, él identificó la conexión como un valor central. Gracias a esta exploración, Ricardo se dio cuenta de que, para vivir con menos estrés y más propósito, debía tener una conexión real y sostenida con su familia. Específicamente, necesitaba aplicar este valor en lo que respectaba a sus hijos. Aunque Ricardo escogió examinar sus valores a través de un momento dulce, este no estuvo libre de tristeza, pues no había estado viviendo alineado con sus valores centrales. Se percató también de que uno de los motivos por los que su matrimonio estaba fracasando era su falta de conexión con su esposa e hijos. Sí, valoraba profundamente esa conexión, pero a menudo ignoraba este valor clave cuando sus emociones se desbocaban (lo que ocurría mucho). Por culpa de esto, pasaba casi todas sus horas viviendo una dolorosa vida controlada por las emociones en lugar de una basada en los valores.

Ahora te toca a ti. Regresa a lo que escribiste en el ejercicio «Viviendo la dulzura» y analízalo por medio de la reflexión en la siguiente página. El objetivo es que utilices tu reflexión sobre la dulzura para identificar los valores más importantes para ti.

De «La bamba» a los valores

Durante semanas, fui incapaz de sacar tiempo para escribir este capítulo. Específicamente, no lograba «predicar con el

REFLEXIÓN

Identificando valores: cuán dulce es

Apóyate en tu reflexión sobre un momento dulce y trata de identificar valores específicos preguntándote:

¿Qué sugiere este momento sobre la vida que quiero?

_____

_____

_____

_____

¿Qué cualidades saca este momento de mí que ilustran la vida que quiero?

_____

_____

_____

_____

¿Qué es lo que más me importa en este momento?

_____

_____

_____

_____

Tras ponderar estas preguntas, trata de identificar unos cuantos valores que sean importantes para ti. A veces, nombrar los valores es difícil, así que, si necesitas ayuda para identificar los tuyos, regresa a la lista de valores comunes en la página 223.

ejemplo». Para ser sincera, me quedé atascada tratando de escribir mi propio ejercicio de dulzura en torno a la salud. Aunque me ha estado costando volver a poner mi salud en orden, me sentí inspirada por Ricardo y quise ver si lograba sacar algo dulce relacionado con mi salud, ¡pero no encontraba nada! (Por algún motivo, «empapar mi ropa de sudor en público» no me inspiraba demasiada alegría).

Al final, ¡me di cuenta de que estaba evitando! En cuanto logré identificar esto, me pregunté: «¿Cuál es el obstáculo?». Entonces, escuché una vocecilla en mi cabeza que se quejaba: *¡Estoy demasiado fuera de forma! ¡El camino para recuperarla será largo y arduo! ¿Cómo voy a sentir ninguna alegría en esta área?* Así que me pregunté: «¿Qué me diría mi mejor amiga en esta situación?». (¡Rectificar puesto en práctica!). Gracias a esto, llegué a: «Solo por que ahora no estés en forma, no significa que jamás hayas sentido alegría al centrarte en tu salud». Decirme esto alivió mi incomodidad y me permitió por fin realizar este ejercicio. He aquí un fragmento:

Son las primeras horas de una mañana de abril y Diego irrumpe en mi cuarto recién levantado para exigir que vayamos a hacer Peloton (no te preocupes, él no tiene una máquina Peloton, solo una pequeña bicicleta estática junto a la mía). Lo miro confusa. ¿Ponernos a hacer deporte a las siete de la mañana así porque sí? Pero me cuenta que David y él han estado haciendo ejercicio a diario mientras yo estaba en Los Ángeles en un viaje de trabajo, y quería que yo hiciera lo mismo. «Espera un momento, quiero un café», protesto, pero está claro que es una batalla perdida. ¡Así que al Peloton! Cuando llegamos al sótano donde está el Peloton, Diego está eufórico. Corre a levantar pesas (tiene unas de juguete que le regalamos por Navidad). Mirándose al espejo, se sonríe y dice que se hará más fuerte. Su sonrisa me hace feliz. Me siento viva, como si pudiera abrazarlo para siempre en ese momento. Pero no tarda en insistir en su exigencia de que haga deporte con él. Así que me subo reacia al Peloton (al principio horrorizada), pero el genuino amor de mi hijo por el ejercicio me ayuda a seguir adelante. Pongo mi programa de ejercicio latino favorito, la música suena alta y animada, y no tarda en empezar a sonar «La bamba»... y Diego se pone a bailar. Yo sonrío y pedaleo, pero en realidad estoy concentrada en cómo me hacen sentir la música y mi hijo... viva, presente, conectada. Diego adora la música y las canciones de este programa a menudo lo hacen bailar. Pasan veinte minutos en un abrir y cerrar de ojos. Estoy sudada, feliz y me siento fantástica.

Mientras pensaba en mi salud y en esa mañana en particular, me di cuenta de que lo que más me importa en el área de la salud es la conexión conmigo misma y con mi familia, el sentimiento de bienestar y también mi responsabilidad como madre. Me di cuenta de que, haciendo deporte a menudo y mostrando que me preocupo por mi salud, sirvo de modelo de una vida sana para Diego, alguien que evidentemente me importa mucho. Esto cimentó en mí la idea de que quiero una vida en que la salud sea una prioridad. Una vida donde le dé a mi cuerpo el espacio que necesita para asegurar que me mantendré fuerte y viva tanto tiempo como me sea posible. Una cosa es obsesionarse con la salud por una misma, pero otra muy distinta es crearla y mantenerla para dar más a las personas a nuestro alrededor.

Cuando tienes un hijo, tu vida no te pertenece. Vives por su bienestar. Y sé que debo ser fuerte para darle el máximo a Diego y cuidarlo, hacer que se sienta amado y brindarle las mejores oportunidades de prosperar en la vida. Recordar esa mañana también me ayudó a darme cuenta de que quizá no tengo por qué elegir entre la salud y la familia por las mañanas. Quizá exista una forma de integrarlas. Pero, sobre todo, me retrotrajo a lo que sentía cuando el bienestar había sido mi principal prioridad. De esta forma, si tuviera que apoyar todo esto a un solo valor, este sería el bienestar. Al infundir mi valor con un *por qué* más profundo, fue como si integrara un valor dentro de otro. Sí: quiero estar sana, pero mi bienestar no es solo por mí. Es para ser la mejor yo y poder entregarme más a mi familia, igual que las personas que quieren más riqueza para poder contribuir más a la caridad.

Utilizando el dolor para iluminar el camino

Como seres humanos, estamos programados para minimizar el dolor y hacer todo lo posible para no sentir incomodidad, motivo por el cual la evitación es tan prevalente y a menudo nos derrota cuando tratamos de cambiar nuestras conductas. A pesar de su faceta negativa, el dolor también es un indicador importante en la vida, tanto física como emocionalmente. Míralo así: ¿qué ocurriría si no pudieras sentir dolor? (De hecho, la historia de una mujer británica llamada Jo Cameron es, básicamente, la versión de la vida real de mi pequeño *¿Y si...?* Su historia es bastante interesante y vale la pena *googlearla*). Imagina que eres chef y que has perdido los receptores del dolor en las manos: ¿qué pasaría si agarras el mango al rojo vivo de una sartén de hierro fundido? ¡Nada! Bueno, más o menos. Aunque no sintieras nada, sufrirías terribles quemaduras. Así que, sentir dolor, por muy desagradable que sea, tiene un papel importante en esta situación: existe para protegernos.

El dolor emocional puede tener una función similar (lo sé, cuesta creerlo cuando estás tirado en la cama sollozando por una ruptura). El dolor emocional nos señala un peligro o dolor potenciales, y, aunque a menudo queramos alejarnos de él, puede ser una oportunidad de entender mejor nuestros valores. A través de las lentes de la ACT, existe una pregunta que los terapeutas a menudo plantean a sus pacientes para ayudarlos a identificar el valor tras el dolor: «¿Qué debería darte igual de esta situación para que no te doliera?». A menudo, cuando sentimos cierto grado de dolor emocional, uno de los motivos puede ser que algo muy importante para nosotros —uno de nuestros valores— se ha visto comprometido.

Por ejemplo, cuando le hice a Ricardo esta pregunta, rompió a llorar de inmediato y me dijo: «Para que el divorcio no me doliera, tendrían que darme igual mi mujer y mis hijos, lo que es imposible. Los amo y por eso todo duele tanto». De la misma forma, a mí tendría que darme igual mi bienestar para no sentir nada cuando fracaso en alinear mis actos con ese valor. Cuando me detengo a reflexionar de verdad sobre esta pregunta, también se me llenan los ojos de lágrimas, pues soy consciente de que, lo que no invierta hoy en mi salud física, se lo estoy quitando al tiempo que tendré con Diego.

Así que la idea de descubrir el valor a través del dolor se basa en la noción de que solo sentimos dolor emocional respecto a las cosas que de verdad nos importan[14]. De esta forma, la reflexión de la siguiente página te ayudará a acceder a tu dolor tras bambalinas para identificar qué es lo más importante para ti. En cuanto lo sepas, podrás crear un plan para realinear tu vida.

Identificar los valores comprometidos a través del dolor: los valores de Stephanie

Stephanie hizo este ejercicio centrada en la última discusión que había tenido con su familia. Para conectar completamente con su dolor, me pidió hacerlo en mandarín (su lengua materna), lo que me pareció una sugerencia excelente, dado que los estudios indican que utilizar un idioma en el que no somos nativos puede crear distancia emocional con lo que decimos[15]. Si no me crees, ¡trata de escribir sobre un momento serio o emotivo de tu vida en un idioma que apenas hables! Apuesto a que el resultado no

REFLEXIÓN

Momentos amargos:
del dolor a los valores

Quiero que te concentres en una situación que te haya provocado un inmenso dolor en los últimos dos meses. Puede ser un momento en que hayas sentido dolor, tristeza, incomodidad o cualquier otra emoción desagradable. Visualiza el momento como si fuera una película y trata de capturar su esencia. No censures tu cerebro o trates de interpretar el momento con conceptos innecesarios. Limítate a retrotraerte con tanta presencia como sea posible por medio de todos tus sentidos.

En cuanto hayas creado la película en tu cabeza, quiero que agarres un trozo de papel y escribas sobre ella durante diez minutos. Para asegurarte de cumplir con esto, pon un temporizador. Dedícate a escribir sin pensar, nada elaborado. Escribe lo que se te ocurra sobre ese momento difícil en tu vida. Utilizaremos tu narrativa para ayudarte a identificar algunos de tus valores centrales en el próximo ejercicio. Por si te quedas atascado o atascada, he aquí algunas preguntas que pueden ayudarte a desbloquearte:

¿Dónde lo sientes en tu cuerpo?

¿Cómo se siente dejar entrar al dolor?

¿Qué te dices en este momento?

¿Qué recuerdos surgen cuando permites que el dolor salga a la superficie?

le resultará apasionante a tus lectores. Stephanie escribió sobre el último explosivo y dañino conflicto entre sus identidades estadounidense y china. Estas discusiones con su familia tenían una enorme carga emocional y ambas partes sentían que no se las estaba escuchando o respetando. El choque generacional y cultural hacía mucho daño a Stephanie, así que decidió escribir sobre él.

Desearía poder compartir algo de su escritura contigo, pero, como ya he mencionado, traducir del mandarín no se encuentra entre mis competencias profesionales. Pero esto es lo que Stephanie y yo descubrimos a través de su reflexión: Stephanie se dio cuenta de que, siempre que sus padres insinuaban que debía ajustarse a las normas de la cultura china, ella se enojaba, disgustaba y frustraba, y a menudo no quería hablar con ellos. Pero ¿de dónde salían esas emociones? ¿Qué había tras su dolor? Se dio cuenta de que, si sus padres le dieran igual y no los quisiera tanto, sus opiniones no le importarían, lo que significa que se hubiese limitado a ignorar sus deseos y habría seguido con su vida. En otras palabras, cuando discutían, su amor por ellos se veía comprometido y, por lo tanto, le causaba dolor. Es importante subrayar que Stephanie y yo ya habíamos hecho mucho trabajo en terapia antes de llegar a este ejercicio. En lo que respecta a la aculturación, existían presiones tanto interiores como exteriores que era necesario abordar antes de invitarla a observar sus tensiones familiares a través de la lente de los valores. Dicho esto, al examinar su dolor y llegar al amor como valor central, Stephanie pudo empezar a sentirse mejor y menos enojada, y, en consecuencia, a trabajar en encontrar una forma de integrar las distintas partes de su identidad, negociándolas con sus padres.

Ahora te toca a ti. Cuando hayas terminado de escribir sobre tu momento amargo en la reflexión anterior, pregúntate: «¿Cuál de mis valores tendría que darme igual para que no me doliera?». Al ponderar esta pregunta, lograrás identificar cuál de tus valores probablemente está siendo violado en esta dolorosa situación. Esto es un indicador de qué valor te importa mucho. Resume tus conclusiones en la siguiente reflexión.

REFLEXIÓN

Descubriendo tus valores en los momentos amargos

Apóyate en tu narrativa sobre un momento amargo y pregúntate:

¿Cuál de mis valores tendría que darme igual para que no me doliera?

_____

_____

_____

¿Qué cosa importante para mí se está viendo comprometida?

_____

_____

_____

Tras ponderar estas preguntas, trata de identificar unos cuantos valores que sean importantes para ti. A veces, nombrar los valores es difícil, así que, si necesitas ayuda para identificar los tuyos, regresa a la lista de valores comunes en la página 223.

El dolor de reflexionar sobre el dolor

Si te está costando frenar y acallar tu cerebro para realizar esta reflexión, no estás solo/a. Personalmente, encuentro muy útil observar el dolor para identificar los valores, pero a menudo yo misma lo evito porque, como dijo mi paciente Miriam el otro día: «Es como si mi vida estuviera en llamas y, en lugar de apagarlas, me pidieras que la dejara arder para ver qué hay tras el dolor». Tuve que darle la razón: contemplar el dolor es contraintuitivo, tanto desde el punto de vista cultural como biológico, y, sin embargo, cada vez que un paciente mío se ha permitido visitarlo, el resultado ha sido una claridad absoluta en lo que respecta a sus valores.

Antes de empezar a fijar —el siguiente paso para alinear tus valores con tus metas— quiero compartir contigo mi propio momento doloroso, que, en muchos sentidos, condujo a este libro. De hecho, si no me hubiese permitido experimentar ese dolor, probablemente seguiría persiguiendo metas, mintiéndome al decir que me motiva la ambición, pero sabiendo que algo no va bien. Como he contado antes en esta misma parte del libro, llegó un momento en que supe que las cosas no iban bien en lo que respectaba a mi carrera y, sin embargo, me negué a abordarlas en serio, hasta que me topé con un enorme punto de dolor. Vino en forma de un choque entre mis valores y los de quienes dirigían la institución donde trabajo. La verdad es que hubo varios momentos que servirían para ilustrar por qué ya no encajaba, pero aquí voy a compartir uno que creo que ilustra el patrón y cómo el dolor puede revelar nuestros valores comprometidos.

En toda mi carrera, he tenido un solo jefe difícil; lo llamaré Robert. Robert era médico y tenía un alto cargo en el hospital donde trabajo. En resumen, era una persona muy importante en mi sector y alguien a quien había admirado durante más de una década. Hace unos años, me ofreció un complicado pero fantástico puesto para trabajar directamente con él, y, como lo idolatraba, salté de cabeza. Sin embargo, con el tiempo me di cuenta de que sentía una punzada cada vez que Robert me soltaba una de sus puyas. No fue algo en concreto lo que me derribó, sino un patrón de cortecitos que terminó por desangrarme. Eran la clase de comentarios que hace la gente de cierta edad sin darse cuenta, llenos de estereotipos de género y microagresiones, como una vez en que me dijo que debía comportarme «con más suavidad, más como una mujer y menos como un hombre». Recibí un comentario de estos tras otro hasta que, al final, dije basta.

No soy la única persona que ha pasado por una situación o experiencia así. Bastantes hombres y mujeres —muchos de nosotros, diversos— hemos vivido experiencias de discriminación, microagresiones y prejuicios a lo largo de nuestras vidas. Para quienes no formen parte del debate sobre esta clase de detonantes culturales, las microagresiones consisten en breves insultos e invalidaciones verbales, conductuales o ambientales dirigidos hacia personas con identidades marginadas[16]. Estas experiencias son dolorosas, reales y pueden tener un impacto negativo sobre la salud emocional de quienes las viven[17]. En mi caso, los continuos comentarios de Robert y su falta de apoyo terminaron por llevarme a dimitir; por desgracia, lo hice sin explicar el porqué. Sencillamente, decidí que necesitaba cortar lazos con él. Le dije a Robert lo que creí que querría escuchar: «Tienes razón, esto es demasiado ahora que tengo un hijo». Me avergüenza contarte esto, pues en aquel momento lo que dije no podía estar más lejos de la realidad.

Pensé que dimitir así sería más fácil y menos doloroso, pero, antes de aceptar el puesto, un psicólogo veterano de nuestro departamento me advirtió: «Hagas lo que hagas, no enojes a Robert». No entendí lo que significaba o cómo se suponía que iba a enojarlo, pero resultó que lo hice.

Le molestó que dimitiera y convirtió las siguientes semanas en un infierno personal para mí. El conflicto surgió por motivos económicos. Para ser exactos, Robert estaba convencido de que, de alguna forma, me habían pagado con los fondos equivocados y esto le había vaciado la cuenta bancaria. Esto puede resultar confuso si no trabajas en la academia, pero nuestros salarios provienen de fuentes distintas (por ejemplo, un 50 % de la Beca X, un 25 % de la Beca Y, y así sucesivamente). Este sistema es complicado de gestionar y a menudo se cometen errores. Sin entrar en detalles innecesariamente tediosos, a grandes rasgos lo que ocurrió fue que yo había negociado con Robert que todo mi salario saldría de una sola cuenta bancaria —la suya— mientras trabajara para él.

Unos días después de dimitir, recibí un correo suyo en el que insinuaba que había habido un error y que tenía que devolverle un gran porcentaje del dinero: ¡una cantidad equivalente a mi salario anual! Todo esto escaló al predecible embrollo de correos y llamadas y discusiones y conflictos, y se convirtió en el peor episodio de toda mi carrera. El tipo de situación que te quita el sueño, te da ansiedad todo el día y te agota mental y emocionalmente durante semanas. ¡Fue divertidísimo!

He aquí una muestra de mi situación desde el punto de vista de mi cerebro:

Son los primeros días de enero y me despierto a las cuatro de la madrugada. No puedo dormir. Mi cerebro está desbocado con miles de pensamientos:

¿Por qué me hace esto?

¿Qué hice mal?

Sé que negocié por todo mi salario.

Esto es injusto.

He trabajado muy duro y confiado en él durante mucho tiempo. ¿Qué le hace pensar que le he robado?

¿Acaso no confía en mí?

¿Qué voy a hacer si al final me piden que le devuelva la plata?

¡No tengo tanto dinero!

¿Qué consecuencias tendrá esto para mi familia y nuestras finanzas?

Quizá acepte más pacientes por las tardes... pero estoy agotada, es imposible trabajar más.

Mientras escribo, permito que regrese el dolor y las lágrimas acuden a mis ojos. Esto ocurrió hace casi dos años y sigue haciéndome llorar. Se me encoje el corazón, mi respiración se vuelve superficial y tengo ganas de escapar de este recuerdo... Pero, si no huyo del dolor, me asaltan otros recuerdos: momentos en que me sentí oprimida, en que, de forma explícita o implícita, me pidieron que siguiera la corriente. Los rostros de las personas involucradas aparecen en mi mente y vuelvo a llorar. Al final, tengo un nudo en la garganta que me impide hablar.

Esta fue una experiencia muy dolorosa para mí y tardé meses en ser capaz de sentarme a trabajar en esta reflexión temprano por las mañanas y dejarme sentir el dolor. Al principio todo era puro dolor y lágrimas, como el fuego del que hablaba mi paciente, Miriam. Algunas mañanas, me permitía llorar; otras, solo sentía ira. Pero, poco a poco, empezó a reducirse la intensidad del dolor y pude ver más allá de él y preguntarme: «¿Cuál de mis valores tendría que darme igual para que no me doliera?».

No dejaba de preguntarme: «¿Por qué sigue doliendo tanto?». Hasta que al final encontré la respuesta: confianza. La confianza es uno de mis valores centrales y, además, es especialmente complicada para mí. Como adulta, entiendo que nunca pude confiar en mi padre. Sencillamente, era demasiado poco fiable. Por supuesto, mi maravillosa mamá siempre estuvo ahí, así que fue mi modelo para la confianza. Pero también vi desde muy pequeña qué ella tampoco podía confiar en mi padre, así que la confianza siempre se sintió como una piedra preciosa que solo comparto con las personas que me son más cercanas. Esto es habitual en quienes han sufrido experiencias traumáticas, sobre todo en sus primeros años[18]. Así que la experiencia con Robert me dolió tanto porque sentí que ya no podía confiar en él, y todos los recuerdos que asocio con ese momento de mi vida, de una forma u otra, están relacionado con una violación de la confianza.

Así que, para ser capaz de decir: «¡Al diablo con Robert! ¡Se pasó de la raya!» sin que me doliera, tendría que darme igual la confianza. Y esa no soy yo. Necesito confiar en las personas a mi alrededor para sentirme segura en el mundo y poder operar en él. Por eso esa experiencia me dolió tanto. Después de identificar el valor tras mi dolor, pude empezar a sanar y encontrar una forma de reflexionar seriamente sobre qué haría ahora si volviera a encontrarme en una encrucijada como esta.

Quizá de encontrarte en mi misma situación con Robert, la confianza no hubiese sido lo que te hubiese impactado más. Podría ser otro valor, como la integridad, la verdad o la justicia. El valor que sentí comprometido es único en mí y mi visión del mundo, pero el principio subyacente es universal. Por ejemplo, si te importa mucho el desarrollo, pero te encuentras en un trabajo en el que nunca das la talla o en el que te piden que hagas cosas con las que sientes que no aprovechan todo tu potencial o que te frustran, probablemente sientes estrés en tu vida laboral. De igual manera, si te importa la justicia, pero te encuentras en situaciones de continua injusticia, es de esperar que experimentes emociones fuertes. Las emociones no son el problema, pues nos indican que algo no funciona; en este caso, que tus valores están comprometidos. Pero, si logras utilizar el dolor para reflexionar, verás que las emociones tienden a apaciguarse un poco y que te vuelves capaz de identificar el valor tras los sentimientos dolorosos, como hice yo.

Pero no te voy a engañar: explorar momentos dolorosos puede lastimarte. En cierta forma, imagino esto como una especie de cirugía emocional. Sí, podemos seguir tomando analgésicos para que deje de doler, pero ¿aborda esto la raíz del problema o solo reduce los síntomas? También es importante subrayar que, aunque estos sentimientos y recuerdos generen emociones desagradables, mi formación clínica me ha enseñado que, si hace falta, las emociones pueden verse con distancia, de la misma forma en que nos entrenamos para ver los pensamientos como algo pasajero. Si puedes reparar en ello, puedes aprender a hacerlo de forma objetiva sin dejar que te atrape. No digo esto para minimizar lo que puedas estar sintiendo, sino para infundirte el valor de sentir tus emociones sin vacilar. Y, al hacerlo, descubrir qué es lo que más te importa.

Fija una visión audaz

Ahora que has identificado tus valores, el siguiente paso es abrirte a dejarte guiar por ellos. Dejarte guiar por tus valores es una de las claves de la flexibilidad cognitiva[19], una habilidad imprescindible para perseguir tus metas incluso ante las dificultades[20]. En otras palabras, los valores nos permiten seguir avanzando hacia nuestras metas incluso cuando un obstáculo se interpone en nuestro camino.

Muchos de mis pacientes me miran con escepticismo cuando hablamos de fijar estas visiones guiadas por sus valores, como si fuera algo que valiera como ejercicio académico, pero no pudiese aplicarse al mundo real, donde reina el caos. Así que, ¿cómo aplicas esto de manera factible fuera de estas páginas? Míralo así: si los valores son la brújula, necesitamos saber más o menos adónde vamos (si no un destino concreto) que nos ayude a darle sentido a nuestra vida. Para esto, es imprescindible tener una visión audaz que hayas —y esto es lo importante— apoyado en un valor que sea intrínsecamente motivador. Por «visiones audaces» no me refiero a frívolos logros a la espera de ser tachados de la lista, publicados en redes sociales y olvidados. Me refiero a hitos importantes que definan quién eres, a cosas profundamente vinculadas a tus valores que, al ser vividas, te hagan sentir que, sí, para eso viniste al mundo. No tienen por qué ser ostentosas o impresionar a los demás. Solo tienen que significar algo para ti.

¿Se te acelera el corazón cuando te hago esta pregunta? Porque sin duda el mío lo hace cuando reflexiono sobre esto para mi propia vida.

A menudo me siento intimidada por esta clase de visiones audaces. ¡Me asustan! El dolor, el proceso, las probabilidades de fracasar... todo mi miedo a no ser suficiente. Pero no estás leyendo un libro sobre cómo evitar; estás aquí para vivir con audacia. Y eso no es indoloro.

Mi cerebro no me deja pensar en ello, es aterrador. Una advertencia antes de empezar: es probable que los juicios de valor de tu cerebro intervengan inmediatamente y traten de levantar un cartel de CARRETERA CERRADA para impedirte ser ambicioso o ambiciosa con tus sueños. Cuando trato de pensar en ellas, mi cerebro a menudo tiene cosas «útiles» que opinar sobre mis visiones audaces.

Es imposible que lo logres.

¡No es la primera vez que intentas cumplir una visión audaz y nunca lo logras!

¿Quién eres para ser ambiciosa con tus sueños?

¿Quién eres para pensar que a la gente le importará lo que

tengas que decir? (Una voz que me ha acompañado muchas veces mientras escribo este libro).

Si tu cerebro se desboca como el mío, te sugiero recurrir a la reflexión sobre el ciclo PEC del segundo capítulo y que escribas lo que esté ocurriendo en tu cabeza. Así podrás darte espacio para activar tu cerebro pensante antes de seguir adelante.

Para fijar tu visión audaz, quiero que realices un ejercicio que a menudo uso con mis pacientes cuando empiezo el tratamiento. En nuestras primeras sesiones, les pregunto cómo sería el éxito en el contexto de nuestro trabajo juntos. Normalmente, me contestan cosas relacionadas con su fiebre: menos ansiedad, menos tristeza, menos preocupación. Estos resultados serán indicadores importantes del progreso de nuestro trabajo, pero lo que de verdad estoy preguntando es: si tenemos éxito, ¿cómo será su «nueva» vida? Y, aunque «menos» sufrimiento es una buena meta, enmarcar cada respuesta en el «menos» no es tan útil como imaginarte la vida con «más». ¿Más conexión? ¿Ser más abierto? ¿Más...?

Para esta reflexión, quiero que vayas incluso más allá, que pienses no solo en más, sino en lo que más: ¿Cómo sería tu vida si hicieses lo que más te importa? En otras palabras, ¿cómo sería vivir plenamente con base en tus valores? ¿Serías atrevido/a o humilde? ¿La gente a tu alrededor te inspiraría confianza o transparencia? ¿Cómo sería vivir cada día priorizando tu valor central? Voy a darte una pista: puede ser muy parecido a tu momento más dulce (y muy distinto de tu momento amargo). Tómate unos minutos para ponderar estas preguntas con la reflexión de la varita mágica en la página siguiente.

REFLEXIÓN

La varita mágica

Apoya esta reflexión en el valor que has identificado en tu momento amargo. Tómate un momento para imaginar que tienes una varita mágica con el poder de eliminar todo el dolor relacionado con ese valor y sopesa qué haría falta para alinear tu vida con este valor que es tan importante para ti contestando a las siguientes preguntas:

¿Adónde te llevaría?

_____

_____

¿Cómo sería esa vida?

_____

_____

¿Qué harías en ella?

_____

_____

¿Con quién estarías?

_____

_____

¿Cuáles serían los valores clave que guiarían esta vida audaz?

_____

_____

Por favor, no te censures, no te pido que traces un plan práctico (para eso está el siguiente paso). Quiero instarte a que de verdad te visualices alcanzando esta visión audaz. Nuevamente, de momento el cómo da igual, solo importa el qué. ¿Cómo es tu visión audaz?

_____

_____

Las visiones audaces de Ricardo, Stephanie y la mía

La visión audaz de Stephanie tiene menos que ver con el amor en la relación con sus padres y más con su propio proceso de aculturación. Stephanie quería ser capaz de integrar las distintas culturas en su interior de forma que pudiese presentarse como su «yo» completo. Cuando exploró esto en más profundidad, vio que su visión estaba relacionada con la autenticidad. Cuando le pregunté qué significaba ser auténtica, Stephanie me dijo que le gustaría integrar Oriente y Occidente en su identidad cultural, y no verse comprometida por factores externos en su vida. Así, si quería ver la televisión en mandarín, lo haría, pero no porque sus padres lo aprobaran, sino porque le gustaba. Por el contrario, si decidía vestirse más «americana», también lo haría. Tendría grupos de amigos que aceptarían sus dos culturas y, en general, podría vivir según su propia brújula interior en lugar de permitir que las normas culturales le dijeran qué era aceptable.

La aculturación es complicada, pero, habiendo pasado yo misma por ella, pude empatizar con el deseo de Stephanie de mostrarse siempre auténticamente, sin sentir la necesidad de disculparse por las distintas y aparentemente contradictorias partes de sí misma. Te voy a contar un pequeño secreto: todavía uso mi uniforme gris corporativo, pero no porque quiera encajar. Hoy en día, cuando me lo pongo es porque me siento más como mi yo académica y estudiosa. Pero, por supuesto, ¡con el toque latino de un pañuelo rojo!

Si pudiera agitar la varita mágica para mí, centrándome en la salud, mi vida sería muy distinta. Viviría de forma más equilibrada, con menos caos y con más tiempo para construir el bienestar que tanto deseo. Participaría en más actividades físicas, con y sin mi familia, pero también añadiría alegría incorporando excursiones, largos paseos y una conexión más profunda con la naturaleza. En esta vida mágica, también me alinearía con la valentía. Esta me ayuda a seguir avanzando hacia la salud, especialmente en momentos de evitación. Con otro además de mi varita, un nuevo valor me guiaría profesionalmente: el impacto. Específicamente, el tener un impacto en personas de todo el mundo enseñándoles las técnicas de *Vivir con audacia* para contribuir a tratar la crisis mundial de salud mental.

Aunar: transformando las visiones audaces en planes audaces

Identificar un valor y visualizar una nueva realidad donde lo hemos integrado totalmente son los primeros pasos para alinear, pero no cambiarán tu realidad por sí mismos. Para eso, ¡debemos convertir los valores en acciones! Quizá pienses: *Muy bien, tengo esta visión audaz, pero no tengo ni idea de cómo empezar a avanzar hacia ella... así que, ¿por qué molestarme? ¿Qué probabilidades tiene de funcionar?* ¡Bienvenido a la fiesta de la disonancia! Como ya hemos visto, al cerebro no le gusta cuando dos cosas no encajan (en este caso, nuestra visión y nuestra realidad). Esto nos pasa a todos, especialmente cuando decidimos vivir una vida en la que nos enfrentamos al miedo y a nuestras inseguridades. Porque, al fin y al cabo, para vivir guiados por nuestros valores debemos acostumbrarnos a estar «cómodamente incómodos». Sin embargo, cuando nos sentimos incómodos, nuestros cerebros pueden entrar en pánico y tratar de encaminarnos hacia la evitación. Pero no temas: utilizaremos la ciencia conductual para ayudarnos a diseñar un plan claro y factible. Al hacerlo, llevaremos tu mundo interior al mundo exterior.

Primero, debemos dividir tu visión audaz en pequeños pasos. ¿Por qué? Porque, si tratamos de hacerlo todo de golpe, es más probable que fracasemos. Disculpa el cliché, pero Roma no se construyó en un día. Y lo mismo ocurre con la mejor versión de tu vida. Dicho de otro modo: imagina que estás de visita en un sitio que no conoces y te pierdes. Cuando le pides a alguien que te indique el camino, te suelta, en un rápido e incomprensible balbuceo susurrado:

GiraaladerechaenelsegundocrucedeSunsetBoulevardDrive ycuandoveaslapizzeríadeBobgiraalaizquierdaycuandolleguesa- casadeSuziegiraotravezalaizquierdaysigueunascuantasmanza- nasycuandoveaselcartelde«Carreteracerrada»nolehagascasoygi- raaladerechaytudestinoeslaprimeracasaalaizquierda.

¡Guau! ¿Qué ha sido eso? Si dependes de estas indicaciones, es muy probable nunca llegues a tu destino. Ahora imagínate que este indescifrable e incoherente párrafo fueran las indicaciones para tu visión audaz: ¿Cómo vas a cumplirla? Tu cerebro te preguntaría: *¿Quién es Suzie? ¿Cuántas manzanas? ¿Y si la carretera está cerrada de verdad?* Todas estas muy razonables preguntas pueden, o bien impedirte empezar el proceso, o bien llevarte por un camino completamente opuesto a tus valores... ¡y no queremos eso! Queremos desarrollar un plan claro que describa cuándo, dónde y cómo llegaremos donde más nos importa.

Convirtiendo tus valores en acciones

Para transformar tu visión audaz en un plan claro, nos apoyaremos en uno de los marcos conceptuales más revolucionarios que he visto en los últimos años: el Círculo Dorado de Simon Sinek. Simon es un conferencista mundialmente conocido, escritor e inquebrantable optimista[21]. En su libro *Start with Why: How Great Leaders Inspire Everyone to Take Action* (*Empieza con el porqué: cómo los grandes líderes inspiran a actuar*)[22], describe la utilidad tras el por qué, cómo y qué que impulsan toda acción mediante la metáfora de los círculos concéntricos.

Aunque el libro hace hincapié en ejemplos del mundo de los negocios, ha escrito extensamente sobre la aplicación del Círculo Dorado en las más diversas áreas de la vida. Yo lo utilizo para estructurar gran parte de mi trabajo, mi vida y mis ambiciones. De hecho, ¡lo he utilizado para estructurar este libro! Empiezo con el por qué de todo el libro (¡porque la evitación es terrible!); después, cada una de las partes (por ejemplo, rectifica, afronta y alinea) profundiza en cómo evitamos en esa área (las tres R: reacción, retirada, resignación) y en qué hacer con esto (bum: ¡ciencia!).

Así que quizá no te sorprenda que utilice el mismo concepto para ayudar a mis pacientes a crear un plan para alcanzar su visión audaz. Mi experiencia me dice que es muy útil sopesar cuatro cosas al diseñar los pasos de un plan audaz: 1) ¿Está alineado (el por qué)? 2) ¿Es concreto (el qué)? 3) ¿Es factible (el cómo)? 4) ¿Está programado (el cuándo)? Hacerte estas preguntas te ayudará a llegar a un paso viable. Unos pasos realizables te servirán para navegar la vida con un plan alineado con tus valores, para que no te pierdas (como hice yo) centrándote solo en el resultado (metas) y no en por qué haces lo que haces (el valor).

REFLEXIÓN

Creando un plan audaz para cumplir tu visión audaz

Ahora es tu turno de transformar tus valores en acciones creando pasos viables. Utiliza las siguientes preguntas como guía:

1. Por qué: ¿está alineado?

   ¿Qué es lo más importante para ti en tu visión?

   _____

   _____

   - Identifica el valor más importante de tu visión audaz y diseña el plan basándote en él.

2. **Qué: ¿es específico?**

   ¿Qué acción puedes realizar para alcanzar tu visión? Sé lo bastante específico para poder visualizar realmente lo que está ocurriendo y saber el momento exacto en que lo habrás logrado.

   - Acción: _____

   - Acción: _____

   - Acción: _____

3. **Cómo: ¿es factible?**

   Es hora de crear un plan de acción. ¿Qué necesitas para ejecutar cada una de estas acciones?

   - Acción:

   _____

   _____

   - Acción:

   _____

   _____

   - Acción:

   _____

   _____

4. **Cuándo: ¿está programado?**

   Saca tu calendario. ¿Cuándo completarás los pasos que acabas de esbozar?

   _____

   _____

Los valores de Ricardo y Stephanie en acción

Revisitemos las historias de Ricardo y Stephanie para hacernos a la idea de cómo es un plan audaz. Los planes de Ricardo eran difíciles de ejecutar porque implicaban a sus hijos. Esto suponía que tenía que consultar cualquier paso que planeara con su esposa en mitad de un incómodo proceso de divorcio. Ricardo me dijo que sentía que eso sería imposible dado lo difícil que se había vuelto su relación. Pero la verdad es que él estaba evitando un poco: cuando profundizamos en el asunto, quedó claro que había ocasiones en que estaba con sus hijos y podía centrarse en su conexión (alineado). Aunque organizar estos momentos pudiera ser complicado, no era una imposibilidad insalvable. Para lograrlo, trabajamos en ver qué podía hacer exactamente en el contexto de lo que podía controlar (viable) y encontró una excelente solución.

Decidió que pasaría tres cuartos de hora sin su celular del trabajo cuando estuviera con sus hijos (específico) dos veces por semana a la hora de la cena (programado). En concreto, los martes y los jueves, cosa que literalmente incluyó en su calendario (alineación focalizada). Para hacer esto factible sin provocase más estrés, programaba un mensaje de «no disponible» en su correo a esas horas, conteniendo así su deseo de chequear el celular. Este punto es importante porque conviene asegurarse de que tu meta viable no te añade más estrés.

En el caso de Stephanie, nos costó más encontrar pasos viables que la alinearan con vivir auténticamente. Stephanie estaba atascada con cómo encontrar acciones específicas en lo que se refería a constructos generales como la autenticidad. Así que le pedí que me definiera conductualmente cómo se veía eso para ella. Me dijo que le parecía que, si fuese auténtica, no tendría que esforzarse en encajar en las culturas china o estadounidense que la rodeaban. Si estuviese siendo auténtica, podría mostrarse y expresar sus opiniones como... ella misma. No su mitad china o su mitad estadounidense. Solo Stephanie.

Cuando le insistí un poco más, me dijo que sentía que una forma en que podría manifestar este valor sería a través de su forma de vestir. En concreto, decidió que llevaría una pieza de ropa (específico) que sintiera que representaba su identidad cultural (alineado) cada día de la semana (programado), independientemente de adónde fuera. Stephanie logró diseñar un plan valiente porque se tomó el tiempo de visualizar cómo concebía la autenticidad. Esto es un truco que utilizo con mucha gente y que puedes usar tú también. Cuando escoges una acción, pregúntate: «¿Es algo que pueda imaginar con claridad?».

Tanto Ricardo como Stephanie lograron diseñar pasos viables, aunque no sin complicaciones, como es de esperar. Lo que quiero subrayar aquí es que, incluso si al principio no lo logras, sigue intentándolo. Casi siempre tengo que hacer borrón y cuenta nueva más de una vez para asegurarme de que me he fijado pasos claros. Pero, como el arquitecto de la vida que de verdad quieres, tendrás que acostumbrarte a revisitar tus planos de vez en cuando.

Trabajando y retrabajando mi plan audaz

Diseñé dos planes audaces para mí: uno relacionado con el bienestar y otro con el impacto. Para el bienestar, me puse como meta hacer veinte minutos de ejercicio al día, cinco días a la semana, por las mañanas antes de que Diego se levantara, durante un mes.

¿Era este un paso viable? ¿Estaba alineado con mi valor del bienestar? Eso me pareció, pero, aunque lo intenté, fallé miserablemente la primera semana. Habían pasado dos años desde la última vez que había hecho ejercicio y pesaba casi veinte kilos más que antes de la pandemia, así que resultó que no era factible. Pero el fracaso solo es buena información para el próximo éxito, así que no me dejé desanimar.

Esto es algo que a menudo veo hacer a mis pacientes: crear un plan que pudo haber sido viable en el pasado, pero que quizá es demasiado ambicioso dadas las circunstancias (por ejemplo, la Luana de después de la pandemia creando pasos como si todavía fuera la Luana de antes de la pandemia). Así que, si este es tu primer intento de diseñar pasos viables, te sugiero que agarres lo que hayas pensado y te quedes solo con la mitad. La idea es prepararte para el éxito en lugar de sabotearte para el fracaso. Esto es un ejercicio arbitrario, ¡así que vale la pena que lo amañes a tu favor! Por ejemplo, si estuviese aconsejando a alguien para escribir un libro, le diría: «Que tu primer paso sea una página al día. Literalmente una página. Demórate quince minutos o dos horas, pero, cuando llegues al final de la página, detente.

Se acabó el día. *No more*». Esto podría parecer patéticamente fácil, pero también es muy sostenible. Y este ejercicio se trata de sostenibilidad.

Tras fracasar en mi propio intento, hice borrón y cuenta nueva, y diseñé un paso incluso más viable: diez minutos de ejercicio, tres días a la semana, antes de comer, durante una semana. ¡Este fue diametralmente mejor y logré seguirlo! Supuso un gran esfuerzo sacar esos diez minutos antes de comer tres veces a la semana, pero eso es importante: si tus metas no están en tu calendario, ¡nunca ocurrirán! El truco está en chequear de verdad tu calendario, poner el paso donde te parezca que tendrás más posibilidades de éxito y, después, ir con todo. Esta técnica ayuda a asegurar que tu meta está lo suficientemente programada. Sé que puede parecer una exageración, pero te prometo que, si no agendas estas cosas, la vida se interpondrá en tu camino.

Otro truco que utilizo a menudo para ayudarme a respetar estos pasos es imaginarme que son una cita médica. ¿Cuántos de ustedes decidirían simplemente no acudir a una cita médica, en especial si pudiera ser de vida o muerte? Apuesto que solo unos cuantos. Así que, al agendar una cita contigo mismo/a, es más probable que la respetes. Si no hay más remedio y ves que estás a punto de fallar, te insto a que hagas lo mismo que harías con tu médico: ¡agéndala para otro momento! En mi plan de bienestar, hubo una ocasión en que tuve que hacer deporte a las nueve de la noche porque me fue imposible hacerlo durante el día. Antes de comer, miré mi agenda para el resto del día y moví la cita al único momento libre que me quedaba.

Cuando me di cuenta de que la ambición ya no guiaba mi trabajo, descubrí el impacto como valor profesional central. En concreto, quería encontrar una forma de reducir la crisis de salud mental y, así, tener un impacto positivo en el mundo. Para mi valor de impacto, me centré en crear los pasos relacionados con este libro. Al fin y al cabo, estoy escribiendo *Vivir con audacia* porque creo que la ciencia y las experiencias que aparecen en estas páginas pueden tener un verdadero impacto ahí fuera.

Pero escribir con los plazos de una editorial no es tarea fácil. Dado que todavía soy relativamente novata en todo esto, para mí escribir sigue siendo algo que va y viene. A veces mi cerebro se queda bloqueado en pensamientos negativos y deja de producir. Así que me di cuenta de que la meta no podía tratar sobre los aspectos prácticos de escribir un libro *per se*. De hecho, no me marqué ningún paso viable hasta que llegué al capítulo 6 y me di cuenta de que el primer borrador era horrible, me quedé paralizada de miedo y necesité una patada en el trasero para entregar la mercancía a tiempo.

He aquí a lo que me comprometí: sesiones de escritura de media hora, tres días a la semana, durante tres semanas. A menudo puedo escribir dos horas sin darme cuenta, así que el compromiso respecto al tiempo y al número de días era comedido y factible, pero aun así tuve un problema. ¿Adivinas cuál? ¡No podía imaginármelo! Así que le di una vuelta más y se me ocurrió un plan que sí pude visualizar.

Resultó que, para tener éxito, solo tenía que ajustarlo a escribir a las nueve de la mañana (cuando Diego se va a la escuela), martes, miércoles y jueves, media hora, durante tres semanas. Este es el plan que acabó en mi calendario.

Pero solo porque creara este plan, no significa que fuera fácil. Claro, era más fácil que no tener ninguna meta, pero mantenerlo durante tres semanas fue duro y desearía haberme comprometido menos tiempo. ¿Por qué? Porque no había tenido en cuenta un viaje de trabajo que me obligó a ajustar mucho esa semana.

Las cosas pasan, los valores cambian, la audacia se mantiene

Hay dos puntos sobre alinear que quiero subrayar. Primero: ¡la vida pasa! Todos nos enfrentaremos a imprevistos, pero será lo que hagamos con ellos lo que dicte nuestro éxito. Yo ajusté esa semana mi plan de escritura y madrugué más durante el viaje para escribir, asegurando así mi compromiso. Eso no fue fácil y tampoco «factible». Así que, si te topas con un importante bache en el camino —un viaje de trabajo, tu hijo se enferma, tu pareja requiere tu atención— haz borrón y cuenta nueva, chequea tus valores, visualiza dónde quieres llegar y revisa tu plan.

Y ese es el segundo punto: a veces fracasamos en nuestros planes audaces porque las situaciones externas nos obligarán a cambiar el valor al que estemos dando prioridad (al fin y al cabo, los valores chocan). De hecho, mientras trabajaba en este libro, hubo dos semanas en las que tiré los pasos a la basura porque toda mi familia enfermó de COVID. Te cuento esto para asegurar que seas amable contigo cuando apliques tus planes. Sí, necesitas disciplina, pero también tienes que ser realista. Simplemente, no caigas en el autoengaño y céntrate en materializar tu visión. Nadie te obligará darle sentido a tu vida, así que tendrás que rendirte cuentas a ti (aunque, si tienes un amigo o una amiga que esté pasando por un proceso similar, alguien con quien compartir la responsabilidad puede ser un excelente recurso).

Ahora, cuando comparo cómo me siento cuando vivo según mis valores y voy al gimnasio con cuando encuentro un pretexto para dejar mis tenis en el clóset, la diferencia es enorme. Dicho llanamente: uno de esos días es maravilloso y el otro es una mierda. Estoy segura de que adivinas cuál es cuál. Si piensas en un día en que tus acciones están alineadas con tus valores y comparas eso con un día en que no has hecho nada de lo que más te importa, ¿cómo te sientes? Creo que te haces a la idea de por qué es importante aprender esta técnica. Es la diferencia entre irte a la cama sintiéndote pleno y estresarte porque cada día se funde con el siguiente sin nada relevante que te dé la clase de satisfacción y calidez que hacen que la vida valga la pena. Por supuesto, no te prometo que aprender esta técnica sea la clave para sentirte de maravilla absolutamente todo el tiempo, pero sí que, si te tomas el tiempo de alinear de verdad tus valores y tus acciones, el camino de tu vida será mucho más satisfactorio que si no lo haces.

Antes de cerrar este capítulo, debo advertirte de algo importante: los valores pueden cambiar a lo largo de nuestras vidas.

De hecho, dado que la vida es cambio, debes esperar que tus valores evolucionen con el paso de los días, semanas, meses y años. A medida que avanzamos, las situaciones cambian y decidimos priorizar otros valores. Al fin y al cabo, nuestros valores no son más estáticos que nuestras vidas y, dependiendo de lo que esté ocurriendo en un momento dado, nos veremos obligados a realinear lo que hacemos para que se corresponda con nuestro nuevo norte verdadero. Piensa en ello como en el mantenimiento de nuestra brújula de valores.

Como aprendí en mi primera clase de yoga en el año 2000, todo es un camino, no un destino. Con una buena brújula a mano, estás equipado para el viaje. A veces puede ser duro; otras, maravilloso y, a veces, solo es, sin más. Pero es un camino que vale la pena seguir porque tu norte verdadero apunta en dirección a la plenitud. Y no solo a la plenitud barata del mundo material. Me refiero a la satisfacción que te acompaña a la cama y que hace que te emociones por lo que te deparará un nuevo día. Cuando se desaten las tormentas de la vida y te hagan perder el rumbo, no te desanimes: la brújula sigue ahí. Nunca he conocido a nadie que fuera en línea recta hacia su norte verdadero. Es humanamente imposible.

Avanzar con audacia es darte tiempo para frenar cuando te encuentres a la intemperie. Cuando eso ocurra, identifica tu patrón evitativo y enfréntalo a la técnica que lo supere (¡mata al dragón!). Si es tu forma de pensar la que te está desviando, rectificar irá al rescate. Si tu reactividad te está privando de lo mejor de ti, afrontarla a través de la acción opuesta recalibrará tu viaje. Y, cuando estés haciendo lo que siempre has hecho, seguir el GPS de otros, será momento de alinearte con tus valores. Como le gusta decir al ex-SEAL, escritor y conferencista Jocko Willink en su pódcast: «No pasa nada si te desvías del camino. Simplemente vuelve a él».

No hay una solución única que vaya a funcionar para todo el mundo para siempre, pues estas técnicas están diseñadas para ser enfrentadas a tu patrón evitativo actual. Con la práctica, aprenderás a detectar tu evitación más deprisa, enfrentarla a la técnica que la solucione y actuar. ¡Pero hace falta práctica! En esto solo hay una forma de fracasar: no hacer nada. Cuando la evitación llame a tu puerta, ábrele e identifícala, pero no la sigas. En cambio, interrógala, descubre cómo pretende desviarte y toma una decisión audaz. Hay mucho en juego en la vida. Estamos aquí durante una cantidad de tiempo inconcebiblemente breve, así que te animo a utilizar estas técnicas como tu escudo y espada contra un enemigo (la evitación) que quiere privar a tu vida de sentido. Quizá sea una hipérbole, pero no por mucho.

QUINTA PARTE

Conclusión

Capítulo doce

Vuélvete audaz siendo el agua, no la roca

Muchas noches, cuando le leo a Diego antes de acostarlo, pienso en el privilegio que es tener tiempo de leerle. Aunque puede haber quien crea que leer *I am Albert Einstein* de Brad Meltzer por enésima vez no es ningún privilegio, te aseguro que, para familias de pocos recursos, el lujo del tiempo es escaso. De niña, recuerdo que mi mamá trabajaba hasta tarde casi todas las noches. Cuando llegaba a la casa, se sentaba para ver algo de televisión con nosotras, pero siempre con un ojo en la pantalla y el otro en la tarea que estuviese haciendo, fuese remendar una prenda o preparar nuestras comidas para el día siguiente. Siempre había algo que exigía su atención antes del momento de volver a levantarse y empezar el ciclo de nuevo. No era fácil poner comida en la mesa y parte de la dificultad era que nunca tenía tiempo suficiente. No tenía tiempo suficiente para holgazanear por las mañanas ni para sentarse a conversar ni para apreciar cuán increíble era que lograra que la casa funcionara con los pocos recursos que teníamos. Imagino que muchas familias de todo el mundo están en el mismo barco en que el mero hecho de frenar y pasar tiempo leyéndoles a sus hijos es sencillamente imposible. En consecuencia, de niña no leía a menudo. De hecho, cuando llegué a los Estados Unidos, me sorprendió descubrir que había niños que incluso leían durante el verano. No es que nuestra infancia fuera una película de terror: jugábamos afuera, veíamos a nuestros amigos e íbamos a nadar, pero no había ni un libro a la vista. Al menos en mi familia.

Pero esto cambió cuando me mudé con mi abuela en 1995. Ella tenía muchos libros en casa, leía a menudo y le gustaba hablar de lo que estuviese leyendo. Cuando pienso en esto casi treinta años después, me siento afortunada por haber pasado tiempo con ella, pues supuso una gran oportunidad de descubrir el mundo a través de sus libros. Recuerdo perfectamente el primer libro que me hizo leer: *El alquimista*, de Paulo Coelho. Aunque el libro se ha vuelto muy popular en todo el mundo, fue especialmente importante (y sigue siéndolo) para la comunidad brasileña. Me hizo leerlo porque estaba pasando por los habituales problemas de elección de carrera —qué hacer con mi vida, en qué me convertiría— y, cuando me debatía con estas preguntas, a menudo me preocupaba mucho por los recursos, tanto los vigentes como los futuros. Nunca me consideré «de pocos recursos» *per se*, pero la realidad era que sabía que teníamos limitaciones económicas y me preocupaba hasta el punto en que mis sueños no eran más que un estrecho camino del que nunca salía.

Una tarde, tomando café, mi abuela insistió enérgicamente en que podía ser lo que quisiera, hacer lo que quisiera y tener sueños tan grandes como quisiera. El único pero era que, si podía soñar algo grande y audaz, me correspondería a mí hacer que ocurriera. Esta realidad mágica me pareció una tontería. Al principio atribuí estas locuras a su arraigada creencia en cosas como los cristales y los campos energéticos. No me malinterpretes, atesoro los cristales que me regaló a lo largo de los años y todavía los conservo, pero la científica en mí no tiene claro cuánto poder albergan en realidad. Aunque debo admitir que me hacen sentir poderosa porque me recuerdan a ella. En todo caso, cuando me pintó este panorama Disney color de rosa —que podía hacer cualquier cosa que pudiera soñar— me negué a aceptarlo y todavía recuerdo discutir con ella sobre las limitaciones que siempre condicionarían mi vida. Y esto nos conduce de nuevo a *El alquimista*. Me dio el libro y me dijo: «Lee esto y, cuando lo termines, dime si todavía piensas lo mismo». Mientras escribo este capítulo, todavía tengo junto a mí mi viejo ejemplar en portugués. Si no has leído el libro, es una historia maravillosa sobre ir en busca de tu propia leyenda personal en el mundo escuchando a tu corazón y persiguiendo a tus sueños. Suena cursi cuando lo suelto así, pero créeme cuando digo que, como científica de Harvard, todavía me sorprende cuánto cambió mi vida esta novela de ficción.

Tras leerla y comentarla con mi abuela, sentí la primera rectificación de mi vida. Como has aprendido a lo largo de este libro, nuestras visiones del mundo se basan en nuestro contexto, nuestra historia y las lecciones que hemos aprendido en la vida y a través de experiencias pasadas. Y, cuando formamos esta perspectiva, hacemos todo lo posible para mantenerla. Quizá recuerdes cómo nuestros cerebros están programados para reducir la disonancia cognitiva confirmando lo que ya sabemos (o creemos saber)[1], así que, si te crías escuchando: «La vida es dura, tenemos muy poco y la situación nunca va a mejorar», será así como verás el mundo y esta creencia guiará muchas de tus acciones.

Por suerte, la ciencia ha demostrado que nuestros cerebros pueden cambiar mediante la neuroplasticidad[2]. Exponiéndonos al estímulo adecuado, podemos alterar la narrativa en nuestra mente. Y eso es precisamente lo que hizo conmigo *El alquimista*. Mi abuela no sabía nada sobre la terapia cognitivo-conductual, pero su sabiduría le había enseñado que la vida podía cambiar y que, para que eso ocurriera, la persona tenía que modificar su narrativa. Solía describirme nuestros pensamientos como cintas que se reproducen en todo momento en nuestras cabezas. Si estas cintas dicen: «No eres suficiente», ¿cómo vas a pensar en ti misma en otros términos? (Sé esto bien porque llevo los últimos treinta años tratando de cambiar la cantinela en mi cerebro).

Mi abuela me dio *El alquimista* porque sabía que me ayudaría a ver el mundo de otra forma. En otras palabras, que rectificaría mi perspectiva limitada de la vida—a través de mis lentes de constantes dificultades económicas— hacia un punto de vista mucho más amplio de un mundo extenso donde los sueños pueden hacerse realidad cuando aprendemos a cambiar los mensajes limitantes que transmitimos en nuestros cerebros. Décadas de investigación neurocientífica validan ahora la sabiduría popular de mi abuela. Lo supiera o no, me ayudó a entrenar a mi cerebro para ser más flexible. Los estudios señalan que la capacidad de moldear y alterar nuestro pensamiento (una habilidad llamada *flexibilidad cognitiva*) está directamente relacionada con una mayor resiliencia[3]. Y tiene sentido, ¿no te parece? Si literalmente podemos cambiar cómo nos vemos a nosotros mismos y al mundo a nuestro alrededor, es muy fácil amañar esta habilidad a nuestro favor. Si, hasta cierto punto, todo es una narrativa arbitraria, ¿por qué no asegurarnos de que esta nos sirve para disfrutar de una existencia más agradable?

Y aquí estoy, escribiendo este libro porque hace treinta años una lectora entusiasta le dio a su nieta su libro favorito y este le enseñó a ver el mundo de una forma completamente distinta. Una de las citas más conocidas de la novela (y una de mis favoritas) reza así: «Cuando quieres algo, todo el universo conspira para que realices tu deseo». Siempre que me topo con un bache en el camino hacia mis sueños o me sumo en momentos de miedo, ansiedad o tristeza, me repito estas palabras. De la misma forma en que te insto a dirigirte a ti como si le hablaras a tu mejor amigo o amiga, también practiqué hablar conmigo misma como si fuera mi abuela quien hablara. Siempre que la evitación llama a mi puerta, reproduzco esta cita en la casetera de mi mente.

Hicieron falta muchos años y libros más, y mucha más ciencia, para cambiar de verdad mi perspectiva. Pero todo comenzó con *El alquimista*. Te cuento esto porque uno de mis deseos más profundos para este libro que tienes ahora entre las manos es que pueda ayudarte a cambiar la ansiedad, el *burnout*, el estrés, la adversidad, el dolor y la evitación por una vida mejor, alineada con los deseos de tu corazón, donde la ansiedad se transforma en tu superpoder.

A lo largo de este libro, he compartido muchas anécdotas propias en que mi cerebro se bloqueó y me dijo que no era suficiente o que era una impostora a punto de ser descubierta. Me río al escribir esto, pues si observo los datos objetivos de mi vida, esta afirmación es factualmente incorrecta. Como el cerebro es una maravillosa, pero ocasionalmente defectuosa, máquina predictiva a la que no le gusta cambiar su programación[4], a menudo revierte a las viejas creencias centrales que creó durante la infancia. ¡Pero una vida audaz no trata de vivir sin pensamientos distorsionados o negativos! Trata de invertir tiempo en aprender a cambiar estos pensamientos y rectificar tu perspectiva una y otra vez, de hablarte con compasión, como si fueras tu mejor amigo o amiga. Habrá a quien esto le siga pareciendo cursi, pero ¿por qué solo deberías desear el bien a otros? Comprometerte con una vida audaz supone reconocer que deseas tanto tu propia felicidad como la de sus mejores amigos o familiares.

Aunque rectificar tu perspectiva es muy poderoso, no es tu única técnica. La verdad es que la vida es dura y a veces nos enfrentamos a dificultades extremas. Pero, por suerte, has aprendido otras dos técnicas que pueden hacer tu camino algo más fácil, y mi favorita es afrontar.

A menudo se malinterpreta el afrontar como técnica porque,

gran parte del tiempo, cuando te has atascado ya has intentado mil cosas para liberarte. Sin embargo, afrontar como técnica está diseñada para ejercitar tu cerebro, para enseñarte que puedes calmar el cerebro emocional y reactivar el cerebro pensante practicando la acción opuesta. Acercarte a tu incomodidad y sentirla es la manera de empezar a luchar contra el verdadero enemigo: la evitación[5]. Afrontar es uno de los superpoderes derivados de las terapias dialéctico-conductual y cognitivo-conductual, pero también es una de las técnicas más difíciles de practicar. Por definición, experimentarás cierta incomodidad al afrontar. Es como obligarte a salir de tu cálida cama para darte una ducha de agua fría: difícil por mucho que sepas que esta rutina matinal te prepara para romperla durante el día. Aunque la cama caliente se sienta bien a corto plazo, es, metafóricamente hablando, el verdadero enemigo. Cuando cedes a sus cantos de sirena, tu vida se ve limitada.

Mi abuela también me enseñó a afrontar cuando me invitó (léase, me obligó) a hablar con desconocidos durante mi adolescencia. Cuando me fui a vivir con ella a una ciudad más grande, mi cerebro gritaba: *¡La gente da miedo! ¡Huye!* Y le hice caso. La evitaba, junto a la incomodidad que me provocaba, siempre que podía. Pero, en lugar de permitirme lloriquear en casa, mi abuela me obligó a hacer lo opuesto a lo que quería: hablar con extraños (acción opuesta). Así que, igual que debes empezar a hacer ejercicio poco a poco para aprender la técnica y hacerte más fuerte, también debes escoger cuidadosamente tus actividades de afrontamiento para asegurarte de que empiezas con algo realista. Aunque este proceso puede ser lento (como aprender cualquier técnica), ten algo claro: nuestro cerebro es un órgano que puede cambiar y lo hace. Con la práctica, el miedo y la incomodidad se reducen.

Cuando empieces a practicar, te insto a que vayas poco a poco para identificar tu forma de evitación. Además, recuérdate que tomará su tiempo. Si te has atascado, quizá necesites una guía terapéutica. Aunque creo que este libro proporciona muchas de las técnicas necesarias para vivir una vida audaz, también sé que a veces necesitamos a un profesional de la salud mental, a los que a menudo imagino como entrenadores. Igual que un atleta de alto nivel puede necesitar de vez en cuando a un entrenador que refine sus habilidades, tú también puedes necesitar un empujón en la dirección adecuada. Nunca olvides que, para ser audaz en lo que a afrontar se refiere, debes aceptar una vida que sea siempre «cómodamente incómoda». En mi caso, he descubierto que los verdaderos placeres se encuentran dentro de esta tensión.

Por último, no debemos olvidar nuestros valores. Cuando empecé a escribir este libro, realmente no sabía hasta qué punto había estado evitando vivir guiada por mis valores. Había ignorado por completo mi brújula interior y seguía un camino que sentía que el mundo había trazado para mí. Nadie en particular tiene la culpa de que fuera a ciegas y nadie me obligaba a vivir de cierta manera. Pero cuando tu profesión, tu cultura y tu burbuja te consumen, a menudo puede parecer que solo existe un camino hacia el éxito (independientemente de cómo lo definas) y, para mí, el éxito era esforzarme cada vez más para perseguir una vaga idea de ambición. Durante muchos años, esta definición de éxito me sirvió, pero en algún punto dejó de funcionar y respondí evitando mi nueva realidad. A menudo les explico a mis pacientes que enfrentarse a la realidad no significa que tenga que gustarte. Pero, por mucho que duela mirarla de frente, ignorarla no es más que otra forma de evitación.

Por algún extraño motivo, agradezco algunas de las dificultades a las que he tenido que enfrentarme en mi trabajo durante el último par de años, pues estos conflictos fueron un toque de atención para revisitar en profundidad mis propios valores. Si miras más allá del dolor y lo interrogas, preguntándote: «¿Qué tendría que darme igual para que esto no me doliera?», puedes encontrar el valor que está siendo violado. Como te he contado, la confianza es algo que necesito en mi trabajo, y la confianza fue precisamente el valor que terminó comprometido en mi vida profesional. Ese fue el beso de la muerte.

En mi búsqueda de una vida guiada por los valores, empecé a prestarle más atención a mis momentos de alegría. ¿Qué hacía cuando mejor me sentía? ¿Con quién estaba? ¿Qué me hacía fluir? Una de estas experiencias alegres fue grabar un curso de gestión de la ansiedad con Dan Harris. Conocí a Dan cuando me invitó a su pódcast en marzo de 2020. El tema del episodio fue la ansiedad y, si te fijas en la fecha, reconocerás que coincide con el inicio de la pandemia en los Estados Unidos. Aquel día, ninguno de los dos sabía que, a efectos prácticos, el mundo entero se cerraría pocos días después de la grabación.

Fue un placer trabajar con Dan y, alrededor de un año más tarde, me invitó a grabar un curso con él para su aplicación *Ten*

312 VIVIR CON AUDACIA

Percent Happier. El proceso de desarrollar el curso con su equipo fue genial, pero disfruté especialmente volver a trabajar con él. Cualquiera que conozca su programa sabrá que es un entrevistador increíble y el proceso de crear el curso con él fue profundamente placentero. Sobre todo, porque me di cuenta de cuán feliz me sentí haciéndolo. No me pareció un esfuerzo y, sin embargo, el resultado fue excelente (aunque esté mal que yo lo diga). Sentir que fluyes puede ser un importante indicador para ayudarte a identificar tus verdaderos valores, pues es lo que ocurre cuando tus acciones están alineadas con algo que de verdad te importa. Y por eso tu estrés puede reducirse en esos periodos. De hecho, la próxima vez que termines de fluir con algo, pregúntate: «Olvida el estrés. ¿He sido siquiera consciente de mí mismo durante este tiempo?».

Cuando pude ver más allá del dolor en mi trabajo y lo comparé con la satisfacción que sentí trabajando con Dan, me di cuenta de que tenía que volver a hacer algo como eso. Y ese algo se convirtió en el libro que tienes ahora entre las manos. Escribir esto ha sido uno de los trabajos más transformadores de toda mi carrera profesional y me ha permitido realinear tremendamente mis acciones diarias con mis valores. Aunque no sé cómo lo recibirá el mundo, estoy orgullosa de haber plasmado en estas páginas mi propio camino audaz desde la pobreza, a Harvard y a ir por mi cuenta para convertirme en escritora. Cuando alinees tu vida con tus valores, es muy probable que te topes con el miedo. Pero ser audaz no es lo mismo que no tener miedo. Ser audaz es vivir según lo que más te importa, pase lo que pase. Y eso se convierte en una de las más bellas recompensas imaginables.

Para sintetizar, quiero cerrar este libro con otra perla de la sabiduría de mi abuela, pues me parece que ella tenía la receta perfecta para vivir con audacia. Una de las muchas tardes en las que nos sentamos a conversar frente a un café, hablamos del cambio y de cómo mucha gente está dispuesta a lo que sea con tal de evitarlo. Mi abuela decía que la gente responde al cambio de dos maneras distintas:

Hay quien se convierte en una roca, quieta e inamovible; quien se aferra a lo viejo y lucha a la desesperada contra lo nuevo. Si eres como una roca, ya sabes de qué hablo. Quizá sigas en un trabajo, aunque te amargue (como hice yo), porque no quieres complicar las cosas. O quizá estés en una relación que no funciona porque el miedo a exponerte y volver a empezar el incómodo proceso de conocer a alguien te paraliza. O quizá insistas en tu punto de vista en una discusión a pesar de que haya montones de pruebas que te contradigan. En los últimos años, he entendido que lo que mi abuela llamaba «la roca» es la personificación de la «evitación». Al final, la evitación no es lo que hacemos o dejamos de hacer, sino el porqué. Y si tu porqué es reducir deprisa tu temperatura emocional, probablemente estés evitando. Así que, si piensas en lo que significa ser como una roca, mi abuela venía a decir que, da igual si estás reaccionando, retirándote o resignándote, sencillamente te estás negando a cambiar.

Por otro lado, mi abuela también decía que hay quienes, al lidiar con el cambio, se comportan más como el agua. Cuando un obstáculo se interpone en su camino, se vuelven más flexibles y se adaptan a lo que venga. Quizá escojan rodear la roca, pasar por debajo, por encima o incluso moldearla a través de sus acciones. Independientemente de cómo decida adaptarse, el agua sigue su curso, pase lo que pase. Al fin y al cabo, el caudal del río nunca se detiene y cambia sin parar. Mi abuela no decía que tuvieras que saltar de alegría cuando te enfrentaras al cambio, sino que la flexibilidad y la capacidad de adaptación tienden a dar los mejores resultados.

Así que, ¿cómo te conviertes en el agua en lugar de en la roca? El primer paso es identificar siempre la evitación. Aunque a veces pueda ser taimada, si te preguntas si estás haciendo X para sentirte mejor ahora mismo y la respuesta es sí, entonces es muy probable que exista cierta medida de evitación. Aunque todos nosotros evitamos de formas distintas, el hacer algo para sentirte mejor de inmediato es clave para identificar la evitación. Puedo garantizarte que habrá ocasiones a lo largo de tu vida en que evitarás. Y, cuando lo hagas, cómo respondas a ello determinará lo que ocurra después. Pero, como solía decir mi padrastro: «Es imposible ganar todas las batallas en la vida y hay que perder alguna para ganar la guerra». Creo que lo dijo primero alguien más famoso, pero fue él quien me enseñó a aplicarlo en mi vida, así que le atribuiré el mérito. El caso es que el fracaso es necesario de vez en cuando.

Como recordatorio final: primero rectificamos nuestra perspectiva y vemos el mundo desde nuevos ángulos. Después, afrontamos, avanzando hacia y a través de la incomodidad. Por último, alineamos todas nuestras acciones con nuestros valores.

Si hacemos esto repetidamente y en distintas situaciones, estos tres pasos nos permitirán movernos como el agua incluso en los momentos más difíciles de nuestras vidas.

Ser el agua, y no la roca, es una definición alternativa de vivir con audacia. Si piensas en los personajes más increíbles de la historia, como Martin Luther King Jr. o Thomas Edison, verás que fueron personas que fluyeron a través de sus tiempos, encontrando formas de seguir adelante guiados por una misión y un propósito. Para ellos, ser la roca inmóvil mientras el cambio ocurría en otro lugar no era una opción. Este enfoque del agua contra la roca hacia una vida audaz puede resumirse elegantemente en las palabras de Oprah Winfrey: «Cuando afrontas los obstáculos con gratitud, tu percepción empieza a cambiar, la resistencia pierde su poder y la gracia reside en ti».

Hasta aquí hemos llegado, al final de nuestro tiempo juntos. Y sigo haciéndome la misma pregunta: ¿soy suficiente? Cuando me pregunto esto, me inspiran las memorias de Michelle Obama, *Mi historia*, donde dice: «¿Soy lo suficientemente buena? ¡Sí, lo soy!». De esta forma, incluso si mi cerebro quiere pensar lo contrario, termino mi camino contigo afirmándome esto: ¡SÍ, LO SOY! En cuanto a ti, de ahora en adelante estás al mando. Espero que algunas de las lecciones en este libro te acompañen el resto de tus días, sirviéndote de guía y ayudándote a centrarte cuando vengan tiempos difíciles.

Si no es muy audaz de mi parte, me gustaría regalarte unas últimas palabras sabias. Lo primero: la vida no es fácil y las dificultades existen. Desearía poder decirte, querido lector, querida lectora, que serás la primera persona de la historia que no tendrá que enfrenarse a uno o dos momentos difíciles, pero, tan seguro como que mañana saldrá el sol, nuestros viejos amigos, los problemas, sabrán encontrarnos. Y me parece fantástico. Los tiempos difíciles nos moldean y podemos utilizarlos a nuestro favor. La evitación es el enemigo, así que no le quites el ojo de encima. Por último, sé audaz siguiendo las palabras de mi sabia abuela: sé el agua, no la roca. Supera fluyendo los obstáculos a los que te enfrentes y nunca dejes de avanzar hacia tus valores. Ante la duda, estos nunca te fallarán. Quiero darte las gracias por haber recorrido este camino junto a mí y te deseo una audaz y maravillosa vida. ¡Ve por ella!

Gratitud

Cada mañana, mi hijo Diego se levanta y corre a mi despacho. Puedo escuchar acercarse sus pasitos contra el piso antes de irrumpir para darme los buenos días. Salta a mis brazos, me da un fuerte abrazo y se pone a «trabajar» conmigo. Diego, de cinco años, ha aprendido en su campamento de verano qué es un ratón de computadora, así que quiere usarlo cada mañana para convertirse en un escritor más eficiente. Sí, has leído bien: Diego me ha informado de que él también está escribiendo su propio libro. El capítulo de hoy se llama «Mi mamá me ama». Como llevo días levantándome a las tres de la madrugada para editar este libro, para cuando llegan las siete de la mañana estoy (muy) cansada, algo gruñona y soy apenas semicoherente. ¡Resulta que es verdad que a los seres humanos nos hace falta dormir! ¡#ciencia! Pero tan pronto como mi personita me rodea con sus brazos y veo la emoción que marca el principio de su día en su rostro, toda mi incomodidad se desvanece. Estas interacciones matinales con Diego son la mayor síntesis de la gratitud que puedo compartir contigo. Es casi como si Diego supiera que necesito una pequeña dosis de su alegría para poder seguir afrontando la incomodidad de escribir este libro. Estoy profundamente agradecida por su amor y su apoyo, y, a quienes voy a dar las gracias, quiero que sepan que, si estuviese ahora mismo con ustedes, les daría un «abrazo de Diego» para asegurar que tuviesen también el apoyo que necesitan en sus momentos difíciles.

El frente del hogar: nada ocurre en mi vida que no sea gracias a que, junto a mí, sosteniéndome, dándome seguridad y secando mis lágrimas, está mi marido, David. *David*: eres mi lugar seguro. Sé que este libro también ha supuesto mucho trabajo para ti y nunca podré darte todas las gracias que te mereces. *Dieguito*: tus abrazos, amor y tus muy dramáticos berrinches son los mejores (y me han inspirado bastante para este libro). Me animas a ser mejor persona a diario. *Mamãe*: aunque nuestras narrativas vitales sean distintas, nuestro amor nunca ha cambiado. Gracias por estar siempre a mi lado y por darme los recursos que necesitaba para ser quien soy. *Juliana*: ¡tu perseverancia en mitad del «infierno» me inspira! ¡Era una mujer poderosa y muy valiente! *Donna Maria Helena*: la mujer a quien nombré mi abuela, ojalá pudieras leer la versión en portugués de este libro. Nuestros años juntas transformaron mi viaje y haré lo mismo por los menos afortunados para honrar tu legado. Y, al resto del poblado familiar tras este libro, su amor me ha llevado en volandas. Gracias *Familia Elias* y *Familia Zepeda*. Y, por supuesto, a mi padrastro *Luiz Fernando Esteves Martins*: has sido más padre para mí de lo que nadie podría haberlo sido. Doy las gracias por tu apoyo infinito desde el principio de tu relación con mi mamá, pero todavía más desde que ya no están juntos. Has permanecido a mi lado a lo largo de los años como hace un verdadero padre, y por eso te estoy muy agradecida.

El frente del viaje de la vida: aunque este libro esté muy lejos de ser unas memorias, escribiendo me he sentido como imagino que siente un escritor al terminar las suyas; como si contemplara mi arco vital desde 10.000 metros de altura. Con esta perspectiva, sería negligente no darles las gracias a las personas esenciales que me han apoyado en mi camino. A los de la tribu en Governador Valadares, que nos apoyaron en nuestros primeros años cuando las cosas estaban difíciles: les estoy muy agradecida a cada uno de ustedes. A mis queridos amigos que fueron también esenciales en mi desarrollo, ya saben quiénes son, ¡están en mi corazón!

El frente del libro: aunque este libro es la culminación de muchos años de investigación, trabajo clínico, trabajo comunitario y de mi propia experiencia vital, no hubiese sido posible sin la persuasión de mi querida amiga y colega, *Anna Bartuska*. Anna, estoy muy agradecida por que vieras en mí lo que yo no había visto. Gracias por empujarme a afrontar. Doy las gracias por haber hecho este libro contigo. No puedo esperar a ver cómo resulta nuestro increíble viaje. ¡Estaré a tu lado a cada paso que des para apoyarte! *Greg White*: bombas de tiempo, iguanas y demás... tu capacidad de elevar mi escritura y hacerla digerible para el resto del mundo es sencillamente increíble. Espero que estés junto a mí en cada libro que escriba (*Vivir con audacia 2: Audaz y furioso; Vivir con audacia 3: Más audaz y más decisivo*). *Chris West*: la claridad narrativa que le has brindado a este libro no tiene precio. Me has ayudado a aclarar la forma de este proyecto y me has guiado hacia mi propia decisión audaz. ¡Gracias! *Dan*

Harris: gracias por empujarme a escribir este libro. Sé que fue solo una frase de ánimo, pero me has abierto puertas y apoyado a lo largo de todo el proceso con amabilidad y generosidad. *Mel Flashman*: ¿Qué puedo decir? Eres la mejor agente literaria que podría desear. Gracias por acercarme a mis sueños.

HarperCollins: gracias a todo el equipo editorial, especialmente a *Elizabeth (Biz) Mitchell* y *Ghjulia Romiti*. Gracias por creer en *Vivir con audacia* y por ofrecerme infinito *feedback* y apoyar mi camino hasta el final. Su respaldo editorial ha sido clave para asegurar que este libro haya sido todo lo que puede ser.

El frente profesional: ante todo, le estoy eternamente agradecida a los pacientes que han confiado sus vidas a mis cuidados. Me han enseñado más sobre el mundo de lo que pueden imaginar. Su vulnerabilidad y confianza durante nuestro trabajo ha sido una lección de humildad. En segundo lugar, aunque he hablado muchas de las dificultades de mi carrera académica en MGH/HMS, para mí es también muy importante darles las gracias a las personas que, a lo largo de este proceso, me han acompañado, animado, permitido convertirme plenamente en mi «yo latina» y han apreciado mi audacia, incluso en momentos en que ni yo misma la veía. Les estoy agradecida a cada uno de ustedes. *Derri Shtasel*: has sido mi norte verdadero profesional y personal durante los últimos trece años. Contigo, he llorado tanto como he reído y has hecho de ancla para permitirme ser siempre yo a lo largo de mi desarrollo como profesional y como persona. Te quiero muchísimo y no puedo agradecer suficiente tu bondad. *Maurizio Fava*: no dejas de sorprenderme como líder. Has dado la cara en cada encrucijada en nuestro departamento y has luchado por la justicia y la igualdad siempre que se te ha necesitado. Doy las gracias por tu apoyo mientras escribía este libro y también por que me animaras a utilizar mi voz sin opresión. *Guardia Banister*: ¡qué bendición cuando llegaste a mi vida! Lo mejor que me has preguntado fue: «¿Eres la mejor versión de ti misma?». No lo era. Y eso te pareció intolerable. Me alegro mucho de que me hicieras espacio para transformarme en mi «yo» completa. También quisiera darle las gracias al *Research Scholars program* de MGH, que en los últimos tiempos ha financiado todo mi trabajo formando a paraprofesionales en TCC, y especialmente a la *Rappaport Foundation* por su generosa financiación de mi trabajo académico en MGH. Su apoyo desinteresado ha asegurado que cientos de jóvenes reciban cuidados de salud mental en nuestro programa de formación. También quiero darle las gracias a la señora *Barbara Dalio* y al equipo de *CTOP*, quienes han apoyado mi trabajo en TC, brindando muchas de estas técnicas a organizaciones que trabajan con jóvenes de barrios marginales. Su generosidad y trabajo comprometido es una inspiración para mí.

Finalmente, *a la tribu del feedback*: gracias a todos los que leyeron los primeros capítulos, me dieron sus opiniones y se aseguraron de que construyera un manuscrito sólido. Sus sugerencias, desafíos y correcciones son el motivo por el que creo que el libro salió genial (¿o debería decir «excepcional»?): *Derri Shtasel, Ludmilla Ferreira, Gustavo Ferreira, Jennifer Duan, Dean Travers* y *Laurel Zepeda*.

Notas

INTRODUCCIÓN

1. J. J. Gross, «Emotion Regulation: Current Status and Future Prospects», *Psychological Inquiry* 26, nº1 (2015): 1-26.

2. J. S. Beck, *Cognitive Behavior Therapy: Basics and Beyond* (New York: Guilford Publications, 2020); S. G. Hofmann, A. Asnaani, I. J. Vonk, A. T. Sawyer y A. Fang, «The Efficacy of Cognitive Behavioral Therapy: A Review of Meta-analyses», *Cognitive Therapy and Research* 36, nº5 (2012): 427-40; y D. David, I. Cristea y S. G. Hofmann, «Why Cognitive Behavioral Therapy Is the Current Gold Standard of Psychotherapy», *Frontiers in Psychiatry* 9, n° 4 (2018).

CAPÍTULO 1
La ansiedad es dolorosa, pero no es lo que nos mantiene atascados

1. J. D. Power, A. L. Cohen, S. M. Nelson, G. S. Wig, K. A. Barnes, J. A. Church, A. C. Vogel, T. O. Laumann, F. M. Miezin, B. L. Schlaggar y S. E. Petersen, «Functional Network Organization of the Human Brain», *Neuron* 72, nº4 (2011): 665-78, https://doi.org/10.1016/j.neuron.2011.09.006.

2. J. B. Hutchinson y L. F. Barrett, «The Power of Predictions: An Emerging Paradigm for Psychological Research», *Current Directions in Psychological Science* 28, nº3 (2019): 280-91, https://doi.org/10.1177/0963721419831992.

3. K. N. Ochsner y J. J. Gross, «The Neural Bases of Emotion and Emotion Regulation: A Valuation Perspective», en *Handbook of Emotion Regulation*, 2nd ed., ed. J. J. Gross (New York: Guilford Press, 2014).

4. Recientes estudios han identificado complejas redes neuronales

asociadas con el procesamiento emocional. No obstante, la amígdala sigue siendo una de las principales regiones activadas durante el procesamiento, la expresión y la regulación emocionales. Ver K. A. Lindquist, T. D. Wager, H. Kober, E. Bliss-Moreau y L. F. Barrett, «The Brain Basis of Emotion: A Meta-analytic Review», *The Behavioral and Brain Sciences* 35, n°3 (2012): 121-43, https://doi.org/10.1017/S0140525X11000446.

5. N. P. Friedman y T. W. Robbins, «The Role of Prefrontal Cortex in Cognitive Control and Executive Function», *Neuropsychopharmacology* 47, n°1 (2022): 72-89; y A. R. Hariri, «The Corticolimbic Circuit for Recognition and Reaction», en *Looking Inside the Disordered Brain: An Introduction to the Functional Neuroanatomy of Psychopathology* (Sunderland, MA: Sinauer Associates, 2015).

6. S. Bishop, J. Duncan, M. Brett y A. D. Lawrence, «Prefrontal Cortical Function and Anxiety: Controlling Attention to Threat-Related Stimuli», *Nature Neuroscience* 7, n°2 (2004): 184-88, https://doi.org/10.1038/nn1173; y S. J. Bishop, J. Duncan y A. D. Lawrence, «State Anxiety Modulation of the Amygdala Response to Unattended Threat-Related Stimuli», *The Journal of Neuroscience: The Official Journal of the Society for Neuroscience* 24, n°46 (2004): 10364-68, https://doi.org/10.1523/JNEUROSCI.2550-04.2004.

CAPÍTULO 2

El superpoder que no sabías que tenías

1. David, Cristea, y Hofmann, «Why Cognitive Behavioral Therapy».

2. S. G. Hofmann, A. Asnaani, I. J. Vonk, A. T. Sawyer y A. Fang, «The Efficacy of Cognitive Behavioral Therapy: A Review of Meta-analyses», *Cognitive Therapy and Research* 36, n°5 (2012): 427-40.

3. S. Joyce, F. Shand, J. Tighe, S. J. Laurent, R. A. Bryant y S. B. Harvey, «Road to Resilience: A Systematic Review and Meta-analysis of Resilience Training Programmes and Interventions» *BMJ Open* 8, n°6 (2018): e017858.

4. M. M. Linehan, *Cognitive-Behavioral Treatment of Borderline Personality Disorder* (New York: Guilford Publications, 2018).

5. S. C. Hayes, K. D. Strosahl y K. G. Wilson, *Acceptance and Commitment Therapy* (Washington, DC: American Psychological Association, 2009).

6. A. T. Beck y M. Weishaar, «Cognitive Therapy», en *Comprehensive*

Handbook of Cognitive Therapy, ed. A. Freeman et al. (New York: Springer, 1989), 21-36.

7. P. A. Resick, C. M. Monson y K. M. Chard, *Cognitive Processing Therapy for PTSD: A Comprehensive Manual* (New York: Guilford Publications, 2016).

8. Beck, *Cognitive Behavior Therapy*.

9. L. Marques, N. J. LeBlanc, A. D. Bartuska, D. Kaysen y S. Jeong Youn, «TEB Skills: Empower Youth and Build Resilient Communities Through Skills That Impact Thoughts, Emotions, and Behaviors», 2020, https://www .flipsnack.com/655ADEDD75E/teb-skills/full-view.html.

10. H. T. Ghashghaei, C. C. Hilgetag y H. Barbas, «Sequence of Information Processing for Emotions Based on the Anatomic Dialogue Between Prefrontal Cortex and Amygdala», *Neuroimage* 34, n°3 (2007): 905-23; y J. C. Motzkin, C. L. Philippi, R. C. Wolf, M. K. Baskaya y M. Koenigs, «Ventromedial Prefrontal Cortex Is Critical for the Regulation of Amygdala Activity in Humans», *Biological Psychiatry* 77, n°3 (2007): 276-84.

11. K. N. Ochsner, K. Knierim, D. H. Ludlow, J. Hanelin, T. Ramachandran, G. Glover y S. C. Mackey, «Reflecting upon Feelings: An fMRI Study of Neural Systems Supporting the Attribution of Emotion to Self and Other», *Journal of Cognitive Neuroscience* 16, n°10 (2004): 1746-72.

CAPÍTULO 3

Cháchara cerebral: retirarse para evitar

1. M. Leonhardt, «60% of Women Say They've Never Negotiated Their Salary—and Many Quit Their Job Instead», *Make It*, 31 de enero de 2020, https://www.cnbc.com/2020/01/31/women-more-likely-to-change-jobs-to -get-pay-increase.html.

2. B. Artz, A. Goodall y A. J. Oswald, «Women Ask for Raises as Often as Men, but Are Less Likely to Get Them», *Harvard Business Review*, 25 de junio de 2018, https://hbr.org/2018/06/research-women-ask-for-raises-as-often-as -men-but-are-less-likely-to-get-them.

3. K. G. Kugler, J. A. Reif, T. Kaschner y F. C. Brodbeck, «Gender Differences in the Initiation of Negotiations: A Meta-analysis», *Psychological Bulletin* 144, n°2 (2018): 198, https://doi.org/10.1037/bul0000135.

4. A. Barroso y A. Brown, «Gender Pay Gap in US Held Steady in 2020»,

Pew Research Center, 25 de mayo de 2021, https://www.pewresearch.org /fact-tank/2021/05/25/gender-pay-gap-facts.

5. Kugler et al., «Gender Differences in the Initiation of Negotiations»; y R. Kochhar, «Women's Lead in Skills and Education Is Helping Narrow the Gender Wage Gap», Pew Research Center, 30 de enero de 2020, https://www .pewresearch.org/social-trends/2020/01/30/womens-lead-in-skills-and -education-is-helping-narrow-the-gender-wage-gap.

6. D. M. Wegner, D. J. Schneider, S. R. Carter y T. L. White, «Paradoxical Effects of Thought Suppression», *Journal of Personality and Social Psychology* 53, n°1 (1987): 5.

7. L. P. Riso, P. L. du Toit, D. J. Stein y J. E. Young, *Cognitive Schemas and Core Beliefs in Psychological Problems: A Scientist-Practitioner Guide* (Washington, DC: American Psychological Association, 2007), xi-240.

CAPÍTULO 4
El cerebro como máquina predictiva defectuosa

1. J. B. Hutchinson y L. F. Barrett, «The Power of Predictions: An Emerging Paradigm for Psychological Research», *Current Directions in Psychological Science* 28, n°3 (2019): 280-91, https://doi.org/10.1177 /0963721419831992.

2. R. Axelrod, «Schema Theory: An Information Processing Model of Perception and Cognition», *American Political Science Review* 67, n°4 (1973): 1248-66.

3. E. Harmon-Jones y J. Mills, «An Introduction to Cognitive Dissonance Theory and an Overview of Current Perspectives on the Theory», en *Cognitive Dissonance: Reexamining a Pivotal Theory in Psychology*, ed. E. Harmon-Jones (Washington, DC: American Psychological Association, 2019), https://doi .org/10.1037/0000135-001.

4. M. E. Oswald y S. Grosjean, «Confirmation Bias», *Cognitive Illusions: A Handbook on Fallacies and Biases in Thinking, Judgement and Memory* (agosto de 2004): 79, 83.

5. A. Kappes, A. H. Harvey, T. Lohrenz, P. R. Montague y T. Sharot, «Confirmation Bias in the Utilization of Others' Opinion Strength», *Nature Neuroscience* 23, n°1 (2020): 130-37.

6. K. Friston, «The Free-Energy Principle: A Unified Brain Theory?»,

Nature Reviews Neuroscience 11, nº2 (2010): 127-38, https://doi.org
/10.1038/nrn2787; y K. Friston, T. FitzGerald, F. Rigoli, P. Schwartenbeck y
G. Pezzulo, «Active Inference: A Process Theory», *Neural Computation* 29,
nº1 (2017): 1-49, https://doi.org/10.1162/NECO_a_00912.

7. J. T. Kaplan, S. I. Gimbel y S. Harris, «Neural Correlates of
Maintaining One's Political Beliefs in the Face of Counterevidence», *Scientific
Reports* 6, nº1 (2016): 1-11.

8. R. F. West, R. J. Meserve y K. E. Stanovich, «Cognitive Sophistication
Does Not Attenuate the Bias Blind Spot», *Journal of Personality and Social
Psychology* 103, nº3 (2012): 506-19, https://doi.org/10.1037/a0028857.

9. A. Grant, *Think Again: The Power of Knowing What You Don't Know*
(New York: Penguin, 2021).

CAPÍTULO 5
Rectificar para superar la evitación

1. D. A. Clark, «Cognitive Restructuring», en *The Wiley Handbook
of Cognitive Behavioral Therapy*, eds. D. J. A. Dozois, J. A. J. Smits, S. G.
Hofmann y W. Rief (Hoboken, NJ: Wiley, 2013), 1-22.

2. A. T. Beck, «The Current State of Cognitive Therapy: A 40-Year
Retrospective», *Archives of General Psychiatry* 62, nº9 (2005): 953-59.

3. D. D. van Bergen, B. D. Wilson, S. T. Russell, A. G. Gordon y E. D.
Rothblum, «Parental Responses to Coming Out by Lesbian, Gay, Bisexual,
Queer, Pansexual, or Two-Spirited People Across Three Age Cohorts», *Journal
of Marriage and Family* 83, nº4 (2021): 1116-33.

4. W. S. Ryan, N. Legate y N. Weinstein, «Coming Out as Lesbian, Gay,
or Bisexual: The Lasting Impact of Initial Disclosure Experiences», *Self and
Identity* 14, nº5 (2015): 549-69.

5. C. Johnco, V. M. Wuthrich y R. M. Rapee, «The Role of Cognitive
Flexibility in Cognitive Restructuring Skill Acquisition Among Older
Adults», *Journal of Anxiety Disorders* 27, nº6 (2013): 576-84.

6. D. R. Dajani y L. Q. Uddin, «Demystifying Cognitive Flexibility:
Implications for Clinical and Developmental Neuroscience», *Trends in
Neurosciences* 38, nº9 (2015): 571-78, https://doi.org/10.1016/j.tins.2015.07.003.

7. P. Colé, L. G. Duncan y A. Blaye, «Cognitive Flexibility Predicts Early
Reading Skills», *Frontiers in Psychology* 5 (2014): 565.

8. J. J. Genet y M. Siemer, «Flexible Control in Processing Affective and Non-affective Material Predicts Individual Differences in Trait Resilience», *Cognition and Emotion* 25, nº2 (2011): 380-88.

9. W. L. Lin, P. H. Tsai, H. Y. Lin y H. C. Chen, «How Does Emotion Influence Different Creative Performances?: The Mediating Role of Cognitive Flexibility», *Cognition and Emotion* 28, nº5 (2014): 834-44.

10. J. C. Davis, C. A. Marra, M. Najafzadeh y T. Liu-Ambrose, «The Independent Contribution of Executive Functions to Health Related Quality of Life in Older Women», *BMC Geriatrics* 10, nº1 (2010): 1-8.

CAPÍTULO 6
La olla a presión: reaccionar para evitar

1. J. Perry, «Structured Procrastination», ensayo consultado el 19 de octubre de 2022, structuredprocrastination.com.

2. J. Suls, R. Martin y L. Wheeler, «Social Comparison: Why, with Whom, and with What Effect?», *Current Directions in Psychological Science* 11, nº5 (2002): 159-63.

3. A. Robinson, A. Bonnette, K. Howard, N. Ceballos, S. Dailey, Y. Lu y T. Grimes, «Social Comparisons, Social Media Addiction, and Social Interaction: An Examination of Specific Social Media Behaviors Related to Major Depressive Disorder in a Millennial Population», *Journal of Applied Biobehavioral Research* 24, nº1 (2019): e12158.

4. C. G. Escobar-Viera, A. Shensa, N. D. Bowman, J. E. Sidani, J. Knight, A. E. James y B. A. Primack, «Passive and Active Social Media Use and Depressive Symptoms Among United States Adults», *Cyberpsychology, Behavior, and Social Networking* 21, nº7 (2018): 437-43; y K. Burnell, M. J. George, J. W. Vollet, S. E. Ehrenreich y M. K. Underwood, «Passive Social Networking Site Use and Well-Being: The Mediating Roles of Social Comparison and the Fear of Missing Out», *Cyberpsychology: Journal of Psychosocial Research on Cyberspace* 13, nº3 (2019).

5. G. Holland y M. Tiggemann, «A Systematic Review of the Impact of the Use of Social Networking Sites on Body Image and Disordered Eating Outcomes», *Body Image* 17 (2016): 100-10.

6. C. L. Booker, Y. J. Kelly y A. Sacker, «Gender Differences in the Associations Between Age Trends of Social Media Interaction and Well-Being Among 10-15 Year Olds in the UK», *BMC Public Health* 18, nº1 (2018): 1-12.

7. J. Kang y L. Wei, «Let Me Be at My Funniest: Instagram Users' Motivations for Using Finsta (aka, Fake Instagram)», *The Social Science Journal* 57, nº1 (2020): 58-71.

8. L. Silver, «Smartphone Ownership Is Growing Rapidly Around the World, but Not Always Equally», Pew Research Center, 5 de febrero de 2019, https://www.pewresearch.org/global/2019/02/05/smartphone-ownership-is-growing-rapidly-around-the-world-but-not-always-equally.

9. J. Turner, «Are There Really More Mobile Phone Owners than Toothbrush Owners?», LinkedIn, 10 de abril de 2016, https://www.linkedin.com/pulse/really-more-mobile-phone-owners-than-toothbrush-jamie-turner.

10. J. D. Elhai, R. D. Dvorak, J. C. Levine y B. J. Hall, «Problematic Smartphone Use: A Conceptual Overview and Systematic Review of Relations with Anxiety and Depression Psychopathology», *Journal of Affective Disorders* 207 (2017): 251-59.

11. E. D. Hooker, B. Campos y S. D. Pressman, «It Just Takes a Text: Partner Text Messages Can Reduce Cardiovascular Responses to Stress in Females», *Computers in Human Behavior* 84 (2018): 485-92.

12. L. Faul, D. Stjepanović, J. M. Stivers, G. W. Stewart, J. L. Graner, R. A. Morey y K. S. LaBar, «Proximal Threats Promote Enhanced Acquisition and Persistence of Reactive Fear-Learning Circuits», *Proceedings of the National Academy of Sciences* 117, nº28 (2020): 16678-89.

13. J. Booth, J. L. Ireland, S. Mann, M. Eslea y L. Holyoak, «Anger Expression and Suppression at Work: Causes, Characteristics and Predictors», *International Journal of Conflict Management* 28, nº3 (2017): 368-82.

14. D. Abadi, I. Arnaldo y A. Fischer, «Anxious and Angry: Emotional Responses to the COVID-19 Threat», *Frontiers in Psychology* 12 (2021): 3516.

15. N. G. Bayrak, S. Uzun y N. Kulakaç, «The Relationship Between Anxiety Levels and Anger Expression Styles of Nurses During COVID-19 Pandemic», *Perspectives in Psychiatric Care* 57, nº4 (2021): 1829-37.

CAPÍTULO 7
La ciencia tras tu temperamento explosivo

1. S. J. Blakemore, «Imaging Brain Development: The Adolescent Brain», *Neuroimage* 61, nº2 (2021): 397-406.

2. B. J. Casey, A. S. Heller, D. G. Gee y A. O. Cohen, «Development of the

Emotional Brain», *Neuroscience Letters* 693 (2019): 29-34, https://doi.org/10.1016/j.neulet.2017.11.055.

3. A. O. Cohen, K. Breiner, L. Steinberg, R. J. Bonnie, E. S. Scott, K. Taylor-Thompson y B. K. Casey, «When Is an Adolescent an Adult?: Assessing Cognitive Control in Emotional and Nonemotional Contexts», *Psychological Science* 27, nº4 (2016): 549-62.

4. J. M. Cisler, B. O. Olatunji, M. T. Feldner y J. P. Forsyth, «Emotion Regulation and the Anxiety Disorders: An Integrative Review», *Journal of Psychopathology and Behavioral Assessment* 32, nº1 (2010): 68-82, https://doi.org/10.1007/s10862-009-9161-1.

5. A. S. Morris, M. M. Criss, J. S. Silk y B. J. Houltberg, «The Impact of Parenting on Emotion Regulation During Childhood and Adolescence», *Child Development Perspectives* 11, nº4 (2017): 233-38.

6. S. E. Crowell, M. E. Puzia y M. Yaptangco, «The Ontogeny of Chronic Distress: Emotion Dysregulation Across the Life Span and Its Implications for Psychological and Physical Health», *Current Opinion in Psychology* 3 (2015): 91-99; y F. Tani, D. Pascuzzi y R. Raffagnino, «Emotion Regulation and Quality of Close Relationship: The Effects of Emotion Dysregulation Processes on Couple Intimacy», *BPA: Applied Psychology Bulletin (Bollettino di Psicologia Applicata)* 272, nº63 (2015): 3-15.

7. A. Smyth, M. O'Donnell, G. J. Hankey, S. Rangarajan, P. Lopez-Jaramillo, D. Xavier, H. Zhang, M. Canavan, A. Damasceno, P. Langhorne, A. Avezum, N. Pogosova, A. Oguz, S. Yusuf e INTERSTROKE Investigators, «Anger or Emotional Upset and Heavy Physical Exertion as Triggers of Stroke: The INTERSTROKE Study», *European Heart Journal* 43, nº3 (2022): 202-9.

8. Smyth et al., «Anger or Emotional Upset».

9. M. A. Gruhn y B. E. Compas, «Effects of Maltreatment on Coping and Emotion Regulation in Childhood and Adolescence: A Meta-analytic Review», *Child Abuse and Neglect* 103 (2020): 104446.

10. K. A. McLaughlin, M. Peverill, A. L. Gold, S. Alves y M. A. Sheridan, «Child Maltreatment and Neural Systems Underlying Emotion Regulation», *Journal of the American Academy of Child and Adolescent Psychiatry* 54, nº9 (2015): 753-62.

11. V. J. Felitti, R. F. Anda, D. Nordenberg, D. F. Williamson, A. M. Spitz, V. Edwards y J. S. Marks, «Relationship of Childhood Abuse and Household

Dysfunction to Many of the Leading Causes of Death in Adults: The Adverse Childhood Experiences (ACE) Study», *American Journal of Preventive Medicine* 14, nº4 (1998): 245-58.

12. «Fast Facts: Preventing Adverse Childhood Experiences», Centers for Disease Control and Prevention, última consulta el 6 de abril de 2022, https://www.cdc.gov/violenceprevention/aces/fastfact.html.

13. «Adverse Childhood Experiences Resources», Centers for Disease Control and Prevention, última consulta el 6 de abril de 2022, https://www.cdc.gov/violenceprevention/aces/resources.html.

14. S. R. Dube, V. J. Felitti, M. Dong, D. P. Chapman, W. H. Giles y R. F. Anda, «Childhood Abuse, Neglect, and Household Dysfunction and the Risk of Illicit Drug Use: The Adverse Childhood Experiences Study», *Pediatrics* 111, nº3 (2003): 564-72.

15. K. Hughes, M. A. Bellis, K. A. Hardcastle, D. Sethi, A. Butchart, C. Mikton, L. Jones y M. P. Dunne, «The Effect of Multiple Adverse Childhood Experiences on Health: A Systematic Review and Meta-analysis», *The Lancet* 2, nº 8 (2017): e356-66.

16. J. I. Herzog y C. Schmahl, «Adverse Childhood Experiences and the Consequences on Neurobiological, Psychosocial, and Somatic Conditions Across the Lifespan», *Frontiers in Psychiatry* 9 (2018): 420.

17. D. MacManus, R. Rona, H. Dickson, G. Somaini, N. Fear y S. Wessely, «Aggressive and Violent Behavior Among Military Personnel Deployed to Iraq and Afghanistan: Prevalence and Link with Deployment and Combat Exposure», *Epidemiologic Reviews* 37, nº1 (2015): 196-212.

18. L. Faul, D. Stjepanović, J. M. Stivers, G. W. Stewart, J. L. Graner, R. A. Morey y K. S. LaBar, «Proximal Threats Promote Enhanced Acquisition and Persistence of Reactive Fear-Learning Circuits», *Proceedings of the National Academy of Sciences* 117, nº28 (2020): 16678-89.

19. J. Meloury y T. Signal, «When the Plate Is Full: Aggression Among Chefs», *International Journal of Hospitality Management* 41 (2014): 97-103.

20. C. Sandi y J. Haller, «Stress and the Social Brain: Behavioural Effects and Neurobiological Mechanisms», *Nature Reviews Neuroscience* 16, nº5 (2015): 290-304.

21. L. J. Siever, «Neurobiology of Aggression and Violence», *American Journal of Psychiatry* 165, nº4 (2008): 429-42.

22. Faul et al., «Proximal Threats»,

23. R. F. Baumeister y M. R. Leary, «The Need to Belong: Desire for Interpersonal Attachments as a Fundamental Human Motivation», *Psychological Bulletin* 117, n°3 (1995): 497-529.

24. G. M. Slavich, «Social Safety Theory: A Biologically Based Evolutionary Perspective on Life Stress, Health, and Behavior», *Annual Review of Clinical Psychology* 16 (2020): 265-95, https://doi.org/10.1146/annurev-clinpsy-032816-045159.

25. T. F. Stillman y R. F. Baumeister, «Uncertainty, Belongingness, and Four Needs for Meaning», *Psychological Inquiry* 20, n°4 (2009): 249-51.

26. R. F. Baumeister, C. N. DeWall, N. J. Ciarocco y J. M. Twenge, «Social Exclusion Impairs Self-Regulation», *Journal of Personality and Social Psychology* 88, n°4 (2005): 589-604, https://doi.org/10.1037/0022-3514.88.4.589.

27. F. M. Begen y J. M. Turner-Cobb, «Benefits of Belonging: Experimental Manipulation of Social Inclusion to Enhance Psychological and Physiological Health Parameters», *Psychology and Health* 30, n°5 (2015): 568-82; R. Renn, D. Allen y T. Huning, «The Relationship of Social Exclusion at Work with Self-Defeating Behavior and Turnover», *Journal of Social Psychology* 153, n°2 (2013): 229-49; y L. W. Hayman Jr., R. B. McIntyre y A. Abbey, «The Bad Taste of Social Ostracism: The Effects of Exclusion on the Eating Behaviors of African-American Women», *Psychology and Health* 30, n°5 (2015): 518-33.

28. J. Field y R. Pond, «How Adoption Affects the Experience of Adult Intimate Relationships and Parenthood: A Systematic Review», *New Zealand Journal of Counselling* 38, n°2 (2018); y J. A. Feeney, N. L. Passmore y C. C. Peterson, «Adoption, Attachment, and Relationship Concerns: A Study of Adult Adoptees», *Personal Relationships* 14, n°1 (2018): 129-47.

29. K. Beesdo-Baum, E. Jenjahn, M. Höfler, U. Lueken, E. S. Becker y J. Hoyer, «Avoidance, Safety Behavior, and Reassurance Seeking in Generalized Anxiety Disorder», *Depression and Anxiety* 29, n°11 (2012): 948-57.

30. P. R. Shaver, D. A. Schachner y M. Mikulincer, «Attachment Style, Excessive Reassurance Seeking, Relationship Processes, and Depression», *Personality and Social Psychology Bulletin* 31, n°3 (2005): 343-59.

31. A. Levine y R. Heller, *Attached: The New Science of Adult Attachment and How It Can Help You Find—and Keep—Love* (New York: Penguin, 2012).

32. O. S. Candel y M. N. Turliuc, «Insecure Attachment and Relationship

Satisfaction: A Meta-analysis of Actor and Partner Associations», *Personality and Individual Differences* 147 (2019): 190-99.

33. J. D. Power y B. L. Schlaggar, «Neural Plasticity Across the Lifespan», *Wiley Interdisciplinary Reviews: Developmental Biology* 6, n°1 (2017): e216.

34. B. Brady, I. I. Kneebone, N. Denson y P. E. Bailey, «Systematic Review and Meta-analysis of Age-Related Differences in Instructed Emotion Regulation Success», *PeerJ* 6 (2018): e6051; y Brady et al., «Systematic Review and Meta-analysis of Age-Related Differences».

35. S. E. Valentine, E. M. Ahles, L. E. Dixon De Silva, K. A. Patrick, M. Baldwin, A. Chablani-Medley, D. L. Shtasel y L. Marques, «Community-Based Implementation of a Paraprofessional-Delivered Cognitive Behavioral Therapy Program for Youth Involved with the Criminal Justice System», *Journal of Health Care for the Poor and Underserved* 30, n°2 (2019): 841-65, https://doi.org/10.1353/hpu.2019.0059.

36. Valentine et al., «Community-Based Implementation».

37. L. Marques, S. J. Youn, E. D. Zepeda, A. Chablani-Medley, A. D. Bartuska, M. Baldwin y D. L. Shtasel, «Effectiveness of a Modular Cognitive-Behavioral Skills Curriculum in High-Risk Justice-Involved Youth», *The Journal of Nervous and Mental Disease* 208, n°12 (2020): 925-32.

CAPÍTULO 8
Una decisión que cambia el juego

1. Beck, *Cognitive Behavior Therapy*.

2. M. M. Linehan, *Dialectical Behavior Therapy in Clinical Practice* (New York: Guilford Publications, 2020); y C. Dunkley, *Regulating Emotion the DBT Way: A Therapist's Guide to Opposite Action* (New York: Routledge, 2020).

3. Levine y Heller, *Attached*.

4. S. Compernolle, A. DeSmet, L. Poppe, G. Crombez, I. De Bourdeaudhuij, G. Cardon y D. Van Dyck, «Effectiveness of Interventions Using Self-Monitoring to Reduce Sedentary Behavior in Adults: A Systematic Review and Meta-analysis», *International Journal of Behavioral Nutrition and Physical Activity* 16, n°1 (2019): 1-16.

5. Linehan, *Dialectical Behavior Therapy*.

6. D. Ben-Porath, F. Duthu, T. Luo, F. Gonidakis, E. J. Compte y

L. Wisniewski, «Dialectical Behavioral Therapy: An Update and Review of the Existing Treatment Models Adapted for Adults with Eating Disorders», *Eating Disorders* 28, n°2 (2020): 101-21.

7. S. N. Frazier y J. Vela, «Dialectical Behavior Therapy for the Treatment of Anger and Aggressive Behavior: A Review», *Aggression and Violent Behavior* 19, n°2 (2014): 156-63.

8. N. Warner y M. Murphy, «Dialectical Behaviour Therapy Skills Training for Individuals with Substance Use Disorder: A Systematic Review», *Drug and Alcohol Review* 41, n°2 (2022): 501-16.

9. E. McCauley, M. S. Berk, J. R. Asarnow, M. Adrian, J. Cohen, K. Korslund y M. M. Linehan, «Efficacy of Dialectical Behavior Therapy for Adolescents at High Risk for Suicide: A Randomized Clinical Trial», *JAMA Psychiatry* 75, n°8 (2018): 777-85.

10. T. R. Lynch, J. Q. Morse, T. Mendelson y C. J. Robins, «Dialectical Behavior Therapy for Depressed Older Adults: A Randomized Pilot Study», *The American Journal of Geriatric Psychiatry* 11, n°1 (2003): 33-45.

11. S. Dymond, «Overcoming Avoidance in Anxiety Disorders: The Contributions of Pavlovian and Operant Avoidance Extinction Methods», *Neuroscience and Biobehavioral Reviews* 98 (2019): 61-70, https://doi.org/10.1016/J.NEUBIOREV.2019.01.007.

12. P. Ekman, R. J. Davidson y W. V. Friesen, «The Duchenne Smile: Emotional Expression and Brain Physiology: II», *Journal of Personality and Social Psychology* 58, n°2 (1990): 342.

13. Ekman, Davidson y Friesen, «The Duchenne Smile».

14. F. L. Gardner y Z. E. Moore, «Understanding Clinical Anger and Violence: The Anger Avoidance Model», *Behavior Modification* 32, n°6 (2008): 897-912.

15. M. Jungmann, S. Vencatachellum, D. Van Ryckeghem y C. Vögele, «Effects of Cold Stimulation on Cardiac-Vagal Activation in Healthy Participants: Randomized Controlled Trial», *JMIR Formative Research* 2, n°2 (2018): e10257, https://doi.org/10.2196/10257.

CAPÍTULO 9
¿Debo irme o quedarme? Resignarse para evitar

1. Hayes, Strosahl y Wilson, *Acceptance and Commitment Therapy*.
2. E. D. Reilly, T. R. Ritzert, A. A. Scoglio, J. Mote, S. D. Fukuda, M. E.

Ahern y M. M. Kelly, «A Systematic Review of Values Measures in Acceptance and Commitment Therapy Research», *Journal of Contextual Behavioral Science* 12 (2019): 290-304; y K. G. Wilson y A. R. Murrell, «Values Work in Acceptance and Commitment Therapy», *Mindfulness and Acceptance: Expanding the Cognitive-Behavioral Tradition* (2004): 120-51.

3. S. H. Schwartz, J. Cieciuch, M. Vecchione, E. Davidov, R. Fischer, C. Beierlein, A. Ramos, M. Verkasalo, J.-E. Lönnqvist, K. Demirutku, O. Dirilen-Gumus y M. Konty, «Refining the Theory of Basic Individual Values», *Journal of Personality and Social Psychology* 103, n°4 (2012): 663-88.

4. A. T. Gloster, N. Walder, M. E. Levin, M. P. Twohig y M. Karekla, «The Empirical Status of Acceptance and Commitment Therapy: A Review of Meta-analyses», *Journal of Contextual Behavioral Science* 18 (2020): 181-92.

5. «Stress Effects on the Body», American Psychological Association, 1 de noviembre de 2018, https://www.apa.org/topics/stress/body.

6. T. C. Russ, E. Stamatakis, M. Hamer, J. M. Starr, M. Kivimäki y G. D. Batty, «Association Between Psychological Distress and Mortality: Individual Participant Pooled Analysis of 10 Prospective Cohort Studies», *BMJ* 345 (2012).

7. I. Guseva Canu, S. C. Marca, F. Dell'Oro, Á. Balázs, E. Bergamaschi, C. Besse, R. Bianchi, J. Bislimovska, A. Koscec Bjelajac, M. Bugge, C. I. Busneag, Ç. Çağlayan, M. Cernițanu, C. Costa Pereira, N. Dernovšček Hafner, N. Droz, M. Eglite, L. Godderis, H. Gündel, J. J. Hakanen y A. Wahlen, «Harmonized Definition of Occupational Burnout: A Systematic Review, Semantic Analysis, and Delphi Consensus in 29 Countries», *Scandinavian Journal of Work, Environment and Health* 47, n°2 (2021): 95-107, https://doi.org/10.5271/sjweh.3935.

8. «Burn-Out an "Occupational Phenomenon": International Classification of Diseases», World Health Organization, 28 de mayo de 2019, https://www.who.int/news/item/28-05-2019-burn-out-an-occupational-phenomenon-international-classification-of-diseases; y C. Maslach, S. E. Jackson y M. P. Leiter, «Maslach Burnout Inventory: 3rd ed.», en *Evaluating Stress: A Book of Resources*, eds. C. P. Zalaquett y R. J. Wood (Lanham, MD: Scarecrow Education, 1997), 191-218.

9. «Employee Burnout Is Ubiquitous, Alarming—and Still Underreported», McKinsey & Company, 16 de abril de 2021, https://www.mckinsey.com/featured-insights/coronavirus-leading-through-the-crisis

/charting-the-path-to-the-next-normal/employee-burnout-is-ubiquitous
-alarming-and-still-underreported.

10. «Workplace Burnout Survey», Deloitte, consultado el 19 de octubre
de 2022, https://www2.deloitte.com/us/en/pages/about-deloitte/articles/
burnout-survey.html.

CAPÍTULO 10
Pero ¿por qué me quedo?

1. M. M. Linehan, *Skills Training Manual for Treating Borderline
Personality Disorder* (New York: Guilford Press, 1993).

2. S. M. Brown, S. B. Manuck, J. D. Flory y A. R. Hariri, «Neural Basis
of Individual Differences in Impulsivity: Contributions of Corticolimbic
Circuits for Behavioral Arousal and Control», *Emotion* (Washington, DC) 6,
nº2 (2006): 239-45, https://doi.org/10.1037/1528-3542.6.2.239.

3. S. Dawe y N. J. Loxton, «The Role of Impulsivity in the Development of
Substance Use and Eating Disorders», *Neuroscience and Biobehavioral Reviews*
28, nº3 (2004): 343-51; y T. M. Pronk, J. C. Karremans y D. H. J. Wigboldus,
«How Can You Resist?: Executive Control Helps Romantically Involved
Individuals to Stay Faithful», *Journal of Personality and Social Psychology* 100,
nº5 (2011): 827-37, https://doi.org/10.1037/a0021993.

4. A. Wigfield y J. S. Eccles, «The Development of Competence Beliefs,
Expectancies for Success, and Achievement Values from Childhood Through
Adolescence», *Development of Achievement Motivation* (2022): 91-120.

5. J. M. Dickson, S. Johnson, C. D. Huntley, A. Peckham y P. J. Taylor,
«An Integrative Study of Motivation and Goal Regulation Processes in
Subclinical Anxiety, Depression and Hypomania», *Psychiatry Research* 256
(2017): 6-12.

6. A. Winch, N. J. Moberly y J. M. Dickson, «Unique Associations
Between Anxiety, Depression and Motives for Approach and Avoidance Goal
Pursuit», *Cognition and Emotion* 29, nº7 (2015): 1295-305.

7. H. C. Triandis, *Individualism and Collectivism* (New York: Routledge,
2018).

8. J. W. Berry, «Acculturative Stress», en *Handbook of Multicultural
Perspectives on Stress and Coping*, eds. P. T. P. Wong y L. C. J. Wong (Boston:
Springer, 2006), 287-98.

9. L. G. Castillo, M. P. Zahn y M. A. Cano, «Predictors of Familial Acculturative Stress in Asian American College Students», *Journal of College Counseling* 15, n°1 (2012): 52-64.

10. Gloster et al., «The Empirical Status».

CAPÍTULO 11
Calibrando tu brújula interior

1. Beck, *Cognitive Behavior Therapy*; y S. Carvalho, C. P. Martins, H. S. Almeida y F. Silva, «The Evolution of Cognitive Behavioural Therapy: The Third Generation and Its Effectiveness», *European Psychiatry* 41, n°S1 (2017): s773-74.

2. Hofmann et al., «The Efficacy of Cognitive Behavioral Therapy».

3. A. O'Neil, S. E. Quirk, S. Housden, S. L. Brennan, L. J. Williams, J. A. Pasco y F. N. Jacka, «Relationship Between Diet and Mental Health in Children and Adolescents: A Systematic Review», *American Journal of Public Health* 104, n°10 (2014): e31-42; A. J. Scott, T. L. Webb, M. Martyn-St James, G. Rowse y S. Weich, «Improving Sleep Quality Leads to Better Mental Health: A Meta-analysis of Randomised Controlled Trials», *Sleep Medicine Reviews* 60 (2021): 101556; y A. L. Rebar, R. Stanton, D. Geard, C. Short, M. J. Duncan y C. Vandelanotte, «A Meta-meta-analysis of the Effect of Physical Activity on Depression and Anxiety in Non-clinical Adult Populations», *Health Psychology Review* 9, n°3 (2015): 366-78.

4. S. R. Chekroud, R. Gueorguieva, A. B. Zheutlin, M. Paulus, H. M. Krumholz, J. H. Krystal y A. M. Chekroud, «Association Between Physical Exercise and Mental Health in 1.2 Million Individuals in the USA Between 2011 and 2015: A Cross-sectional Study», *The Lancet Psychiatry* 5, n°9 (2018): 739-46.

5. J. Kabat-Zinn, «Mindfulness», *Mindfulness* 6, n°6 (2015): 1481-83.

6. S. B. Goldberg, R. P. Tucker, P. A. Greene, R. J. Davidson, B. E. Wampold, D. J. Kearney y T. L. Simpson, «Mindfulness-Based Interventions for Psychiatric Disorders: A Systematic Review and Meta-analysis», *Clinical Psychology Review* 59 (2018): 52-60.

7. R. F. Adler y R. Benbunan-Fich, «Juggling on a High Wire: Multitasking Effects on Performance», *International Journal of Human-Computer Studies* 70, n°2 (2012): 156-68.

8. K. E. May y A. D. Elder, «Efficient, Helpful, or Distracting? A Literature Review of Media Multitasking in Relation to Academic Performance», *International Journal of Educational Technology in Higher Education* 15, nº1 (2018): 1-17.

9. Hayes, Strosahl y Wilson, *Acceptance and Commitment Therapy*.

10. Gloster et al., «The Empirical Status».

11. Hayes, Strosahl y Wilson, *Acceptance and Commitment Therapy*.

12. Hayes, Strosahl y Wilson, *Acceptance and Commitment Therapy*.

13. S. C. Hayes, *A Liberated Mind: How to Pivot Toward What Matters* (New York: Penguin, 2020); y J. A. Stoddard y N. Afari, *The Big Book of ACT Metaphors: A Practitioner's Guide to Experiential Exercises and Metaphors in Acceptance and Commitment Therapy* (Oakland, CA: New Harbinger Publications, 2014).

14. S. Grégoire, M. Doucerain, L. Morin y L. Finkelstein-Fox, «The Relationship Between Value-Based Actions, Psychological Distress and Well-Being: A Multilevel Diary Study», *Journal of Contextual Behavioral Science* 20 (2021): 79-88.

15. C. L. Caldwell-Harris, «Emotionality Differences Between a Native and Foreign Language: Implications for Everyday Life», *Current Directions in Psychological Science* 24, nº3 (2015): 214-19.

16. D. W. Sue, C. M. Capodilupo, G. C. Torino, J. M. Bucceri, A. Holder, K. L. Nadal y M. Esquilin, «Racial Microaggressions in Everyday Life: Implications for Clinical Practice», *American Psychologist* 62, nº4 (2007): 271.

17. P. P. Lui y L. Quezada, «Associations Between Microaggression and Adjustment Outcomes: A Meta-analytic and Narrative Review», *Psychological Bulletin* 145, nº1 (2019): 45.

18. R. L. Gobin y J. J. Freyd, «The Impact of Betrayal Trauma on the Tendency to Trust», *Psychological Trauma: Theory, Research, Practice, and Policy* 6, nº5 (2014): 505.

19. M. E. Levin, M. J. Hildebrandt, J. Lillis y S. C. Hayes, «The Impact of Treatment Components Suggested by the Psychological Flexibility Model: A Meta-analysis of Laboratory-Based Component Studies», *Behavior Therapy* 43, nº4 (2012): 741-56.

20. J. D. Doorley, F. R. Goodman, K. C. Kelso y T. B. Kashdan, «Psychological Flexibility: What We Know, What We Do Not Know, and What We Think We Know», *Social and Personality Psychology Compass* 14, nº12 (2020): 1-11.

21. Biografía de Simon Sinek, https://simonsinek.com/simons-bio.

22. S. Sinek, *Start with Why: How Great Leaders Inspire Everyone to Take Action* (New York: Penguin, 2009).

CAPÍTULO 12
Vuélvete audaz siendo el agua, no la roca

1. Harmon-Jones y Mills, «An Introduction to Cognitive Dissonance Theory»; y Oswald y Grosjean, «Confirmation Bias»: 83.

2. M. Costandi, *Neuroplasticity* (Cambridge, MA: MIT Press, 2016); y J. Shaffer, «Neuroplasticity and Clinical Practice: Building Brain Power for Health», *Frontiers in Psychology* 7 (2016): 1118. https://doi.org/10.3389/fpsyg.2016.01118.

3. Genet y Siemer, «Flexible Control in Processing».

4. Friston, «The Free-Energy Principle»; y Friston et al., «Active Inference».

5. Dymond, «Overcoming Avoidance in Anxiety Disorders».